Heinrich Pleticha

ATLAS DER ENTDECKUNGS-REISEN

Mit Texten von Heinrich Pleticha
und Hermann Schreiber

EDITION ERDMANN

FÜR MATTHIAS

mit dem ich von fernen Zeiten, Ländern und
Planeten träume …

Die Deutsche Bibliothek – CIP-Einheitsaufnahme
Ein Titeldatensatz für diese Publikation ist bei
Der Deutschen Bibliothek erhältlich

Heinrich Pleticha:
Atlas der Entdeckungsreisen
ISBN 3 522 60003 7

Umschlaggestaltung: Zero Werbeagentur, München,
unter Verwendung von Motiven der Bildagentur CORBIS
Gestaltung der Übersichtskarten: Peter Schmidt und
Frank Pfefferkorn GbR, Atelier für Gestaltung, Würzburg
Innentypografie und Satz: Bettina Wahl, Salem
Reproduktionen: Die Repro, Tamm
Druck und Bindung: Friedrich Pustet, Regensburg
© 2000 by Edition Erdmann in K. Thienemanns Verlag,
Stuttgart – Wien
Alle Rechte vorbehalten. Printed in Germany.

5 4 3 2 1* 00 01 02 03 04

Abbildungsverzeichnis

Herausgeber und Verlag danken den im Folgenden genannten Institutionen für die Überlassung von Reproduktionen
und die Einräumung von Abdruckgenehmigungen.
Abbildungen ohne Nachweis wie die modernen Übersichtskarten sind Eigentum des Verlags.

Abbildung auf Seite 14
Bibliothèque Nationale de France, Paris

Abbildungen auf Seiten 62, 74, 94, 100, 102, 146
Württembergische Landesbibliothek, Stuttgart

Abbildungen auf Seiten 11, 21, 92, 96, 124
AKG, Berlin

Abbildungen auf Seiten 6, 8, 33, 40, 42, 48, 50, 58, 60, 67, 76,
78, 82, 87, 90, 98, 111, 116, 120, 122, 123, 128, 132, 134, 136,
139, 145, 152, 157, 163, 168, 172, 173
Archiv Prof. Pleticha, Würzburg

Abbildungen auf Seiten 20, 21
Germanisches Nationalmuseum, Nürnberg

Abbildungen auf Seiten 16, 18, 34, 38, 44, 64, 68, 70, 72, 118,
126, 140, 142, 158, 160, 174
Klett-Perthes Verlag, Gotha

INHALT

VORWORT	5

DIE ALTE WELT — 6

Mitte der Welt	8
Seine Gnaden Ptolemaios	12
Der Apfel des Herrn Behaim	20
Punt und Götterwagen	22
Der Weg der Seide	24
Europa wird entdeckt	28
Mönche und Wikinger	30

AFRIKA — 32

Elefanten statt Städte	36
Küsten und Karavellen	46
Viele weiße Flecken	48
Durch Wüste und Urwald	50
Im Reich des Negus	56
Zwischen Sambesi und Kap	58

ASIEN — 60

Alte und neue Reiche	66
Zwischen Eismeer und Äquator	76
Unter der Glutsonne Arabiens	82
Im Herzen Asiens	86

NORDAMERIKA — 90

Das Bild der Neuen Welt	98
Ein Traum wird wahr	104
Kapitäne, Missionare und Waldläufer	107
Wege nach Westen	109

MITTEL- UND SÜDAMERIKA — 116

Genaue Karten	122
Eroberer	130
Auf den Spuren der Konquistadoren	132
Kordilleren und Pampas	136

OZEANIEN UND AUSTRALIEN — 138

Das Reich der Inseln	144
Auf der Suche nach dem Südland	152

ARKTIS UND ANTARKTIS — 156

Die Pole der Erde	162
Mit Hundeschlitten und Zeppelin	164
Verschollen im Norden	166
Eisland des Südens	168
Wettlauf zum Pol	170

RUND UM DIE ERDE — 172

PHILATELIE UND ENTDECKUNGSGESCHICHTE — 178

ZEITTAFEL ZUR ENTDECKUNGSGESCHICHTE — 180

LITERATUR	184
REGISTER	186

VORWORT

Das Land irgendwo hinter dem Horizont … Wir sehen es im Geiste, wenn wir etwa an der spanischen oder irischen Atlantikküste stehen und nach Westen auf das weite Meer hinausschauen. Wir sehen es von den Sanddünen der Sahara aus, wenn unser Blick der Karawanenpiste folgt, die sich irgendwo im südlichen Dunst verliert. Wir träumen von dem Land hinter den Bergen. Immer ist sie da, diese Sehnsucht nach der Ferne, nach der unendlichen Weite.

Viele Wege führen dorthin und aus ihnen erwachsen wiederum Fakten. Über solche Wege und Fakten will dieses Buch informieren und dabei wenigstens im großen Überblick die Entschleierung der Erde im Lauf von rund vier Jahrtausenden dokumentieren.

Es verfolgt dabei drei Ziele. Zum einen stellt es in markanten Beispielen die Entdeckungsgeschichte im Spiegelbild alter Landkarten von der Spätantike bis zum 19. Jahrhundert vor. Zum andern verfolgt es auf modernen Karten die Reisewege von mehr als 200 Forschern von der Antike bis heute.

Um Missverständnisse zu vermeiden, sind gerade dazu einige Anmerkungen notwendig: Die Maßstäbe der Karten erlauben es nur sehr begrenzt, ins Detail zu gehen. Deshalb sind die Reisewege nur skizziert, also so genau wie nötig, aber doch auch so frei wie möglich, um den Überblick zu erleichtern. Da in jeder Karte nur maximal bis zu zehn Routen eingefügt wurden, kann man Wege und Ziele der Forscher meist mit einem Blick nachvollziehen. Wo dabei noch Fragen auftauchen, helfen in den meisten Fällen die physikalischen Karten der gängigen Welt- und Schulatlanten weiter. Da jede Karte als thematische Einheit gesehen wird, kann es in einigen Fällen vorkommen, dass Reisewege auch doppelt auftauchen. Die Entdeckernamen – und damit die Reisen – sind bei jeder Karte chronologisch geordnet. Näheres erfährt man aus den Begleittexten zu den Karten, die allerdings stets nur Grundinformationen enthalten, während genauere Einzelheiten in den jeweiligen Artikeln des im gleichen Verlag erschienenen »Lexikons der Entdeckungsreisen« zu finden sind. Da dieses biographisch orientiert ist, der Atlas aber historisch-geographisch, ergänzen sich die Werke. Zur Abrundung kann auch das thematisch-literarisch angelegte »Lexikon der Abenteuer- und Reiseliteratur« herangezogen werden.

Das dritte Anliegen des Buches ergab sich aus dem Bemühen, bei den Illustrationen einmal etwas Neues zu versuchen und neben den mehr oder weniger bekannten alten Bildern aus entdeckungsgeschichtlichen Werken als thematischen Schwerpunkt die Darstellung von Entdeckern und Entdeckungsreisen auf Briefmarken einzubeziehen. Selbstverständlich konnte dabei nur eine Auswahl berücksichtigt werden, jedoch ist diese schon exemplarisch für die philatelistische Behandlung des Themas.

Antike und Mittelalter

DIE ALTE WELT

Vor mehr als dreitausend Jahren entstand in Mesopotamien das Gilgamesch-Epos, eine Dichtung, die von Leben, Taten und Reisen eines mythischen sumerischen Königs erzählt. Noch führen die hier geschilderten Reisen in sagenhafte Länder, die mit der realen Welt der Menschen von damals nichts zu tun haben, und trotzdem darf das Epos nicht nur als die älteste Abenteuergeschichte, sondern bis zu einem gewissen Maß auch als Urbild eines Reiseberichts gelten, spiegelt es doch neben Abenteuerlust auch die Sehnsucht nach der Ferne und den Drang nach der Erkenntnis.

Abenteuerlust, Fernweh und Erkenntnisdrang waren in unterschiedlicher Gewichtung, seit es Menschen gibt, die drei Beweggründe, die dazu beitrugen, dass buchstäblich Schritt um Schritt das Dunkel gelichtet und die Welt erschlossen wurde. Natürlich kamen im Laufe der Zeit noch andere Motive dazu, ganz gleich ob Eroberungslust, Gier nach den Gütern der Erde oder Missionseifer. Krieg und Handel waren die Väter mancher großer Entdeckungen, weit seltener ging es um die Erweiterung des geistigen und damit auch des geographischen Horizonts. Doch Abenteuerlust war fast immer beteiligt, sie bildete das befruchtende Element, ohne das Entdeckungen nicht denkbar wären.

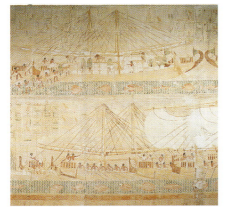
Expedition nach Punt. Relief vom Hatschepsut-Tempel in Deir el-Bahri

Es ist müßig zu fragen, wo die Entdeckung und Erschließung der Erde ihren Anfang nahm, wo der erste Stein in das Wasser der unendlichen Weite geworfen wurde, der die Wellen auslöste, die sich im Laufe von Jahrhunderten immer weiter vom Ausgangspunkt wegbewegten. Aber mit ziemlicher Sicherheit dürfen wir sagen, dass dieser Ausgangspunkt – wahrscheinlich waren es sogar mehrere – im Bereich jenes »fruchtbaren Halbmondes« lag, in dem auch die Schrift erfunden wurde, also im östlichen Mittelmeer von Ägypten über das Zweistromland bis nach Kleinasien. Dabei lockte nicht nur das Land hinter dem Horizont, sondern auch das Meer, besser gesagt die Küsten des Meeres, denn auf die offene See konnten sich die primitiven Schiffe noch nicht hinauswagen. Man kann jene Einzelgänger nur bewundern, die ohne Rücksicht und Bindung an die Heimat weite und gefährliche Wege auf sich nahmen. Noch im Mittelalter klingen dieses Wagnis und seine Folgen in dem mittelhochdeutschen Wort »Ele lenti« für »fremde Länder« fort, aus dem sich der Begriff »Elend« entwickelte. In die Ferne gehen bedeutete häufig genug ins Elend gehen!

Geographische Kenntnisse wurden mündlich weitergegeben, galten oft als Insider-Wissen. So ist es auch nicht verwunderlich, dass vereinzelt frühere Reiseziele genannt werden, ohne dass wir ihre Lage genau bestimmen können. Wo müssen wir beispielsweise den »Götterwagen« suchen, den die Schiffe des Karthagers Hanno ansteuerten? Wo das Goldland Ophir, von dem die Bibel berichtet? Wohin fuhren die Schiffe der Pharaonin Hatschepsut bei den Reisen nach Punt?

Von der ältesten Landkarte erfahren wir durch den griechischen Geschichtsschreiber Herodot, der erzählt, dass Aristagoras von Milet um die Mitte des 1. vorchristlichen Jahrtausends bereits eine eherne Tafel mit sich führte, auf der alle damals bekannten Länder, Meere und Flüsse eingraviert waren. Bald danach entwarfen die Griechen Anaximandros und nach ihm Hekataios jene Karte, deren Rekonstruktion noch heute in jedem Lehrbuch und in jeder Entdeckungsgeschichte zu finden ist. Sie zeigt zwar nur grobe Umrisse, lässt aber doch die Teile der Welt erkennen, in denen sich Reisende und Entdecker damals bewegten. Es waren die Länder

Die alte Welt

rund um das Mittelmeer, im Osten Kleinasien bis zum Indus, Afrika im Süden bis auf die Höhe Südarabiens und westlich bis zu den Säulen des Herkules, Europa im Norden bis nördlich der Alpen.

Die Weltkarte, die der Grieche Eratosthenes um 250 v. Chr. schuf, zeigt erstmals die Ergebnisse von Entdeckungsfahrten wie des Alexanderzuges und der Fahrt des Nearchos, aber auch der Reisen, die Pytheas 325 v. Chr. an die Küsten der Nordsee unternommen hatte.

Damit war zwar ein gewaltiger Schritt vorwärts getan, aber dabei blieb es auch; denn in den folgenden Jahrhunderten stagnierten die Entdeckungsreisen. Die Griechen traten völlig zurück, die Römer wollten erobern und nicht entdecken, die Erweiterung des geographischen Horizonts ging nur so weit, wie der Marschtritt der Legionen erklang.

Im Osten Asiens war seit der Mitte des 2. vorchristlichen Jahrtausends das Chinesische Reich entstanden, dessen Herrscher ihre Grenzen auszudehnen suchten, jedoch erst seit dem 2. Jahrhundert v. Chr. allmählich aus ihrer selbst gewählten Isolation heraustraten und Handelsbeziehungen mit dem Westen anknüpften. Auf genau festgelegten Karawanenrouten wurden Seiden, Spezereien und Porzellan nach Westen transportiert. Immerhin nutzten vor allem arabische Seefahrer etwa seit der Zeitwende die Monsunwinde, um mit ihren Schiffen sowohl an die Westküste Indiens wie um die Südspitze des Subkontinents herum durch den Golf von Bengalen und weiter nach China zu segeln.

In den Jahrhunderten des frühen Mittelalters waren im Abendland zwar viele Menschen unterwegs, Kaufleute, Missionare, Pilger, Krieger, aber sie bewegten sich nur innerhalb vorgezeichneter Grenzen und auf bekannten Wegen. Die Ordnung der Welt und des Orbis Christianus, die von der Kirche sorgsam gehütet wurde, spiegelte sich auch auf den Landkarten, die nichts Neues brachten. Nur am nordwestlichen Rande Europas regte sich etwas: Seit dem 6. Jahrhundert wagten sich irische Mönche in christlichem Bekehrungseifer mit ihren nussschalengroßen Booten auf dem Atlantik fremden Küsten zu.

Erste Ziele waren das nahe gelegene England und Frankreich, dann aber segelten sie auch nach Westen, erreichten wahrscheinlich sogar die Küsten Nordamerikas, wie wir heute dank archäologischer Funde annehmen, denn merkwürdigerweise hinterließen sie keine zuverlässigen Berichte über ihre ausgedehnten Fahrten. Nur die sagenhafte Geschichte von Sankt Brendanus (Brandan) ist in zahlreichen Überlieferungen erhalten geblieben. Zwei Jahrhunderte später folgten ihnen auf ähnlichen Seerouten norwegische Wikinger, allerdings langsamer und in einzelnen Etappen. Ihre Fahrten, die kühne Entdeckungsreisen und gleichzeitig kolonisatorische Unternehmen waren, führten zuerst nach Island, wo sie Siedlungen gründeten, dann in einem zweiten Sprung hinüber zur Südspitze Grönlands. Erst von dort aus wagten sie die Fahrt an die amerikanische Küste.

Neue Impulse und eine neue Blickrichtung bzw. die Rückkehr zu einer alten brachte die Bedrohung durch die Seldschuken und die Mongolen. Seit den Kreuzzügen wuchs wieder das Interesse am Orient, erst am Heiligen Land, dann zunehmend auch an Inner- und Ostasien, wo seit dem 12. Jahrhundert in dem Mongolenreich eine neue Macht entstanden war. Selten wird die Auswirkung einer machtpolitischen Entwicklung auf die Entdeckung und Erschließung der Erde so deutlich wie hier. Denn kaum hatte sich 1241 nach dem Tode des Großkhans die militärische Lage an den Grenzen des Abendlandes etwas entspannt, als schon mutige Männer nach Osten aufbrachen, um politische und wirtschaftliche Kontakte vorzubereiten. Die italienischen Seehandelsstädte hatten dafür vor und während der Kreuzzüge durch ihre Niederlassungen im Vorderen Orient eine gute Ausgangsbasis geschaffen. Es bleibt die Tragik der Entdeckungsgeschichte, dass die für damalige Verhältnisse sensationellen Beobachtungen und Forschungsergebnisse von Zeitgenossen gar nicht richtig zur Kenntnis genommen und gewürdigt wurden.

Hatte das Vordringen der Mongolen im Osten alte Handelswege wieder neu eröffnet, so verschlossen fast gleichzeitig Türken und Araber die Endpunkte dieser Routen im Westen und unterbanden auf diese Weise die neu aufgekeimten Handelsbeziehungen.

Antike und Mittelalter

MITTE DER WELT

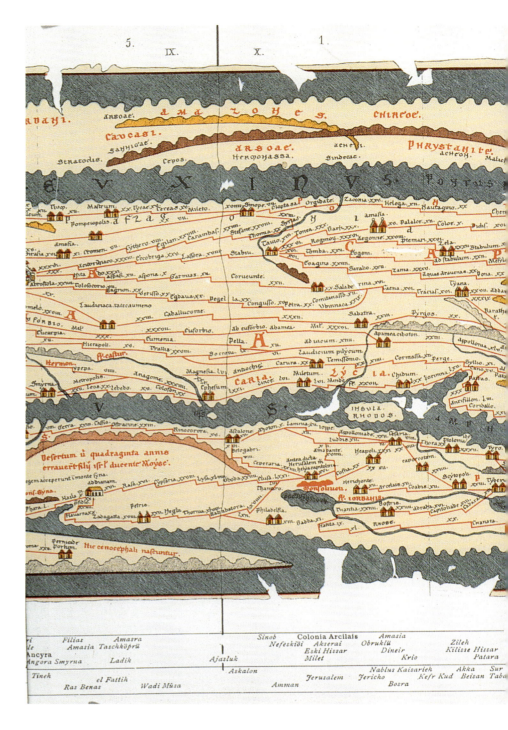

Wege- und Straßenkarten sind heute Selbstverständlichkeit. Jeder Wanderer führt sie mit sich, jeder Autofahrer hat sie in seinem Wagen liegen. Kaum jemand aber denkt daran, dass diese praktischen Hilfsmittel schon fast zweitausend Jahre alt sind und im Grundprinzip schon in römischer Zeit verwendet wurden. Das älteste uns bekannte Exemplar dieser Gattung ist die »Tabula Peutingeriana« – die »Peutinger'sche Tafel«, so benannt nach dem Humanisten Konrad Peutinger, der die Karte 1508 erwarb und sie zwar wieder veröffentlichen wollte, aber aus verschiedenen Gründen nie dazu kam. 1598 wurde sie dann erstmals in verkleinerter Form gedruckt und herausgebracht.

Das Original bildet eine aus elf Blättern zusammengesetzte Rolle von 6,82 Metern Länge und 34 Zentimetern Höhe. Ein nicht näher bekannter römischer Kosmograph aus Ravenna schuf sie wohl in der zweiten Hälfte des 4. nachchristlichen Jahrhunderts. Dabei griff er auf ältere Vorlagen zurück, vollbrachte aber doch eine in ihrer Art einmalige Leistung, vor allem in der geschickten Verbindung von Welt- und Straßenkarte. Er muss über hervorragende geographische Kenntnisse und über vorzügliche Quellen verfügt haben. Zu Letzteren gehörte eine römische Weltkarte, mit den um das Mittelmeer gelagerten Erdteilen Europa, Asien und Afrika, die vom Ozean umgeben waren, sowie so genannte Itinerarien, also Wegeverzeichnisse, mit den zugehörigen Entfernungsangaben, Orten, Herbergen und Haltestellen. Gerade die Verbindung von Welt- und Straßenkarte, von Weltschau und praktischer Information war das Neue an dieser Karte und verleiht ihr bis heute einen besonderen Reiz.

Es fällt auf, dass die Karte in der Breite, also der ostwestlichen Ausdehnung, etwa zwanzigmal größer ist als in der Höhe. Der Zeichner verzichtet bewusst auf einen genauen Maßstab, ordnet seine Angaben einem didaktischen Prinzip der Information unter, wie

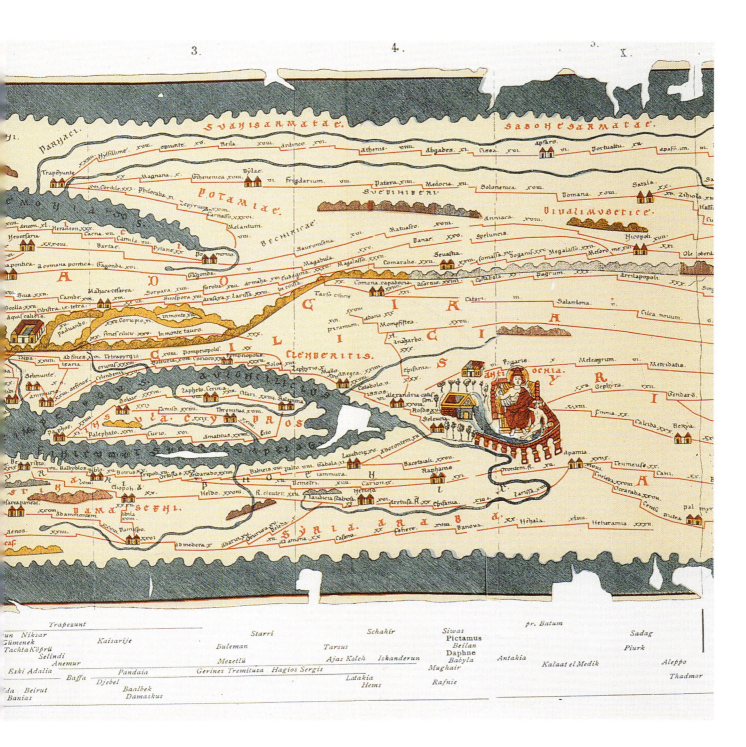

sie nicht der Wissenschaftler, sondern der Laie bzw. Reisende benötigt. Die Karte beginnt im Westen mit den Säulen des Herkules (Gibraltar) und endet im Osten an der Küste Hinterindiens. Im Norden und Süden begrenzt der Ozean das Kartenbild. Fast genau in der Mitte, an der Schnittstelle von der fünften zur sechsten Tafel, liegt Rom als das Zentrum der Welt. Es ist eines von mehr als 500 Städtebildern, darunter auffallend viele Badeorte. Das eingezeichnete Straßennetz umfasst etwa 70 000 römische Meilen, was rund 130 000 Kilometern und damit rund zwei Dritteln aller urkundlich nachweisbaren römischen Straßen entspricht. So lohnt es sogar heute noch, anhand der Tafeln durch das Römische Reich zur Zeit seiner größten Ausdehnung zu reisen.

Ausschnitt aus der Peutinger'schen Tafel

Antike und Mittelalter

Fast ein Jahrtausend liegt zwischen dieser »Peutinger'schen Tafel« und der so genannten »Ebstorfer Weltkarte«, die ein Probst des Klosters Ebstorf in der östlichen Lüneburger Heide um 1250 zeichnen ließ. Leider wurde sie in einer Bombennacht des Zweiten Weltkriegs in einem Museum in Hannover zerstört, aber es gibt glücklicherweise einige gute originalgetreue Nachbildungen. Denn man muss die riesige kreisrunde Karte mit einem Durchmesser von etwa 3,5 Metern schon in ihrer vollen Größe gesehen haben, um sich überhaupt vorstellen zu können, wie sie auf den Beschauer wirkte. Hing sie doch in der Klosterkirche hinter dem Altar und war so einbezogen in das liturgische Geschehen. Die frommen Beter hatten den Priester und hinter ihm den ganzen Orbis Christianus vor Augen. Dementsprechend bildete natürlich nicht Rom den Mittelpunkt, sondern Jerusalem. Auch wächst der segnende Christus aus der Karte heraus, oben erkennt man sein Haupt, unten die Füße, rechts und links die segnenden Hände. Auf den ersten Blick hat dieses Bild der christlichen Welt kaum etwas mit der römischen Straßenkarte gemeinsam, aber das täuscht, denn beide zeigen sie noch fast die gleiche Weltsicht und die gleichen geographischen Kenntnisse, die im Laufe eines Jahrtausends nur wenig erweitert wurden.

Eigentlich muss man das Blatt um 90 Grad drehen, sodass der Christuskopf nach rechts zeigt, um das gewohnte nach Norden orientierte Kartenbild zu erhalten. Das Mittelmeer, das in den bisherigen Karten tatsächlich die Mitte bildete, ist nun in das untere linke Viertel verschoben und Rom damit ziemlich an den Rand gerückt. Afrika wurde auf Kosten Asiens wesentlich verbreitet und nimmt das ganze untere Kreissegment ein, Ägypten ist mit Bauwerken, die große Südhälfte des Erdteils aber mit Tieren und Fabelwesen besetzt. Das ist keine Besonderheit, denn nach den Vorstellungen des Mittelalters waren Letztere Realität. Wir begegnen ihnen in Sagen und Reiseberichten, wie etwa in der St. Brendanus-Legende, im Volksbuch von Herzog Ernst oder im Reisebericht des Ritters Mandeville und sogar noch in der berühmten »Weltchronik« des Nürnbergers Hartmut Schedel am Ende des 15. Jahrhunderts. Sie gehörten zur christlichen Welt und waren ganz selbstver-

ständlich in sie einbezogen. Aber auch Gog und Magog, die Feinde des Gottesreiches, von denen in der Geheimen Offenbarung des Johannes die Rede ist, sind deutlich im Norden (also am oberen Rand der gewendeten Karte) platziert, wo sie der Bildlegende nach Alexander der Große eingesperrt hat, sie Menschenfleisch fressen und Blut trinken. In ihrer Nachbarschaft sieht man Wesen mit Hundsköpfen, die nach mittelalterlichen Vorstellungen ebenfalls zu den Menschenfressern zählten, und Pygmäen. Im Süden Asiens kämpfen Riesen mit Drachen. Europa und Palästina sind, abgesehen von einer harmlosen römischen Wölfin, frei von derartigen Fabelwesen. Hier merkt man, dass sich der Zeichner bei seinen Entwürfen auf zeitgenössische Literatur stützen konnte.

Die Weltkarte von Ebstorf war nicht die einzige ihrer Art. Wir kennen rund ein Dutzend ähnlicher Karten aus dem Mittelalter, wie etwa die 1270 entstandene »Weltkarte von Hereford« oder die Weltkarte der Zeitzer Stiftsbibliothek von 1470. Sie alle gehören mit kleinen Abwandlungen zum Typus der so genannten Radkarten mit T-O-Schema, wie sie schon der Bischof Isidor von Sevilla im ersten Drittel des 7. Jahrhunderts entwarf. Der Erdkreis wird auf diesen Karten vom ozeanischen Strom (Mare Oceanum) umflossen. Das entspricht dem Buchstaben O, der seinerseits wieder das T einschließt. Dieses teilt die Welt in drei Teile, oberhalb des Querbalkens liegt dabei Asien, unten links Europa, rechts Afrika. Der senkrechte Balken wird dabei vom Mittelmeer gebildet. Das Schema ist ganz einfach und hat zugleich religiöse Bedeutung, da sich das T vom griechischen Buchstaben Tau herleitet, der als eines der ältesten Zeichen für das Kreuz Christi gilt. Erst unter dem Einfluss der großen Seereisen des 15. Jahrhunderts setzte dann der allmähliche Wandel des Kartenbildes ein.

Mitte der Welt

Die Ebstorfer Weltkarte

Antike und Mittelalter

SEINE GNADEN
PTOLEMAIOS

Fast zwei Jahrtausende hatte sich in der Entwicklung des Kartenbildes ähnlich wenig getan wie in der Erforschung der Erde. Dann bahnte sich seit dem 14. Jahrhundert allmählich ein Wandel an. Erste Anzeichen sind vor allem in Spanien bemerkbar, wo die katalanischen Kartographen mit ihren Karten beachtenswerte Fortschritte erzielten. Das war kein Zufall; denn schließlich trieben ihre Landsleute regen Handel im östlichen Mittelmeer und mit den nordafrikanischen Küstenstädten. Die enge Nachbarschaft zu den Arabern wirkte sich ebenso befruchtend aus wie der Einfluss jüdischer Kartographen aus Mallorca. Schönstes Ergebnis dieser neuen Impulse ist jener »Katalanische Weltatlas« aus dem Jahre 1375, der heute zu den Schätzen der Nationalbibliothek in Paris gehört, weil ihn König Peter III. von Aragon schon wenige Jahre nach seiner Fertigstellung dem König von Frankreich geschenkt hatte. Es ist tatsächlich ein königliches Werk, bestehend aus sechs Pergamentblättern, die auf zwölf Holztafeln so befestigt sind, dass sich immer zwei zusammenklappen lassen. Leider weisen sie dadurch hässliche Bruchstellen auf, die zugleich auch den Text an diesen Stellen unleserlich machen. Während

sich die ersten beiden Doppeltafeln dabei ganz allgemein mit astronomisch-kosmographischen Angaben beschäftigen, bilden die folgenden vier das eigentliche Kartenwerk. Dabei sind die einzelnen Blätter so angelegt und beschriftet, dass man erst die untere Hälfte betrachten und lesen kann, danach das Blatt um 180 Grad wendet, um die oberen zu lesen. Auf den ersten Blick fallen die feinen Linien auf, wie man ihnen auf den so genannten Portolankarten begegnet, also den Karten zu den Handbüchern der Seefahrer. Damit werden die Angaben deutlich präzisiert. Wichtig sind vor allem auch die zahlreichen Texte und Beschreibungen, die das geographische Wissen der Zeit spiegeln. So war der Reisebericht Marco Polos dem Verfasser bekannt, denn er wird mehrfach fast wörtlich zitiert. Damit hatte man Atlas-, Karten- und Nachschlagewerk zugleich.

Unser Bildausschnitt zeigt die obere Hälfte der Tafel 5 mit den Angaben zu Innerasien. Rechts sieht man als große Figur den »Kaiser von Sarra«, links eine Karawane. Die Beschriftung zwischen beiden Bildern bezieht sich auf die Wüste, die diese Karawane durchqueren muss. Am rechten Bildrand kann man noch den Berg Ararat erkennen, auf dem die Arche Noah gestrandet sein soll. Davor sieht man das Kaspische Meer (»Mar del Sarra i de Bacu«), auf dem ein dschunkenartiges Schiff segelt.

Die nächste Karte mit dem Weltbild des Ptolemaios ist das Ergebnis eines Rückschritts oder eigentlich eines Rückgriffs, der zugleich jedoch auch den Beginn eines Fortschritts bedeutete. Er wurde ausgelöst durch das Vordringen der Türken auf dem Balkan und die damit verbundene Bedrohung Konstantinopels seit dem Beginn des 15. Jahrhunderts. Damals flüchteten zahlreiche griechische Gelehrte in die ihnen sicherer erscheinenden Länder Mittel- und Westeuropas.

Seekarte von 1542 (Vatikan 1992)

Seine Gnaden Ptolemaios

Unter den griechischen Handschriften, die sie als kostbarstes und leicht zu transportierendes Gut mit sich führten, war auch die »Geographie« des Ptolemaios. Dieser hatte in der ersten Hälfte des 2. nachchristlichen Jahrhunderts in Alexandria gelebt, dort als Kartograph gewirkt und mit der »Geographie« eine Art Anweisung und Lehrbuch der Kartographie verfasst. Es stellte sich rasch heraus, dass er damit nicht nur seiner Zeit, sondern sogar noch den Gelehrten des späten Mittelalters weit voraus war.

Die »Geographie« wurde in zahlreichen Abschriften verbreitet, mit ihr 27 von Ptolemaios entwickelte Karten. Der Gelehrte stieg bald zu einer Art unangreifbarer Autorität auf, beeinflusste mit seinen Angaben und Behauptungen Gelehrte und Seefahrer, obgleich sich in ihnen verständlicherweise auch viele Irrtümer fanden. Kein Wunder, wenn es gerade frühe portugiesische Entdeckungsreisende schwer hatten, sich mit ihren auf eigenen Beobachtungen basierenden Angaben durchzusetzen, und sie deshalb manchmal verärgert sogar über »seine Gnaden Ptolemaios« spotteten.

Trotz erklärbarer Irrtümer erwiesen sich die von dem Griechen stammenden Karten als ungemein nützlich. Länder und Kontinente wurden nicht mehr in ihren Größenverhältnissen willkürlich gezeichnet, sondern nach den geographischen Koordinaten angegeben, wobei für die Ausdehnung der Ökumene 80 Grad Breite und 180 Grad Länge zugrunde gelegt wurden. Mit dem Gradnetz und der angewandten Kegelprojektion erlangte das Kartenbild geradezu einen wissenschaftlichen Charakter.

27 Karten gehörten zu der »Geographie«, eine für die ganze Ökumene, zehn für Europa, vier für Afrika und zwölf für Asien. Sie bildeten die Basis, auf der nun weitergearbeitet werden konnte. Unsere Abbildung zeigt das erste Blatt mit dem Bild der gesamten Erde in einer späteren Wiedergabe des 16. Jahrhunderts. Der berühmte Kosmograph Sebastian Münster hatte sie bewusst in seine »Kosmographie« als rückblickenden Vergleich aufgenommen; denn immerhin hatte sich das abendländische Weltbild in den ersten fünf Jahrzehnten des 16. Jahrhunderts ganz erheblich gewandelt. Hier fällt auf, dass Afrika schon ein beträchtliches Stück über den Äquator hinaus nach Süden vergrößert ist. Der Indische Ozean bildet ein riesiges Binnenmeer.

Entdeckungen und Buchdruck förderten seit dem 16. Jahrhundert die Entwicklung der Landkarten. Reisende, Kartographen und Buchdrucker arbeiteten sozusagen Hand in Hand. Neben dem wissenschaftlichen Anteil an der Entdeckung der Erde sollte in diesen Jahrzehnten auch das Handwerkliche bei der Entwicklung der Kartenbilder nicht unterschätzt werden. Auf die große Zeit der Entdecker folgte nun die große Zeit der Kartographen und der Drucker. Es war kein Zufall, dass dabei gerade die Niederlande besonders hervortraten, bestand doch dort in Folge der regen Handelsbeziehungen und der florierenden Seefahrt im ausgehenden 16. und vor allem im 17. und 18. Jahrhundert eine besondere Nachfrage. Zu den berühmtesten Kartographen gehörten Gerard Mercator, Abraham Ortelius und Willem Janszoon Blaeu, in Deutschland waren es Theodor de Bry, Georg Braun und der Nürnberger Verleger Johann Baptist Homann, um nur einige Namen von mehreren Hundert solcher Kartographen zu nennen. Neben Einzelkarten entstanden nun auch die Atlanten, in denen Karten aller Erdteile zusammengefasst waren.

Die Weltkarte von 1703 stammt aus einem solchen gleich mehrbändigen Atlas, den Homann im Auftrag des Münchner Jesuiten Heinrich Scherer schuf und veröffentlichte. Das erklärt auch die sonst bei Karten unübliche Betonung religiöser Motive, insbesondere der Jungfrau Maria als Gottesmutter, die von den vier Erdteilen angebetet wird. Das Kartenbild spiegelt die fortgeschrittenen Kenntnisse der Erdteile Afrika, Europa, Asien und Südamerika, während der Pazifik zum größten Teil noch eine leere weiße Fläche bildet und auch die unbekannte nördliche Hälfte Nordamerikas durch die Figuren kaschiert wird. Auffallend ist die starke Zentrierung Ostasiens. China als das »Reich der Mitte« wird tatsächlich in den Mittelpunkt gerückt. Die kleinen Sternchen, die sich in allen Erdteilen finden, markieren Orte besonderer Marienverehrung, die zu Beginn des 18. Jahrhunderts weltweit verbreitet war.

Antike und Mittelalter

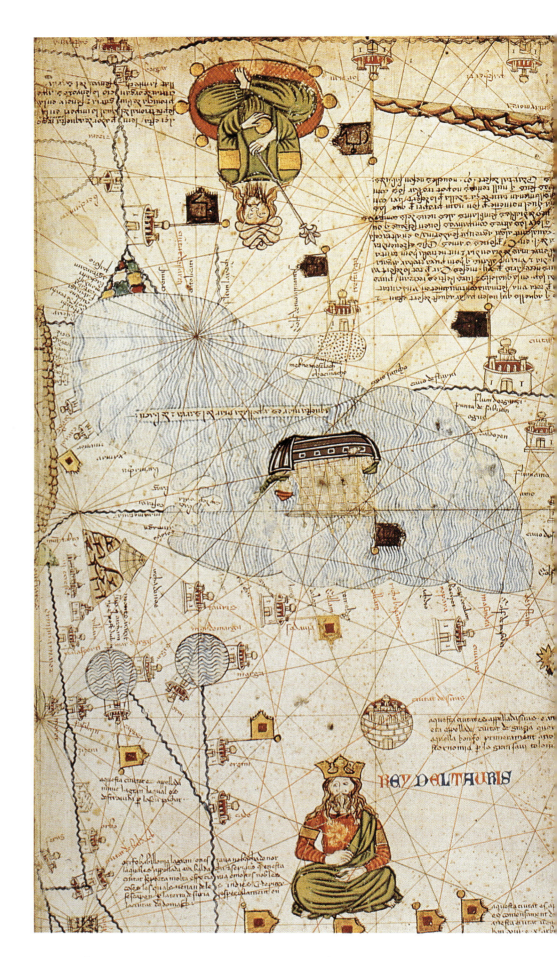

Ausschnitt aus dem Katalanischen Weltatlas, 1375

Seine Gnaden Ptolemaios

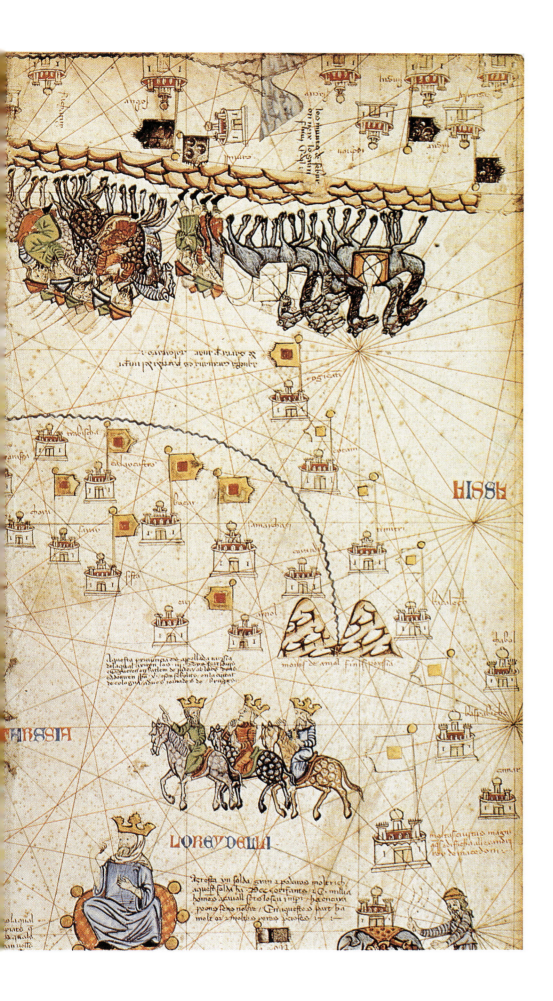

Antike und Mittelalter

Ökumene oder Karte der bekannten Welt. Aus der Cosmographia des Ptolemaios, 1540

Seine Gnaden Ptolemaios

Antike und Mittelalter

Weltkarte. Aus dem Atlas von Heinrich Scherer, 1703

Seine Gnaden Ptolemaios

19

Antike und Mittelalter

DER APFEL DES HERRN BEHAIM

Eine Sonderform der Erdkarte schuf 1491 Martin Behaim in Nürnberg mit seinem »Erdapfel«. Seine auf ausgedehnten Reisen erworbenen Weltkenntnisse ergaben zusammen mit der Nürnberger Handwerkskunst eine besonders glückliche Verbindung, aus der die älteste uns erhaltene Darstellung der Erde in Globusform entstand. Über eine Hohlkugel aus Pappe war dabei eine Gipsschicht gelegt worden, auf der die einzeln bemalten Pergamentsegmente aufgeklebt wurden. Der Durchmesser des Globus betrug 50,7 Zentimeter, was einem Maßstab von 1:25 200 000 entsprach.

Behaim beschriftete zusammen mit einem Miniaturmaler die Segmente. Dem Betrachter bietet sich dabei ein manchmal eigenwilliges Bild. Mit Ortsbezeichnungen in Europa ging Behaim recht sparsam um. Wo ihm Kenntnisse fehlten, ersetzte er geographische Einzelheiten wie üblich durch Tiere oder Fabelwesen. So ist auf dem Berg Ararat die Arche Noah gestrandet, bei der Stadt Rom stehen die Apostel Petrus und Paulus, die Brüder Polo wandern zusammen mit Marco durch Armenien. 48 Miniaturen zeigen Könige oder irgendwelche exotischen Herrscher auf Thronen oder in Zelten. Karavellen fahren über See und vor allem entlang der afrikanischen Westküste.

Behaim-Erdglobus (Bundesrepublik Deutschland 1992)

Behaim verarbeitete das geographische Wissen seiner Zeit, so gut er konnte, und führte über 1 100 Ortsnamen auf. Amerika war noch nicht entdeckt. So füllte er den Atlantik zwischen Europa und Asien mit einer ganzen Anzahl von Phantasie-Inseln und nahm die Entfernung zwischen der Westküste Europas und der Ostküste Asiens mit nur 126 gegenüber in Wirklichkeit 229 Längengraden fast genau um die Hälfte zu gering an.

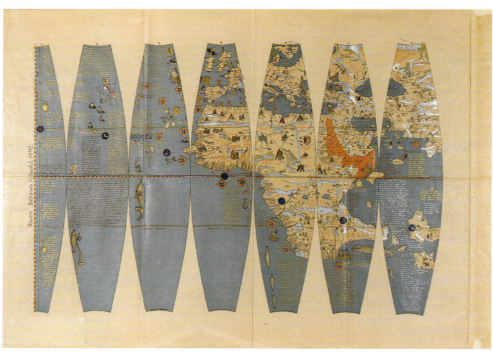

Nachzeichnungen des Behaim-Globus (Ravenstein-Segmente)

20

Der Apfel des Herrn Behaim

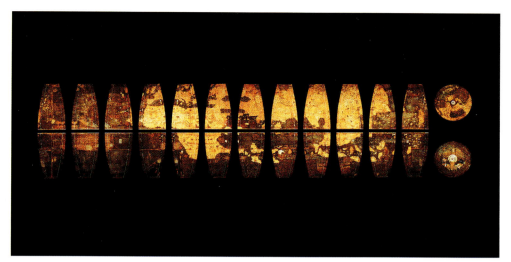

Segmente des Behaim-Globus, 1492

Erdglobus des deutschen Kosmographen Martin Behaim

Antike und Mittelalter

PUNT UND GÖTTERWAGEN

In einer Seitenkapelle des Totentempels der Pharaonin Hatschepsut in Deir el-Bahri sieht man auf einem großen Relief, wie mehrere Schiffe beladen werden. Beim näheren Hinblicken erkennt man exotische Waren, Weihrauch- und Myrrhebäumchen sowie Paviane. Die Bilder zeigen Szenen der Expedition ägyptischer Schiffe im Jahre 1493 v. Chr. in das Land Punt. Obwohl diese Fahrt erfolgreich verlief und als die älteste uns bekannte Handelsexpedition gelten darf, wissen wir immer noch nicht, wie diese Reise im Einzelnen verlief, und vor allem auch nicht, wo dieses Weihrauchland Punt lag. Einige Forscher möchten es in Ostafrika an der Küste des Somalilandes lokalisieren, vereinzelt sucht man es auch im südwestlichen Arabien. Vieles spricht aber auch für die Hypothese, dieses Punt könne an der Küste Südostafrikas auf der Höhe der Sambesi-Mündung liegen. In jenem alten goldreichen Gebiet in der heutigen Republik Simbabwe vermuten manche Forscher auch jenes Goldland Ophir, von dem in der Bibel die Rede ist. Auch hier wissen wir nur, dass König Salomo Schiffe dorthin sandte, kennen aber keine näheren Einzelheiten der geographischen Lage.

Vieles spricht dafür, dass die südostafrikanische Küste ägyptischen Seefahrern bekannt war. Sie gaben ihre Kenntnisse weiter an die Phöniker, die wohl bedeutendsten Seefahrer und Entdecker der Alten Welt. So berichtet Herodot, dass phönikische Schiffe im Auftrag des ägyptischen Pharao Necho etwa 595 v. Chr. zu einer erfolgreichen Umseglung Afrikas aufbrachen. Herodot erzählt, dass diese Reise tatsächlich gelang, wenn auch alle näheren Angaben darüber verschollen sind.

Etwas mehr wissen wir über eine andere phönikische Expedition, die der karthagische Admiral Hanno um die Mitte des 6. vorchristlichen Jahrhunderts entlang der afrikanischen Westküste durchführte. Der Bericht darüber wurde in einem Tempel in Karthago niedergelegt und ist in griechischer Transkription erhalten. An seiner Echtheit wird nicht gezweifelt. Demnach soll Hanno bis zum »Götterwagen« vorgedrungen sein, in dem man den heutigen Kamerunberg vermutet. Ob der angebliche Fund karthagischer Münzen auf der Insel Corvo darauf hindeutet, dass auch die Azoren von den Karthagern angelaufen wurden, muss dagegen offen bleiben. Mit den Punischen Kriegen endeten jedenfalls alle karthagischen Entdeckungsreisen. Sie fanden in den Griechen würdige Nachfolger. Frühe Entdeckungsfahrten und geographische Kenntnisse spiegeln sich ja schon in den Mythen wie in der »Odyssee« und vor allem in der Sage vom Zug der Argonauten. Die Kolonisation und die sich daraus entwickelnden Handelsbeziehungen brachten weitere Impulse (vgl. auch Pytheas von Massilia, Seite 29). Schon um 500 v. Chr. soll ein gewisser Skylax im Auftrag des Perserkönigs Darius den Indusfluss abwärts bis zu seiner Mündung befahren haben und dann um Arabien herum in das Rote Meer gesegelt sein, berichtet jedenfalls Herodot.

Vor allem aber brachten die Eroberungszüge Alexanders nicht nur militärische Erfolge für den Makedonenkönig, sondern auch wichtige geographische Erkenntnisse für die Nachwelt. Durch ihn wurde überhaupt erst das Gebiet jenseits des Zweistromlandes, insbesondere Hindukusch und das Pandschab, näher bekannt. Schon Alexander von Humboldt hat ausdrücklich betont, dass Alexander seine Feldzüge bewusst in den Dienst erdkundlicher Neuerkundungen gestellt und sich zu diesem Zweck einen ganzen Stab wissenschaftlicher Mitarbeiter angegliedert habe. Unter diesem Aspekt ist auch die Fahrt des Nearchos zu bewerten, die dieser Freund und Gefährte Alexanders auf dessen Befehl hin mit einer Flotte von der Indusmündung aus durch den Persischen Golf bis zur Mündung von Euphrat und Tigris unternahm.

Punt und Götterwagen

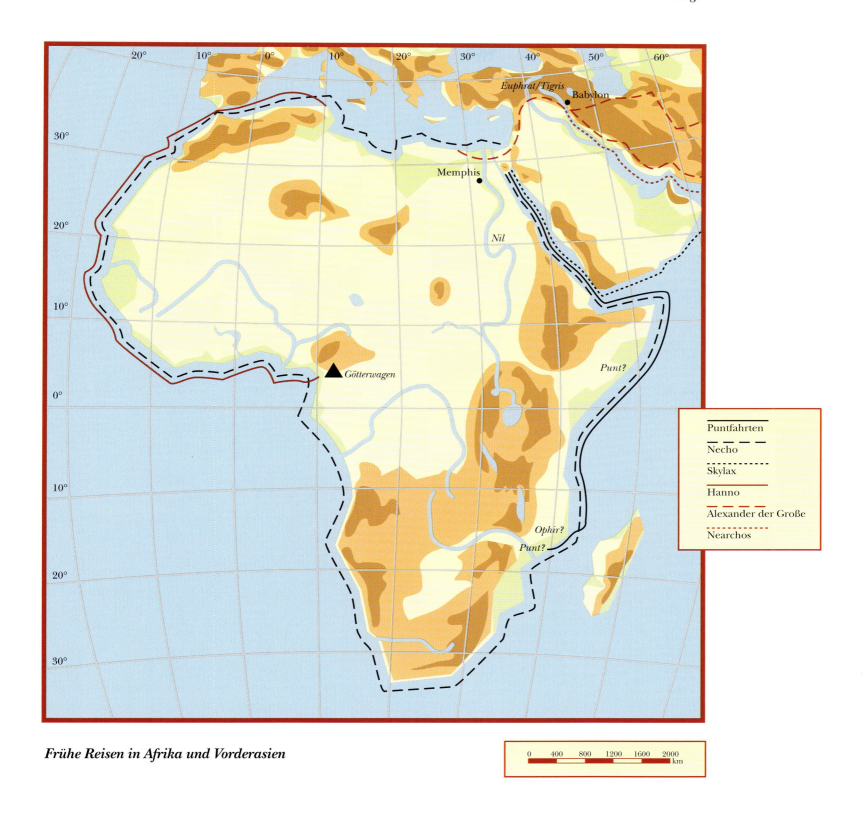

Frühe Reisen in Afrika und Vorderasien

Antike und Mittelalter

DER WEG DER SEIDE

Marco Polo (Vatikan 1996)

Weihrauch und Seide haben den zwei bedeutendsten antiken Handelswegen in Asien den Namen gegeben. Dabei stehen sie nur stellvertretend für zahlreiche andere wertvolle Güter, die auf ihnen transportiert wurden. Die Weihrauchstraße im Mittleren Osten und die Seidenstraße von oder nach dem Fernen Osten haben aber nicht nur für Handel, Verkehr und Wirtschaft, sondern auch für die Entdeckungsgeschichte Asiens große Bedeutung erlangt. Ihre Namen sind zwar moderne Wortschöpfungen, genutzt wurden diese Wege aber seit dem Altertum. Mögen sie im Zuge des modernen Weltverkehrs ihre wirtschaftliche Relevanz längst eingebüßt haben, gewinnen sie heute als Touristenattraktionen und Reiseziele eine ganz neue Bedeutung, der auch diverse Medien schon Rechnung tragen.

Die Weihrauchstraße besteht aus drei Teilen. Sie beginnt im Südosten als Seeweg entlang der Westküste Indiens. Die von dort kommenden Schiffe legten entweder an der Küste Südarabiens an, von wo die von ihnen angelieferten Waren durch das heutige Jemen über Sana nordwärts bis Petra transportiert wurden. Diese Hauptstadt des Nabatäerreiches bildete einen wichtigen End- bzw. Umschlagplatz, von wo die Waren entweder zu den Mittelmeerhäfen oder auf dem Landweg bis in das nördliche Syrien gelangten. Als Parallelstrecke diente noch die Fortsetzung der Schiffsroute ins Rote Meer und von dort nordwärts bis in den Golf von Suez. Die Geschichte der Weihrauchstraße begann etwa um 600 v. Chr., erreichte ihre Glanzzeit, als im Römischen Reich gerade die Duftstoffe und Spezereien des Mittleren Ostens, insbesondere eben der Weihrauch, sehr gefragt waren. In der Spätantike verfiel allmählich dieser Handelsweg.

Noch größere Bedeutung erlangte die Seidenstraße als Ost-West-Handelsverbindung. Sie begann in Chang'an, dem heutigen Xian, in Mittelchina, lief westwärts bis Dunhuang, um sich dort in zwei Stränge zu teilen, die im Süden und Norden entlang der gefürchteten Wüste Takla-Makan liefen. Der nördliche Strang führte über Kaschgar und Samarkand, der südliche über Yarkand und Balkh nach Merw, von da südlich des Kaspischen Meeres vorbei nach Palmyra und zu den östlichen Mittelmeerhäfen. Sie begann in den letzten vorchristlichen Jahrhunderten zu florieren, erreichte in der römischen Kaiserzeit einen Höhepunkt, um nach 500 n. Chr. allmählich wieder zu verblassen. Neben dem Handel war sie auch für den ostwestlichen Kulturaustausch und für den Austausch geographischer Kenntnisse von größter Bedeutung, wobei man immer daran denken muss, dass solcher Austausch sich nicht in einem Stück vom Ausgangs- zum Endpunkt vollzog, sondern nur etappenweise über Teilstrecken. Eine Karawanenreise von Xian bis Palmyra dauerte nicht selten sechs bis acht Jahre!

Der Seeweg um Südostasien herum quer durch den Indischen Ozean nach Vorderasien und von da auf der bewährten Monsun-Route nach Arabien wurde daneben ebenfalls genutzt, aber nie so stark frequentiert wie der Landweg.

Die geographische Erschließung Asiens begann von zwei Seiten, von West wie von Ost. Die Kenntnisse des Westens basierten allerdings mehr als ein halbes Jahrtausend lang auf den Eroberungen und Erkundungen Alexanders des Großen und wurden nur durch wenige Reisende ergänzt.

Es ist verständlich, dass wir über die Versuche, die von Osten aus zu einer Erkundung des Westens unternommen wurden, nur wenig informiert sind. Die chinesischen Herrscher suchten keine Kontakte und verhinderten deshalb auch lange entsprechende Versuche einzelner kühner Untertanen. Erst unter Kaiser Wu-Ti wurde 138 v. Chr. Tschang-Kien ausgeschickt, um im Westen nach Verbündeten gegen die Hunnen zu suchen, die das Chinesische Reich bedrohten. Er fiel aber in deren Hände und wurde zehn Jahre lang gefangen gehalten, bis er flüchten, seine Mission fortsetzen, bis nach Baktrien vorstoßen und schließlich wieder an den kaiserlichen Hof nach China zurückkehren konnte. Seine Reise hatte den Chinesen erstmals Nachrichten von den Ländern im Westen gebracht. Zögernd nur setzten nun die Handelskontakte über die Seidenstraße ein, aber es sollten noch einmal fast 700 Jahre vergehen, bis ein ähnlich bedeutender Reisender wichtige neue geographische Kenntnisse brachte. Es war der buddhistische Mönch Hsüan Tsang, der Indien, das Ursprungsland des Buddhismus, besuchen wollte. Es ist kaum vorstellbar, dass er für die Reise volle 18 Jahre benötigte. Sie führte entlang der Seidenstraße nach Westen bis Samarkand, dann südwärts über den Hindukusch in das Tal des Ganges, und weiter flussabwärts zum Golf von Bengalen, nach Südindien und wieder nordwärts im Industal aufwärts zur Südroute der Seidenstraße und auf dieser nach China zurück. Damit war auch der Kontakt zu Indien hergestellt.

Nur wenig jünger als die Nachrichten über Indien, die dieser Hsüan Tsang lieferte, sind die ersten Nachrichten eines Ausländers über China. Sie stammen ebenfalls von einem buddhistischen Mönch namens Ennin. Er kam 838 aus Japan nach China und bereiste neun Jahre lang vor allem den nördlichen Teil des Kaiserreichs. Seine Aufzeichnungen, die einen einzigartigen Einblick in die buddhistische Welt und das Leben in China gewähren, sind erhalten geblieben.

Europas Weg nach Osten im Mittelalter gliedert sich in verschiedene Abschnitte. Mochte dabei Vorderasien schon in der Antike weitgehend bekannt gewesen sein, so gab es doch noch genug Unklarheiten auf den Karten. Wichtige Beiträge zu ihrer Klärung lieferten zum einen die Kreuzritter, die sich ja nach der Gründung der Kreuzfahrerstaaten oft lange im Heiligen Land aufhielten und natürlich über gewisse Kenntnisse verfügten. Auch einzelne Reisende waren unterwegs. So der Rabbiner Ben Jonah von Tudela aus dem Königreich Navarra, der etwa ab 1160 mehr als ein Jahrzehnt den Vorderen Orient, Nordafrika und wahrscheinlich auch Südasien bereiste und darüber ausführlich berichtete. Als einer der bedeutendsten Asienreisenden des Mittelalters ist er heute zu Unrecht etwas in Vergessenheit geraten. Etwa um 1200 dürfte der aus Mitteldeutschland stammende Minnesänger Heinrich von Morungen bis nach Indien gelangt und dort den Spuren des Apostels Thomas nachgegangen sein.

Vor allem waren aber auch zahlreiche Pilger unterwegs, die im Gegensatz zu den Kreuzrittern seit dem beginnenden 14. Jahrhundert mehr oder minder ausführliche schriftliche Reiseberichte verfassten. Aus der Zeit zwischen 1300 und 1400 sind 45 solcher Berichte erhalten, aus dem darauf folgenden Jahrhundert sogar 140. Einige davon erlangten überdurchschnittliche Bekanntheit und wurden erst in Abschriften, später sogar gedruckt immer wieder herausgebracht, so etwa die Schilderungen des Ritters Mandeville und die der beiden Geistlichen Felix Fabri und Bernhard Breydenbach. Die Tendenz zu einer ausführlichen Schilderung setzte sich auch im 16. Jahrhundert noch fort.

Marco Polo vor dem Großkhan (Vatikan 1996)

Als nach dem Tode des Großkhans Ogodai 1241 die unmittelbare Bedrohung des Abendlandes durch die Mongolen nachgelassen und schließlich ganz aufgehört hatte, setzten sogleich erste

Antike und Mittelalter

Versuche einer Kontaktaufnahme mit dem Osten ein, die auch der geographischen Erschließung zugute kamen. Am Beginn der beachtenswerten Reihe steht Giovanni del Pian del Carpine, der 1245 an den Hof des neuen Großkhans reiste, um ihm im Auftrag des Papstes eine Botschaft zu überbringen. Ihm folgten in kürzeren Abständen andere, meistens Mönche, so etwa Guiscard von Cremona, Andreas von Longjumeau oder Wilhelm von Rubrouck (Ruysbroek), der sieben Jahre nach Carpine eine Reise zu den Mongolen antrat, auf der er als erster Europäer bis zur mongolischen Hauptstadt Karakorum kam und über die er einen vorzüglichen Reisebericht verfasste. Aus dem Franziskanerorden stammten ein halbes Dutzend Reisende, allen voran Johannes von Montecorvino, der ab 1291 erst Indien und dann das nördliche China bereiste, wo er die erste christliche Kirche im Fernen Osten errichtete, sowie Odorico Pordenone, der 1318 seine oberitalienische Heimat verließ, Vorder- und Hinterindien bereiste und dann für drei Jahre nach China ging.

Zu den frommen Mönchen gesellten sich einige Händler und ein paar Abenteurer, wie wir ihnen überall begegnen. Von den drei Mitgliedern der Familie Polo wird noch die Rede sein, der berühmteste unfreiwillige Abenteurer war wohl der bayerische Knappe Hans Schiltberger, der nach der Schlacht von Nikopolis 1396 als 16-Jähriger in die Gefangenschaft der Türken und dann der Mongolen geriet und als Sklave jahrzehntelang unfreiwillig Vorder- und Zentralasien bereiste, bis er flüchten und als 47-Jähriger wieder in die Heimat zurückkehren konnte. Sein mehrfach gedruckter Lebensbericht gibt gute Einblicke in die Lebenswelt der Türken und Mongolen. Fast zur gleichen Zeit bereiste auch Niccolò di Conti von 1419 an 25 Jahre lang Indien und Südostasien. Er ist wohl der Einzige, von dem wir wissen, dass er aus der Fremde eine Frau und Kinder in die Heimat zurückbrachte. Da er während seiner Reisen, um sein Leben zu retten, zum Islam übergetreten war, soll ihm der Papst als Buße für die Wiederaufnahme in die Kirche die Abfassung eines Reiseberichts aufgetragen haben.

Die beiden bedeutendsten Asienreisenden des Mittelalters waren der Italiener Marco Polo und der Araber Ibn Batutah. Marco Polo war 1271 mit seinem Vater und seinem Onkel nach China aufgebrochen und erst 1295 von dort zurückgekehrt. Auf der Karte können wir den Reiseweg verfolgen, der merkwürdigerweise anfangs nicht der Seidenstraße folgte und erst in Zentralasien auf die Südroute stieß. Vom Hof des Großkhans in Peking aus unternahm er in dessen Auftrag eine Reise in den äußersten Süden des Chinesischen Reiches. Die Heimkehr erfolgte zu Schiff durch den Indischen Ozean und bis zum Persischen Golf, von da an durch Vorderasien. Marco Polos Reisebericht, der eine Fülle von Einzelheiten über die geographischen, ethnologischen und kulturgeschichtlichen Verhältnisse in Ostasien liefert, wurde ebenso gern gelesen wie schon von den Zeitgenossen angezweifelt. Auch heute ist die Kritik wieder Mode geworden. Eine letzte Klarheit wird sich wohl nie erbringen lassen, wenn auch viel dafür spricht, dass der Reisende eher Einzelheiten vergessen statt alles nur gut aus erhaltenen Informationen kompiliert hat. Die Karte zeigt jedenfalls die Reiseroute, wie sie sich aus dem Werk Marco Polos rekonstruieren lässt und wie sie trotz mancher Zweifel wohl auch stattfand.

Ibn Batutah hat damals wahrscheinlich jeden Rekord der Reisedauer gebrochen. Immerhin war er noch zwei Jahre länger unterwegs als Marco Polo. 1324 brach er von seiner Heimatstadt Tanger zu einer Pilgerfahrt nach Mekka auf, bereiste erst Nordafrika, dann Vorderasien, besuchte die Krim und zog über Samarkand nach Indien, von wo aus er an einer Gesandtschaftsreise zum Kaiser von China teilnahm, um schließlich auf dem Seeweg wieder über Indien und Arabien in die Heimat zurückzukehren, nur um erneut den Norden Afrikas zu bereisen. Sein Reisebericht, den er aus dem Gedächtnis diktierte, fand bei den Arabern weit mehr Verständnis als Marco Polos Schilderungen in Europa.

Ein Blick auf die Karte zeigt, dass zum Ende des Mittelalters ein breiter Mittelstreifen zu beiden Seiten des 40. Breitengrades quer durch Asien bekannt war, ebenso der Großteil Vorderasiens sowie die Küstengebiete Südasiens und des Fernen Ostens bis ebenfalls zum 40. Breitengrad. Unbekannt blieben der ganze Norden, Tibet und das Innere des indischen Subkontinents und Südostasiens.

Der Weg der Seide

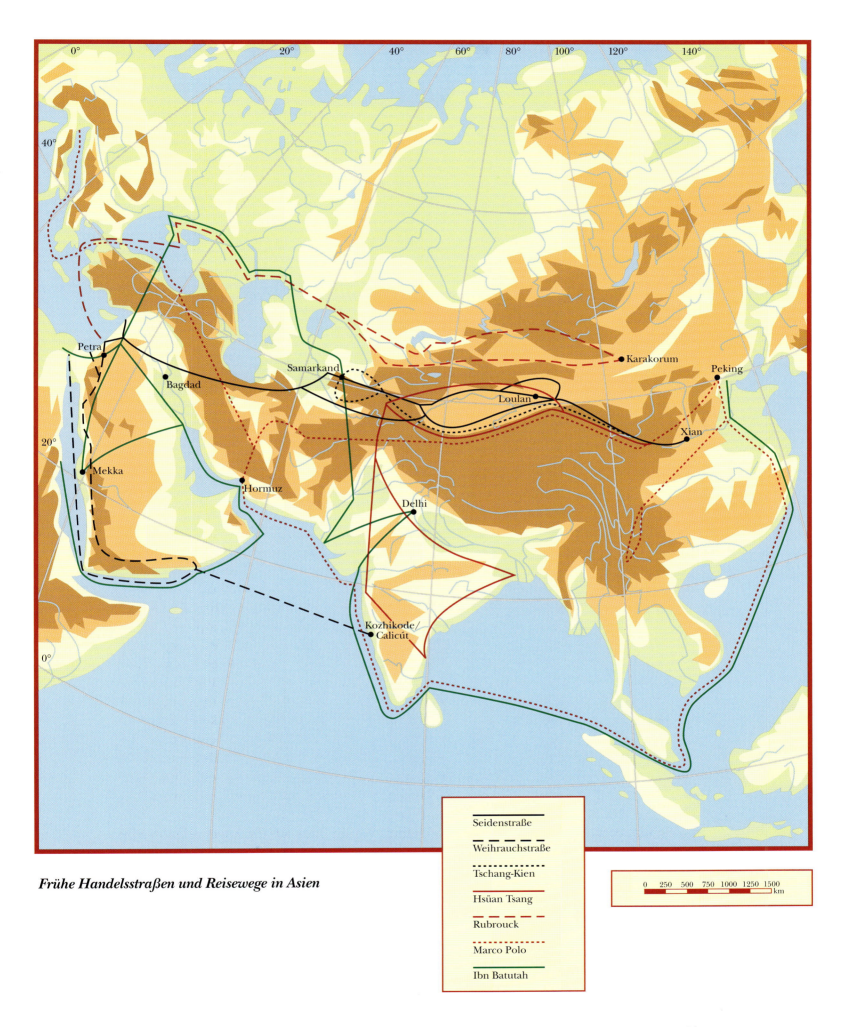

Frühe Handelsstraßen und Reisewege in Asien

- Seidenstraße
- Weihrauchstraße
- Tschang-Kien
- Hsüan Tsang
- Rubrouck
- Marco Polo
- Ibn Batutah

Antike und Mittelalter

EUROPA WIRD ENTDECKT

Eigentlich kann man sich gar nicht vorstellen, dass auch Europa einmal entdeckt werden musste. Die griechische Sage erzählt von der phönikischen Königstochter Europa, die von Zeus, der sich in einen Stier verwandelt hatte, aus ihrer vorderasiatischen Heimat entführt und über das Mittelmeer nach Kreta getragen wurde. Tatsächlich kann die Insel Kreta nicht nur als kulturelle Mittlerin zwischen dem Vorderen Orient und dem europäischen Festland, sondern auch als ein Ausgangspunkt für die geographische Erschließung des Kontinents angesehen werden. Diese erfolgte auf dem See- wie auf dem Landweg. Vor allem phönikische Handelsschiffe tasteten sich etwa seit Beginn des letzten vorchristlichen Jahrtausends auf Fernfahrten immer weiter nach Westen und erkundeten dabei die südliche Mittelmeerküste. Kreta bildete einen wichtigen Zwischenstützpunkt und eine Art Drehscheibe auch für die sich anbahnenden Handelsbeziehungen. Wichtiger noch als die Schiffsrouten wurden die großen Fernhandelsstraßen, die seit vorgeschichtlicher Zeit den Kontinent in vorwiegend Nord-Süd-(Ost-)Richtung durchzogen. Sie folgten dabei weitgehend den Flussläufen, die häufig als Transportwege für Waren genutzt wurden. Zu ihnen gehörten die Routen Loire aufwärts, zur Rhône und zum Mittelmeer, über Rhein–Alpen–Po an die Adria, von der Elbe–Moldau–Donau zum Schwarzen Meer und von der Oder–Donau und Weichsel ebenfalls zum Schwarzen Meer. Die wichtigste Verbindung bildete wohl die Bernsteinstraße von der Elbmündung und insbesondere von Oder und Weichsel südwärts. Auf diesen Wegen, deren wirtschaftliche Bedeutung so groß war, dass sie auf weiten Strecken kultischen Schutz bei den dort wohnenden Stämmen genossen, verlief ein ungemein reger Handel. Und die wagemutigen Händler brachten nicht nur Waren, sondern auch Nachrichten, die mündlich tradiert wurden. Nur der Norden blieb etwas außerhalb dieses Systems. Zu den wohl ältesten Entdeckungsfahrten dorthin gehörte die Suche nach den Zinninseln, die der Karthager Himilko etwa zur gleichen Zeit unternahm wie sein Landsmann Hanno seine Fahrt zum Kamerunberg. Nach den wenigen erhaltenen Notizen muss es eine gefährliche viermonatige Fahrt gewesen sein, die ihn wohl bis nach Cornwall führte, dessen Gruben das begehrte Zinn lieferten.

Die ersten genaueren Berichte über Nordwesteuropa verdanken wir dem Griechen Pytheas. Sie sind allerdings verschollen und lassen sich nur aus Hinweisen späterer antiker Autoren wie Diodor, Strabo oder Plinius rekonstruieren. Die Karte zeigt seinen vermutlichen Reiseweg, der ihn 325 v. Chr. vom antiken Massilia, dem heutigen Marseille, nach einer Theorie westwärts um die Iberische Halbinsel, nach anderer quer durch das heutige Frankreich an die Küste (auf der Karte Loire-Handelsroute) und nach Britannien führte. Dort segelte er wohl an der Ostküste entlang nordwärts bis zur »Insel Thule«. Man nimmt an, dass es sich dabei um Island handelt, jedoch wird heute unter Wissenschaftlern auch die Hypothese vertreten, dass unter Thule die südnorwegische Küste zu verstehen sei. Offen bleiben muss auch die Frage, ob der Reisende bis an die Ostsee gelangte. Die auf der Karte angegebene Route ist ab der Nordküste Schleswigs also stark hypothetisch. Sie basiert auf überlieferten Nachrichten, dass Pytheas die »Bernsteininsel« erreicht habe. Merkwürdigerweise möchten einige Forscher diese mit Helgoland gleichsetzen, während der Bernsteinreichtum, von dem die Rede ist, doch eher für einen Fundort in der Ostsee spricht.

Pytheas hat den geographischen Horizont nach Norden hin erweitert. Dabei blieb es aber auch in den folgenden Jahrhunderten. Erst durch die Fahrten irischer Mönche und der Wikinger sollte neues Licht auf diesen bisher wenig bekannten Raum fallen.

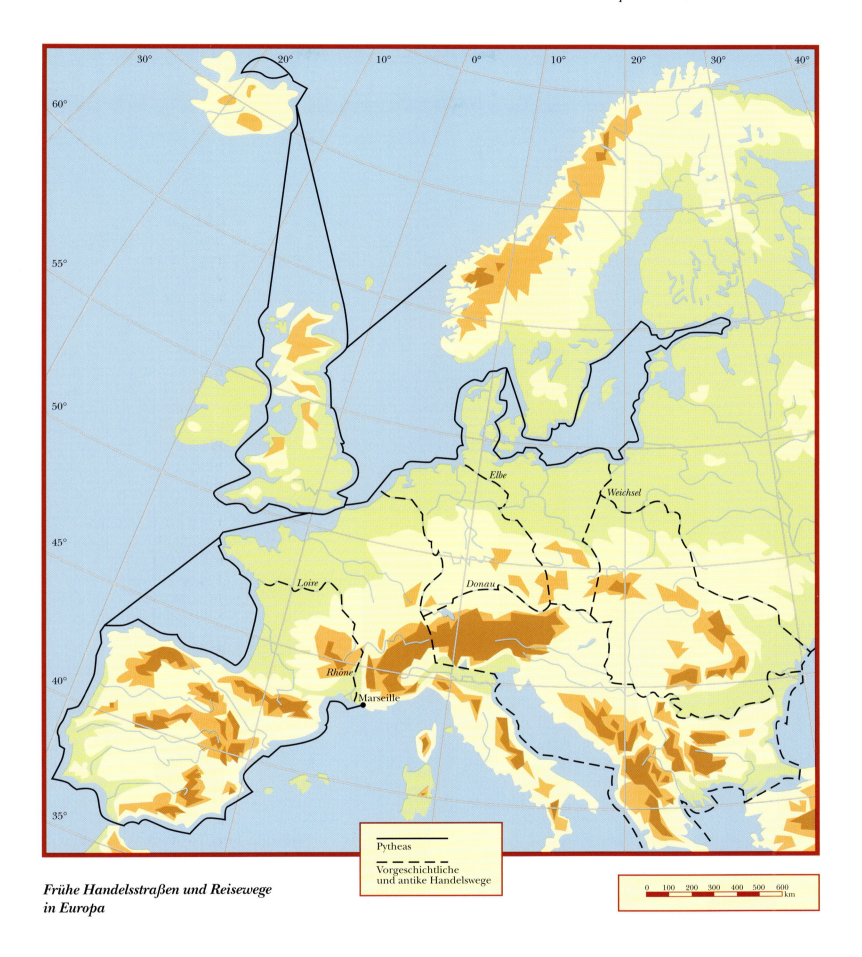

Frühe Handelsstraßen und Reisewege in Europa

Antike und Mittelalter

MÖNCHE UND WIKINGER

St. Brendanus (Irland 1994)

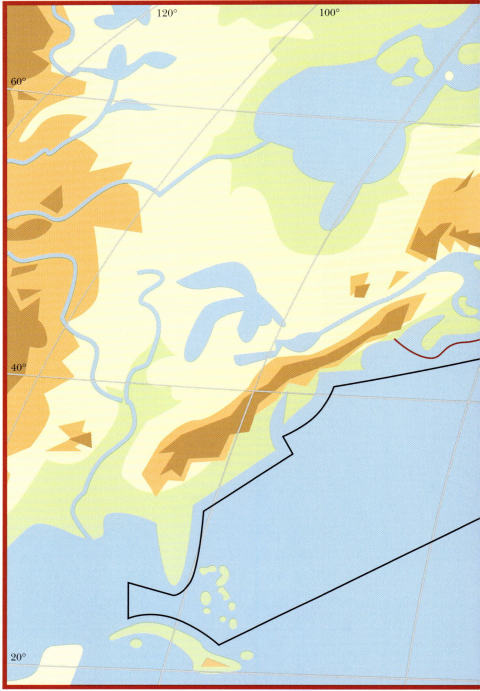

Zu den bekanntesten »Volksbüchern«, jenen kleinen Erzählungen des späten Mittelalters und der Reformation, die einmal in billigen Drucken weit verbreitet waren und gern gelesen wurden, gehört auch die Geschichte von St. Brendanus (oder Brandan). Sie erzählt von einem irischen Abt, der mit einigen Gefährten auf einem winzigen Schiff den Atlantik nach Westen befuhr und dabei die seltsamsten Abenteuer erlebte. Lange wurde diese Geschichte in das Reich der Fabeln verwiesen, doch haben moderne Forschungen einen wahren Kern in ihr gefunden. Brendanus scheint um 600 tatsächlich freiwillig oder als Schiffbrüchiger den Atlantik durchquert zu haben und wieder in die Heimat zurückgekehrt zu sein.

Wikingerschiffe vor Grönland (Monaco 1982)

Leif Eriksson segelt nach Amerika (Island 1992)

Seine Seeabenteuer waren bekannt und wurden weitererzählt, dabei war er aber nur einer von vielen Mönchen, die von ihren Klöstern an der Westküste Irlands in kühnen Fahrten zu den Hebriden, Orkneys, Shetlands, Färöern, nach Island und sogar nach Nordamerika gelangten. Die auf unserer Karte eingezeichneten Reisewege beruhen dabei auf Hypothesen.

Die Entdeckung Islands wird gewöhnlich erst dem Wikinger Gardar Svavarsson zugeschrieben – manchmal werden auch andere Namen wie Ingolf oder Naddod genannt. Svavarsson soll um 860 die Insel erreicht und umsegelt haben. Auf alle Fälle wurde ihre Existenz um diese Zeit bei den Wikingern allgemein bekannt und schon wenige Jahrzehnte später entstand dort eine blühende Siedlung. Sie bildete die Ausgangsbasis für weitere Vorstöße nach Westen. So erreichte der wegen Totschlags des Landes verwiesene Erik der Rote auf einer

Mönche und Wikinger

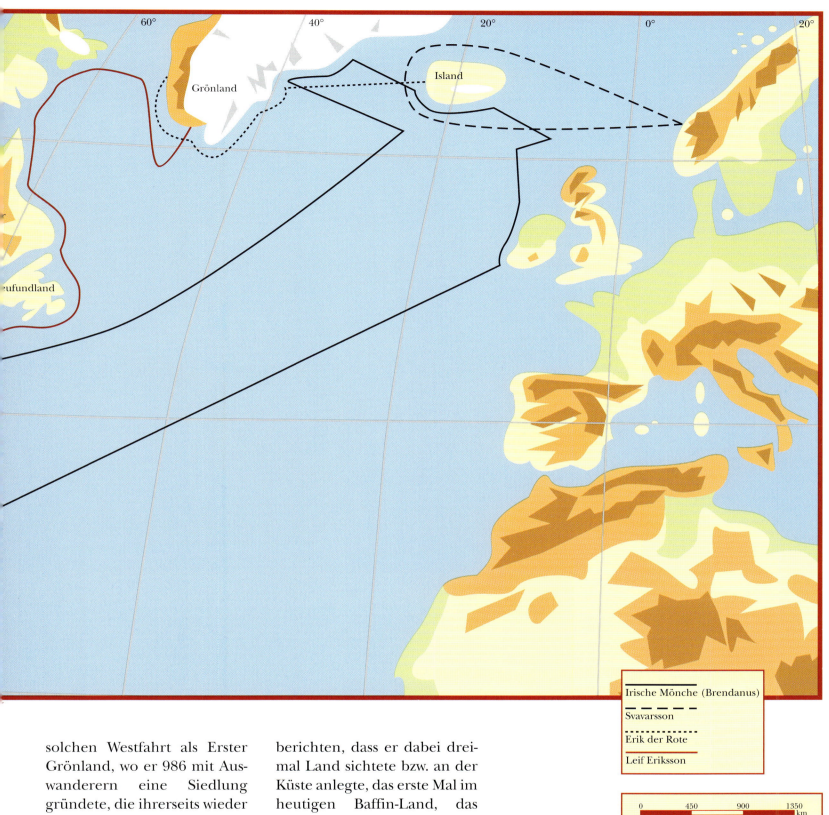

Vermutete Reisewege der irischen Mönche und der Wikinger

solchen Westfahrt als Erster Grönland, wo er 986 mit Auswanderern eine Siedlung gründete, die ihrerseits wieder Ausgangspunkt entdeckungsgeschichtlich bedeutsamer Fahrten nach Westen wurde.

Die entscheidende Reise unternahm um 1000 Leif Eriksson, angeblich der Sohn Eriks des Roten. Isländische Sagas berichten, dass er dabei dreimal Land sichtete bzw. an der Küste anlegte, das erste Mal im heutigen Baffin-Land, das zweite Mal in Labrador oder Neufundland und das dritte Mal noch etwas weiter südlich in einem Gebiet, das klimatisch so günstig war, dass es die Seefahrer »Vinland« – Weinland – nannten und dort überwinterten.

31

AFRIKA

Bartolomeo Diaz vor Südwestafrika (Südwestafrika 1982)

Wie kommt es, dass Afrika, das doch zusammen mit Asien und Europa zu den ältesten bekannten Kontinenten gehört, bis weit ins 19. Jahrhundert hinein der »dunkle Erdteil« blieb und erst im Laufe des 19. Jahrhunderts näher erforscht wurde? Ein Blick auf eine physikalische Karte gibt schon eine verhältnismäßig deutliche Antwort auf diese Frage. Afrika ist ein wenig gegliederter Erdteil, ein Trapez und ein Dreieck sind gleichsam aneinander geklebt. Das so genannte »Weißafrika« bildet das Trapez, »Schwarzafrika« das im Süden anschließende Dreieck. Die Umrisse des Kontinents zu zeichnen fällt nicht schwer, fehlen doch weitgehend Halbinseln und Buchten, die günstige Landungsmöglichkeiten bieten. Eine starke Meeresbrandung erschwert an den meisten Küstenstrichen das Anlegen. Kein Wunder, dass es Schiffe viele Jahrhunderte lang vermieden, die ungastlichen Küsten anzusegeln. Darüber hinaus erschwert eine derartige Küste auch das Vordringen ins Landesinnere. Geographen sprechen von küstennahen und -fernen Gebieten, wobei Ersteres eine Entfernung bis 600 Kilometer von der Küste meint. Während das stark gegliederte Europa nach dieser Rechnung über 86 Prozent küstennahe Landschaft verfügt, sind es bei Afrika nicht einmal 50 Prozent! Die Flüsse, die bei anderen Kontinenten wie etwa Südamerika günstige Einfallspforten und Wege in das Landesinnere bieten, erweisen sich in Afrika ebenfalls als verkehrsfeindlich. Das wiederum hängt mit der Oberflächengestalt des Erdteils zusammen.

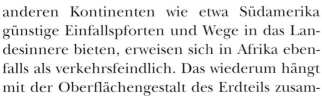

Wie man selbst auf einer stark schematisierten Karte noch erkennt, weist gerade das südliche Dreieck Afrikas im Innern ausgedehnte Hochflächen auf, die in steilen Stufen zur Küste abfallen. Die sie durchbrechenden Flüsse erlangen dadurch starke Gefällsströmungen, die nur schwer überwunden werden können und den Verkehr ins Landesinnere behindern. Beim Nil wiederum sind die hindernden Schwellen und Katarakte nicht tektonisch, sondern geologisch bedingt, da das Flusstal an sechs Stellen von Urgesteinschwellen durchzogen wird. Wenn sie überwunden waren, behinderte ein riesiger Schilfsumpf den weiteren Weg in das Innere des Kontinents. Ein Vordringen von Nordafrika aus südwärts auf dem Landwege schien ebenfalls nur schwer möglich, legte sich doch der 2000 Kilometer breite Wüstengürtel der Sahara als ganz anders geartete Barriere vor das Innere. Zwar gab es einige Straßen, die aber nur von erfahrenen einheimischen Karawanen begangen wurden. Deshalb dauerte die Erkundung dieser Wüstengebiete auch besonders lange.

Als ähnliches Hindernis erwies sich der große zentralafrikanische Regenwald, der sich beiderseits des Äquators erstreckt und der erstmals im letzten Drittel des 19. Jahrhunderts von West nach Ost durchquert wurde.

Zu solchen Bedrohungen durch Landschaft und Vegetation gesellten sich die nicht geringeren Behinderungen durch das Klima. Afrika ist der typische Tropenkontinent. Schon Ptolemaios war in seiner »Geographie« der Meinung, dass dauerndes Wohnen in tropischen Gebieten nicht möglich sei und die Menschen in Zeiten, wo die Sonne senkrecht über einem Ort steht, in Höhlen Zuflucht suchen müssten. Seine Interpreten behaupteten, die Haut der Weißen würde in diesem Gebiet für immer schwarz verbrannt. Keine verlockenden Aussichten also, die bis ins ausgehende 15. Jahrhundert hinein abschreckten! Mit dem allmählichen Vordringen der portugiesischen Karavellen an der Westküste schwanden jedoch derartige Schreckgespenster. Die Wirklichkeit war sowieso noch schlimm genug. Tropische Hitze, extreme Trockenheit in den einen, Regenzeiten in anderen Regionen behinderten die Reisenden und setzten ihnen zu, vor allem aber die im Gefolge der Wetterextreme auftretenden Krankheiten. Manche von ihnen sind heute dank der modernen Medizin und medizinischer Prophylaxe weitgehend eingedämmt oder sogar völlig verschwunden, forderten aber das ganze 19. Jahrhundert hindurch noch schwere Opfer. Dazu gehörten Malaria, Gelbfieber, Schlafkrankheit, Amöbenruhr, um nur die verbreitetsten zu nennen. Häufig forderte schon das Fieber in den Sumpfwäldern der Küste seine Opfer, noch ehe die Reisenden in das Innere aufbrechen konnten. Der Blutzoll, den sie während der Reise und häufig auch noch nach ihrer Rückkehr in die Heimat entrichten mussten, war bedrückend hoch.

Auch die Bewohner des dunklen Kontinents erwiesen sich im Allgemeinen als wenig hilfreich und traten den Weißen, die sie ja häufig instinktiv und nicht zu Unrecht als ihre Gegner ansahen, feindlich gegenüber. Das galt vor allem für die islamischen Araber des Nordens, aber auch für Menschen Schwarzafrikas, vor allem des Osthorns. Man muss die Gegensätze auch unter dem Aspekt des Sklavenhandels sehen, der ja seit dem 16. Jahrhundert florierte, im 18. einen Höhepunkt erlebte und erst seit der Mitte des 19. abklang. Die einheimischen und arabischen Sklavenjäger und -händler sahen in allen Reisenden Störenfriede ihrer Geschäfte und blockierten das Vordringen in das Landesinnere und die Kontakte mit ihren Opfern. Das ist ein Phänomen, das wir nur in Afrika beobachten und das typisch für die Entdeckungsgeschichte des Erdteils ist.

Die Erforschung Afrikas stellte die Reisenden nicht nur vor unterschiedliche geographische, sondern auch vor ethnische Schwierigkeiten. Konnten Erstere über mehr oder weniger lange Zeiträume gelöst werden, so versagten die europäischen Reisenden, später die Siedler und Kolonisten doch häufig bei der Lösung solcher ethnischen Probleme. Schon auf den mittelalterlichen Karten war Afrika fast nur mit Fabelwesen besiedelt, Menschen mit Tierköpfen, Einbeinern oder Riesen. Die portugiesischen Seefahrer sahen in den Eingeborenen an der westafrikanischen Küste keine Ansprech- bzw. Handelspartner, sondern häufig nur Handelsware, und zwar mit der Begründung, dass Heiden versklavt werden durften. Die Vorstellung von »Barbaren« oder »Wilden« hielt sich bis ins 18. und unterschwellig noch bis in Reisewerke des 19. Jahrhunderts. Die Entdeckung des afrikanischen Menschen setzte eigentlich erst im 20. Jahrhundert ein. Selbstverständlich gab es eine ganze Reihe von Reisenden, die den Afrikanern, denen sie begegneten, mit Hochachtung gegenübertraten, aber es kam auch immer wieder zu Missverständnissen, zumal doch meistens den mehr oder weniger idealistischen Entdeckern rasch die Eroberer und Kolonialherren folgten.

Vor allem die Entdeckung afrikanischer Kulturen und afrikanischer Geschichte hinkte hinter der geographischen Erschließung her. Zwar sind schon auf den Karten des 18. Jahrhunderts afrikanische Reiche zumindest in groben Grenzen eingezeichnet, aber die Nachrichten über sie bleiben dürftig. Insgesamt zeigt sich für die Erkenntnis afrikanischer Geschichte ein starkes Nord-Süd-Gefälle, das erstaunlicherweise erst durch moderne Forschungen ausgeglichen wurde. Während die Kenntnisse nordafrikanischer Geschichte ebenso gut waren wie die geographischen, waren sie für die Großreiche des Südens schon wesentlich schwächer. Nachrichten über westafrikanische Reiche wie Benin oder Aschanti tauchen schon in Werken des 18. Jahrhunderts auf, ebenso über Abessinien. Nur über das große Monomotapa-Reich im Südosten und dessen Geschichte gab es verhältnismäßig wenige Informationen, hauptsächlich in portugiesischen Werken.

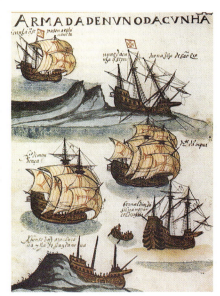

Die Karavellen der portugiesischen Indienflotte

Afrika

Afrika. Aus dem Theatrum Orbis Terrarum von Abraham Ortelius, 1570

Afrika

Afrika

ELEFANTEN
STATT STÄDTE

»*Geographers in Afric maps*
With savage pictures fill their gaps
And over inhabitable downs
Place elephants, for wants of towns.«

Schiffstypen der portugiesischen
Afrikafahrer (Portugal 1990)
Barka

Caravela Pescareza

»Die Geographen füllen auf den Karten Afrikas ihre Lücken mit wilden Zeichnungen und malen in unbewohnbare Flächen aus Mangel an Städten Elefanten ein.« – So spottete zu Recht um 1700 der geniale englische Satiriker Jonathan Swift. Dabei gehörte dieses Afrika doch zusammen mit Europa und Asien zu den drei Erdteilen der Alten Welt und wurde schon auf den frühesten Weltkarten eingezeichnet! Aber nicht alle geographischen Kenntnisse der Antike blieben erhalten, manche gingen im Mittelalter wieder verloren, andere wurden von arabischen Handlungsreisenden ergänzt und verbessert. Doch der Überblick blieb begrenzt, beschränkte sich auf den Norden und einige Küstenstriche im Westen und Osten. Aus dem Innern hielt sich nur eine vage Kunde von großen Seen und den »Mondbergen«. Völlig unbekannt dagegen blieb der Süden.

Auf einer Afrika-Karte von 1540 des berühmten Kosmographen Sebastian Münster sind die Umrisse des Erdteils zwar nicht maßstabgetreu, aber doch schon einigermaßen richtig angegeben. Das Innere allerdings bildet eine dürftige Phantasielandschaft, in der sich nicht nur ein riesiger Elefant tummelt, sondern als Vertreter der Eingeborenen auch eines jener einäugigen Fabelwesen, die wir schon aus den antiken Sagen kennen und die für die Menschen des Mittelalters durchaus realen Charakter besaßen.

Etwas anders geht es da schon dreißig Jahre später auf der Afrika-Karte des Antwerpener Kartographen Abraham Ortelius (1527–98) zu, die 1570 in der ersten Auflage von dessen »Theatrum orbis terrarum« erschien. Sie zeigt uns den Erdteil bereits eingebettet in das Gradnetz. An die Stelle von Tieren und Fabelwesen sind hier schon eine Fülle von Namen und Einzelheiten getreten, die auf den ersten Blick eine erstaunliche Genauigkeit signalisieren, beim näheren Hinsehen aber verständlicherweise immer noch die üblichen Mängel aufweisen. Am auffallendsten ist dabei wohl der große See südlich des Äquators, aus dem Nil, Zaire (Kongo) und Zuama (Sambesi) entspringen. Östlich von ihm findet sich eine »Amazonum regio«, ein Gebiet der Amazonen. Übersehen wird meistens, dass auf dieser Karte bereits südöstlich des erwähnten Sees jenes Simbaoe (Simbabwe) eingezeichnet ist, von dem die europäischen Händler an der Ostküste einige Kenntnis besaßen, das aber erst 1871 durch Carl Mauch wieder entdeckt wurde. Ortelius hat viele Namen aus einer 1564 erschienenen Karte des Venezianers Gastaldi übernommen, doch gibt es auch einige Überschneidungen. So wird die Bezeichnung »Zanzibar«, die man richtig an der Ostküste findet, noch einmal vage auf die Südwestseite übertragen.

Ziehen wir zum Vergleich eine siebzig Jahre jüngere Karte von 1642 heran! Sie stammt von Wilhelm Janszoon Blaeu aus dessen Atlas und besticht zuerst einmal durch die dekorative Umrahmung mit völkerkundlichen Abbildungen zu beiden Seiten und oben einigen Städteansichten, die dem berühmten Städtebuch von Braun-Hogenberg entnommen wurden. Die Ost-West-Ausdehnung ist um 11 Grad zu groß, im Innern hat sich trotz der Fülle von Namen noch kaum etwas geändert. Neue geographische Erkenntnisse haben sich ja in dieser Zeit auch kaum ergeben. Der große zentralafrikanische See ist immer noch als »Zaire Lacus« an alter Stelle eingezeichnet. Die von den europäischen Händlern bevorzugten Küstengebiete im Westen bis zum Golf von Guinea zeigen schon zahlreiche Details, aber nach dem Landesinnern zu wird es rasch leer und es bleibt genug Platz für die sich hier tummelnden Elefanten, Strauße und Löwen. Auffallend sind aber die Lokalisierungen großer afrikanischer Reiche, so etwa Benin oder Kongo, vor allem aber das Königreich Monomotapa, das (gelb grenzkoloriert) auf der Karte den ganzen Südteil Afrikas einnimmt, während es in Wirklichkeit wesentlich kleiner war.

Wieder rund sechzig Jahre später entstand um 1700 die »Nova Barbariae descriptio«, die Neue Beschreibung der Barbarei oder der Barbareskenstaaten, der in Amsterdam tätigen Firma Peter Schenk und Gerard Valk. Obzwar sie ein Gebiet umfasst, das den Europäern in weiten Teilen seit der Antike bekannt war und zu dem auch rege Handelsbeziehungen bestanden, unterscheidet sie sich nur unwesentlich von der Blaeu-Karte. Hier wie dort fließt der Niger immer noch in falscher Ost-West-Richtung, der Tschad-See ist als »Bornu lacus« zu weit nordöstlich angesiedelt. Der Nil hat einen großen linken Nebenfluss erhalten, den es in Wirklichkeit überhaupt nicht gibt. Richtig eingezeichnet sind die wichtigen Küstenstädte, ebenso vereinzelte Sahara-Oasen wie etwa Ghadames. Dagegen wird man eine so wichtige Handelsmetropole wie Timbuktu vergeblich suchen, weil das untere südwestliche Viertel der Karte nicht richtig ausgeführt wurde bzw. der dekorativen Kartusche mit dem Wappen des Osmanischen Reiches zum Opfer fiel, zu dem ja die dargestellten nordafrikanischen Seeräuberstaaten gehörten.

Im Gegensatz zu dieser Nordafrika-Karte zeigt die fast zur gleichen Zeit erschienene Karte Südafrikas von 1705 doch einige Veränderungen und Fortschritte. Sie stammt von Nicolas J. Visscher aus dem Atlas des Amsterdamer Kartographen Frederic de Wit. Der sagenhafte Zaire-See aus den Karten von 1570 und 1642, die »Mutter der afrikanischen Flüsse«, ist bis auf einen kleinen Rest, den »Lac Aquelondo«, zusammengeschrumpft. Der Sambesi ist ein beachtliches Stück flussaufwärts fast bis auf Höhe der von Livingstone entdeckten Victoria-Fälle bekannt. Das Monomotapa-Reich ist in annähernd richtiger Größe zusammen mit den Nachbarreichen wiedergegeben, Simbaoe/Simbabwe ist eingezeichnet, ebenfalls jener nur auf Karten dieser Zeit nahe dem Sambesi lokalisierte »Mons Fura« mit Hinweisen auf »mines d'or«, von dem Carl Peters in seinem Reisebericht »Im Goldlande des Altertums« behauptet, er hänge mit dem Namen Ophir zusammen, was ihn veranlasste, das antike Goldland hier zu lokalisieren. Auffallend ist der riesige See mit darin liegenden Inseln nordwestlich von Mombasa unmittelbar südlich des Äquators, denn damit kann nur der heutige Victoria-See gemeint sein. Recht gut ausgeführt ist auch im Süden das Gebiet am Kap der Guten Hoffnung. Hier merkt man, dass Händler und Siedler schon das Land durchzogen und geographische und völkerkundliche Informationen gesammelt hatten. Und die größere Nebenkarte lässt sehr schön das Nebeneinander von Siedlungen der weißen und der eingeborenen Bevölkerung erkennen.

Neben diesen vier älteren Karten mutet die fünfte geradezu modern an. Sie stammt aus der Mitte des vorigen Jahrhunderts und der Gothaer Kartograph August Petermann wollte durch sie 1856 einem breiteren interessierten Publikum die neuesten Forschungsergebnisse aus Innerafrika vorstellen. Aber sie basiert nur auf den Beobachtungen und Erkundungen der beiden deutschen Missionare Jakob Erhardt und Johann Rebmann. Sie zeigt einen merkwürdigen »See von Uniamesi«, in dem sich die drei großen ostafrikanischen Binnengewässer Victoria-, Tanganjika- und Njassa-See zu einem einzigen Gebilde vereinen. Auch der Hinweis, dass es sich beim nördlichen Teil, also dem Victoria-See, um den »See von Ujiji« handle, ist falsch, da letzterer

Bannel

Karavelle

Ort wesentlich weiter südlich am Tanganjika-See liegt. Immerhin sind auf dieser Karte erstmals der Kilimandscharo und der Kenia eingezeichnet, die von den Missionaren 1848 und 1849 entdeckt worden waren. Es sollten aber noch einmal zwanzig Jahre vergehen, bis der große Forschungsreisende Henry Morton Stanley 1876/77 den Victoria- und den Tanganjika-See umrundete und dank seiner Beobachtungen endlich eine Karte mit ihrer genauen Lage geschaffen werden konnte.

Afrika

Afrika. Aus dem Atlas des Wilhelm Janszoon Blaeu, 1642

Elefanten statt Städte

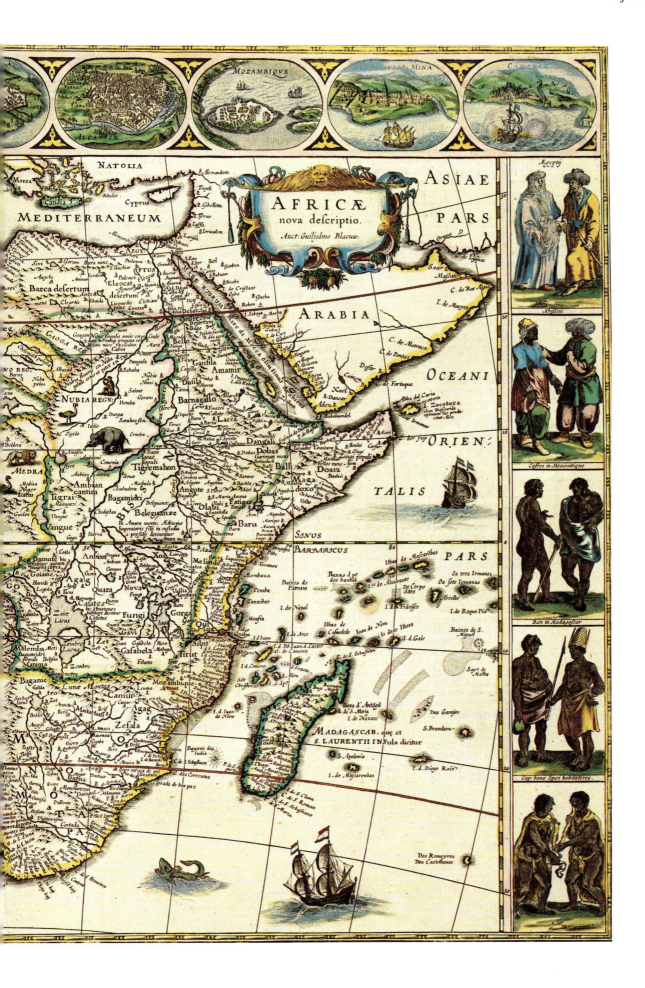

Afrika

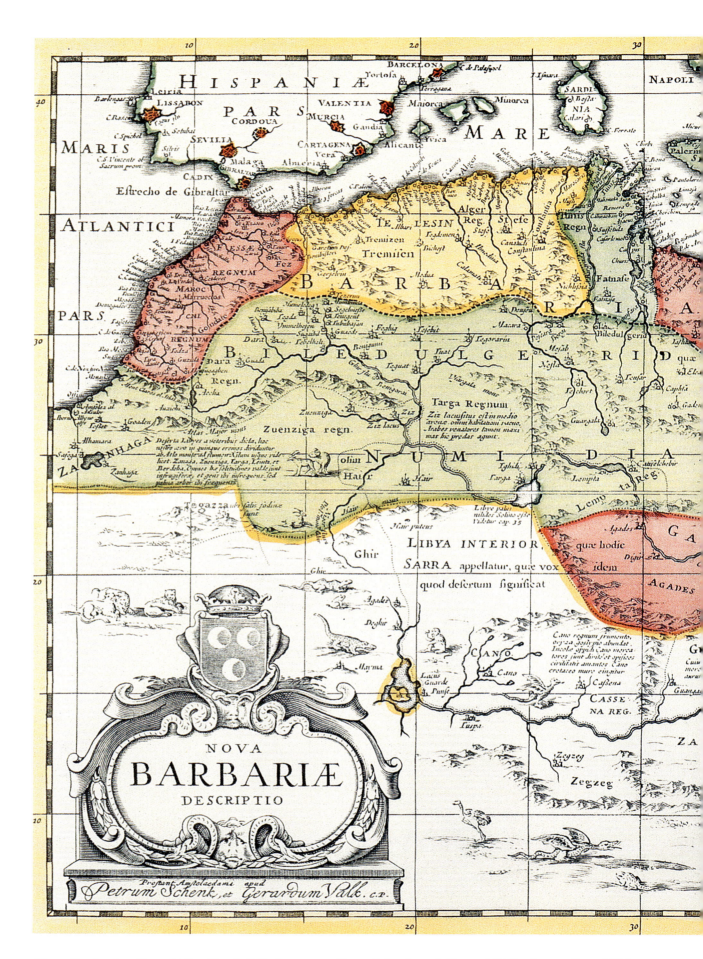

Nova Barbariae Descriptio. Nordafrikakarte von Peter Schenk und Gerard Valk, Amsterdam 1700

Elefanten statt Städte

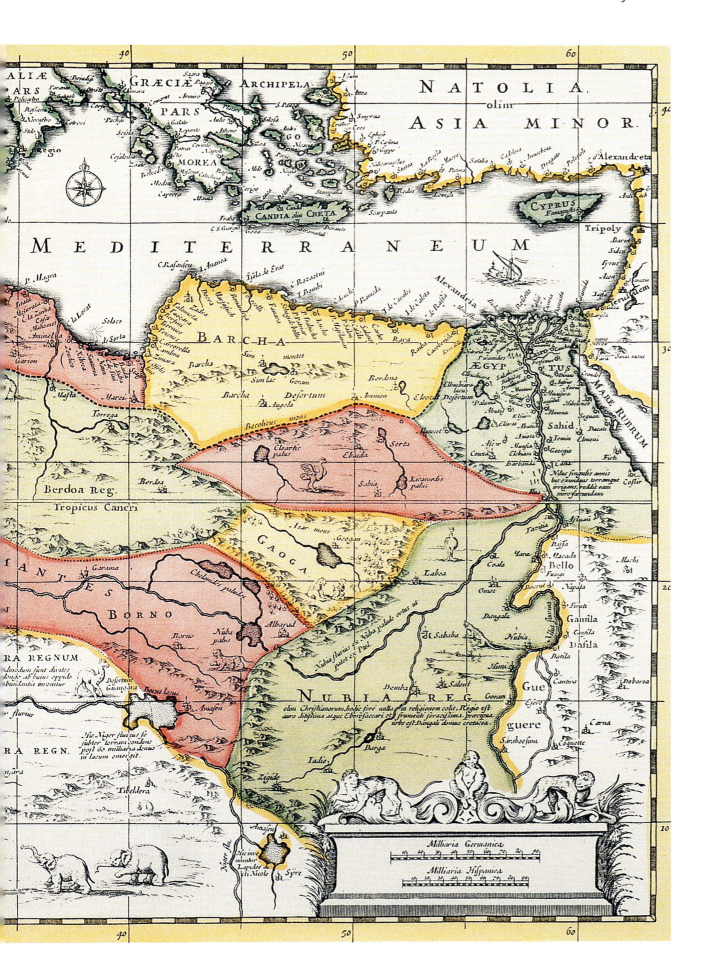

41

Afrika

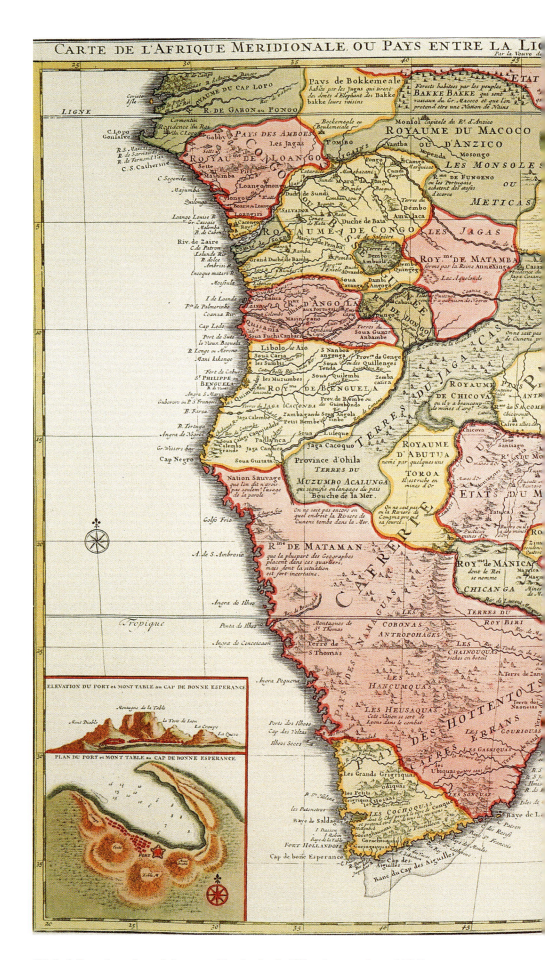

Südafrika. Aus dem Atlas von Frederic de Wit, Amsterdam 1705

Elefanten statt Städte

Afrika

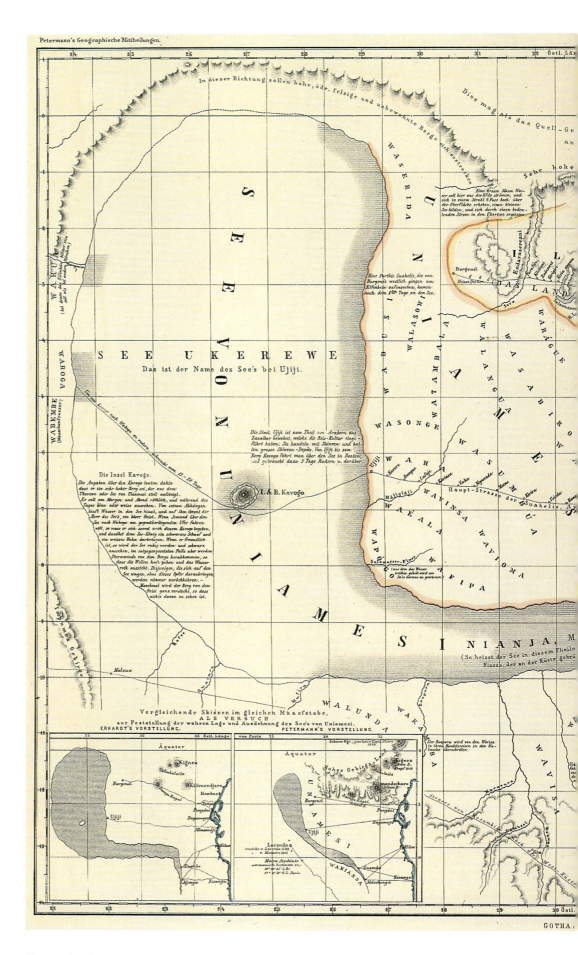

Zentralafrika. Karte von August Petermann, 1856

Elefanten statt Städte

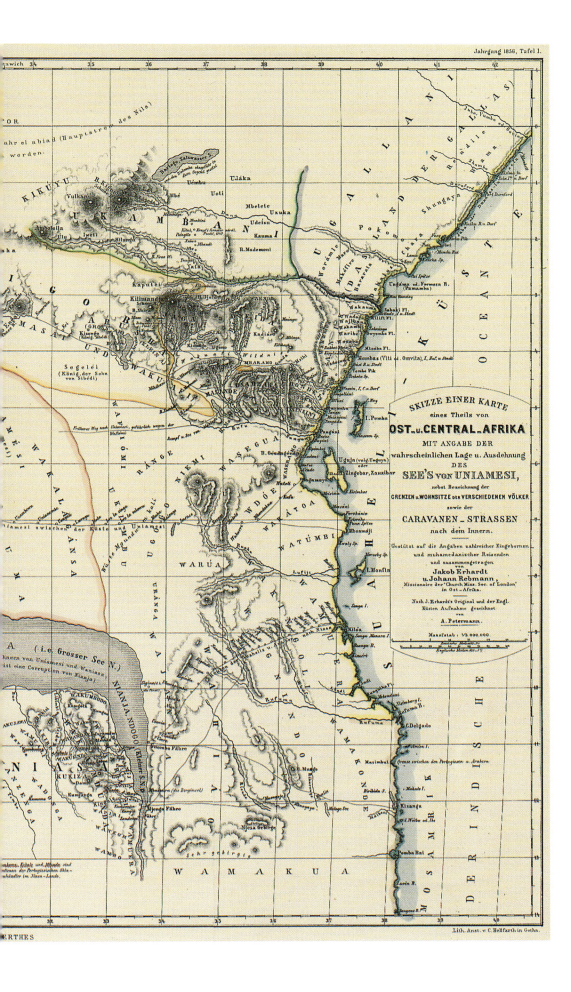

Afrika

KÜSTEN UND KARAVELLEN

Prinz Heinrich der Seefahrer (Portugal 1994)

Portugiesen landen im Senegal (Portugal 1994)

Vasco da Gama (Portugal 1969)

Bartolomeo Diaz umrundet das Kap (Portugal 1988)

Gil Eannes (Portugal 1984)

Nachdem der Verlauf der afrikanischen Küsten jahrtausendelang unklar geblieben war, vollzog sich ihre Erschließung dann innerhalb eines Jahrhunderts. Sie gehört zu den Großtaten der Entdeckungsgeschichte und war die Leistung einer einzigen kleinen Nation. Um 1400 hatte Portugal etwa eine Million Einwohner, weniger als heute München. Trotzdem brachte es die Energie auf, innerhalb von hundert Jahren etwa 15 000 Kilometer afrikanischer Küste von Tanger um das Kap der Guten Hoffnung herum bis nach Mombasa zu erkunden. Und das mit winzigen Schiffen, die anfangs nur über eine Besatzung von 14 Mann verfügten. Erst seit der Mitte des 15. Jahrhunderts wurden die berühmten Karavellen gebaut, die vergleichsweise immer noch winzig und nur etwa 30 Meter lang und acht Meter breit waren. Größere Schiffe, mit denen dann auch der Indische Ozean überquert werden konnte, kamen erst seit Ende des 15. Jahrhunderts in Gebrauch.

Unermüdlicher Initiator dieser Entdeckungsfahrten war dabei Prinz Heinrich von Portugal, dem die Geschichte deshalb auch den Beinamen »der Seefahrer« gab, obgleich er selbst an keiner dieser Reisen teilnahm.

Bis zum Beginn des 15. Jahrhunderts war kein portugiesisches Schiff über das Kap Bojador hinaus südwärts vorgedrungen. 1433 gelang es nun Gil Eannes, dieses Kap zu umsegeln und damit gleichsam das Tor in eine neue Welt aufzustoßen. In den folgenden Jahren drangen Schiffe Stück um Stück an der Küste entlang südwärts vor. 1455 segelte der Venezianer Alvise da Cadamosto in portugiesischen Diensten erstmals über das Kap Verde hinaus und drang ein Stück den Gambia flussaufwärts vor.

Auch nach dem Tode Heinrichs des Seefahrers wurde das begonnene Werk fortgesetzt. Die erste große Expedition unternahm dabei 1484 Diego Cao, der eine Strecke von rund 7400 Kilometern bis zur Kongo-Mündung zurücklegte. Auf einer zweiten Reise ein Jahr später kam er nochmals 1000 Kilometer weiter südwärts bis an die Küste des heutigen Namibia, wo er am Kap Cross einen steinernen Wappenpfeiler aufstellen ließ.

Schon ein Jahr später lief die nächste Expedition unter Bartolomeo Diaz mit der festen Absicht aus, nun endlich das Rätsel um den Süden des Kontinents zu lösen. Er konnte dabei ja auf die reichen Erfahrungen seiner Vorgänger zurückgreifen und verfügte mit seinen Karavellen über verhältnismäßig seetüchtige Schiffe. 1487 segelte er ohne größere Unterbrechung südwärts, wobei er den Golf von Guinea schon in größerem Bogen überquerte, sich dann aber stets in Küstennähe hielt. Bei Kap Volta – also etwa 400 Kilometer südlich von Caos Umkehrpunkt – wurden seine Schiffe von einem Sturm erfasst, der sie über die Höhe der Südspitze Afrikas hinaus südwärts trieb. Als er endlich wieder umkehren und nordwärts zurücksegeln konnte, erreichte er die

Küsten und Karavellen

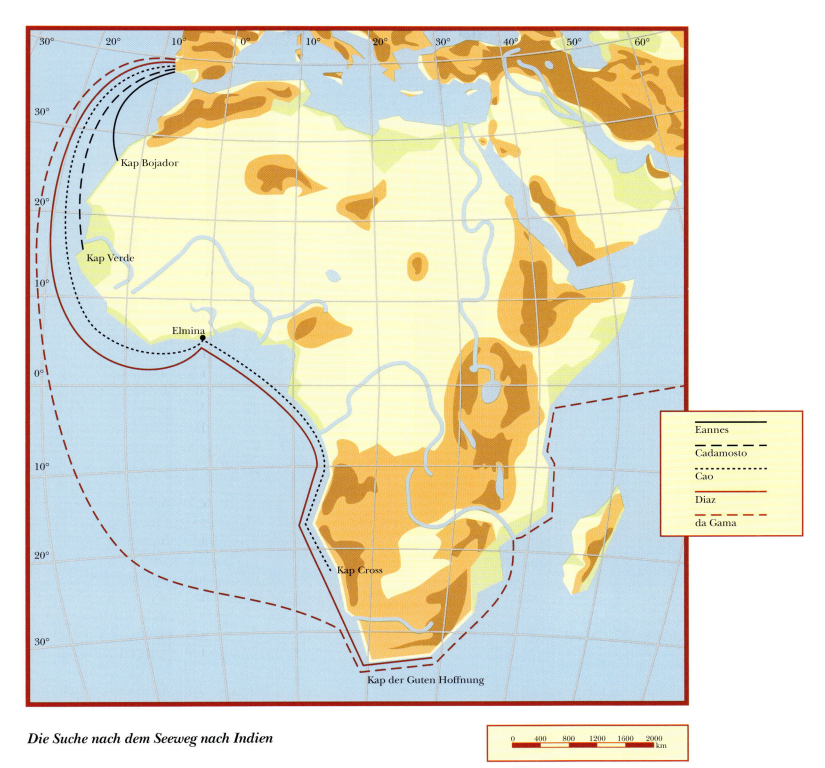

Die Suche nach dem Seeweg nach Indien

Küste schon östlich des Kaps, segelte noch bis zur Höhe der Algoa-Bai und drehte dann um. Jetzt erst erblickten die Seefahrer ein großes Kap, das sie aufgrund ihrer schlechten Erfahrungen »Stürmisches Kap« tauften. Als sie aber die Kunde von der Umschiffung des Erdteils in die Heimat brachten, benannte es der portugiesische König in »Kap der Guten Hoffnung« um, da nun ja die Hoffnung bestand, den Seeweg nach Indien endlich zu entdecken. Trotzdem vergingen nochmals zehn Jahre, bis endlich der große Vorstoß gewagt wurde. 1497 segelte Vasco da Gama mit vier Schiffen südwärts, diesmal nicht mehr unmittelbar an der Küste entlang, sondern in einem weiten Bogen durch den Atlantik. Sobald das Kap der Guten Hoffnung aber umschifft war, wählte er wieder die alte Taktik der Küstenfahrt, diesmal nordwärts bis nach Malindi. Hier fand er einen einheimischen Piloten, der die Schiffe über den Indischen Ozean an die indische Küste brachte, wo sie knapp ein Jahr nach der Ausfahrt im Mai 1498 landeten.

47

Afrika

VIELE WEISSE FLECKEN

Ein Blick auf die nebenstehende Karte zeigt deutlich die wichtigsten Forschungsreisen des ausgehenden 18. und 19. Jahrhunderts und damit die anstehenden Problemkreise. Da war zum Ersten die Erforschung der Nilquellen, ein schon seit der Antike bestehendes Problem, das seit 1856 von John Hanning Speke und Richard F. Burton angegangen wurde. Speke gelang es dabei, vom Victoria-See aus nordwärts entlang des dort entspringenden Flusses vorzustoßen. In Gondokoro traf er auf seinen Landsmann Samuel Baker, der von Ägypten flussaufwärts gereist war. Damit war nach mehr als zwei Jahrtausenden vergeblicher Suche zwar das Rätsel des Weißen Nils gelöst, doch gab es immer noch genügend Unklarheiten um das Quellgebiet und um den westlichen Zufluss des Bahr-el-Ghazal, der von Georg Schweinfurth erforscht wurde.

Für die Erschließung Abessiniens hatte James Bruce bereits entscheidende Beiträge geliefert, seine Arbeiten wurden ebenfalls im 19. Jahrhundert fortgesetzt. Den dritten Problemkreis bildete der Sambesi und damit verbunden die Erforschung Südafrikas. Die Hauptarbeit leistete hier innerhalb von rund zwei Jahrzehnten der Schotte David Livingstone. Seine Forschungen wurden unter anderem ergänzt durch den Portugiesen Serpa Pinto, der das südliche Afrika 1877–79 von West nach Ost durchquerte.

Zum vierten Problemkreis gehörte die ungemein schwierige Erforschung des Kongo-Laufes und des zentralafrikanischen Urwaldes. Vom Kongo kannte man seit dem 15. Jahrhundert Mündung und Unterlauf; die Erforschung des Quellgebiets, der Wasserscheide zum Nil, und die erste durchgehende Befahrung des Stromes gelang dem Angloamerikaner Henry Morton Stanley, der dann zehn Jahre später auch als erster Forscher den Kongo-Urwald durchquerte. Die Karte zeigt, dass die großen Reisen Livingstones und Stanleys abgerundet wurden durch die beiden Afrikadurchquerungen Hermann von Wißmanns, die er 1880–83 und 1884–85 unternahm.

Den fünften Problemkreis bildete die Erforschung des Niger. Obwohl dessen Mündungsdelta an der Guineaküste seit dem 16. Jahrhundert bekannt war, herrschte selbst nach dem Vorstoß des Schotten Mungo Park 1796 an den Mittellauf immer noch Unklarheit über die Zusammenhänge. Park kam bei weiteren Forschungen 1805 ums Leben, das Rätsel des Flusslaufes wurde erst 1830 durch die Brüder Lander gelöst.

Livingstones letzter Rastort Ilala in Ostafrika

Im engen Zusammenhang mit der Erforschung des Niger muss als sechster Problemkreis die Erforschung von Sahara und Sudan gesehen werden, die ja, wenn wir den Angaben Herodots folgen, schon im 6. Jahrhundert v. Chr. begann, fast 2000 Jahre später durch arabische Reisende wie Ibn Batutah im 14. Jahrhundert fortgesetzt und dann noch einmal ein halbes Jahrtausend später durch die großen Reisenden des 19. Jahrhunderts wieder aufgenommen wurde. Der Reiseweg Heinrich Barths, des wohl bedeutendsten Sahara-Forschers, zeigt die wichtige Nord-Süd-Trasse von der Küste des Mittelmeeres zum Tschad-See. Letzteren nutzte er dann als Ausgangspunkt für seine Weiterreise nach Timbuktu und die Erforschung des Sudan. Neben Barth leisteten vor allem Gerhard Rohlfs und Gustav Nachtigal ihre wichtigen Beiträge zur Erforschung der östlichen Sahara.

Viele weiße Flecken

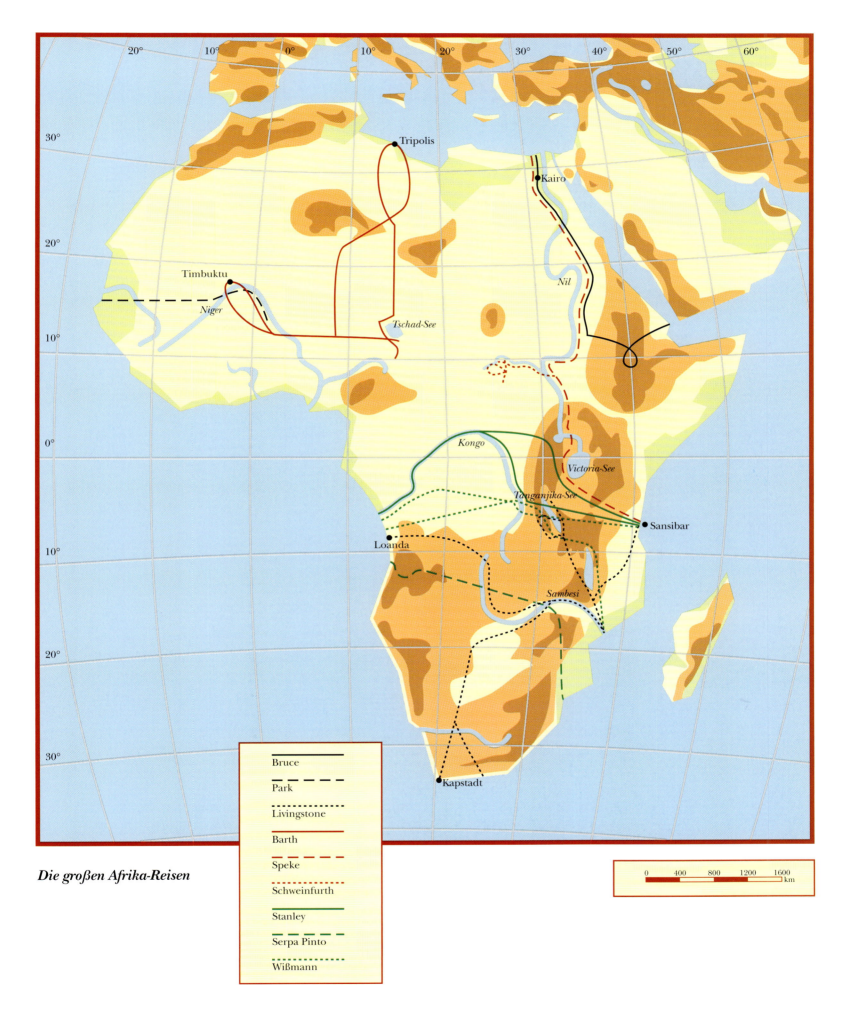

Die großen Afrika-Reisen

Afrika

DURCH WÜSTE UND URWALD

Die Forschungen im Bereich von Niger, Sudan und Sahara waren eng miteinander verknüpft. Der Nordrand der großen Wüste war seit der Antike bekannt, im Mittelalter tauchten erste Nachrichten von der geheimnisvollen Stadt Timbuktu auf, der »Königin der Wüste«, wie sie auch genannt wurde. Erste genauere Nachrichten lieferte der große arabische Reisende Ibn Batutah, der sie 1353 besuchte und von dem in der Nähe vorbeifließenden großen Strom berichtete. Es dauerte aber noch einmal mehr als 400 Jahre, bis 1795 der erst 24-jährige schottische Arzt Mungo Park von der Westküste Afrikas aus als erster Europäer den Niger erreichte. Er kam zwar nicht nach Timbuktu, fuhr aber 300 Kilometer flussabwärts, um wenigstens zu beweisen, dass dieser Strom weder mit dem Nil noch mit dem westwärts gerichteten Flusssystem von Senegal und Gambia zusammenhing. Sein zweiter Versuch, 1805 den Niger dann bis zur Mündung zu befahren, endete mit dem Tod des Forschers. Nach einigen vergeblichen Versuchen anderer Reisender gelang es schließlich 1830 den Brüdern Lander, vom Mittellauf bis zur Mündung vorzudringen und damit das Rätsel um den Niger endgültig zu lösen. Allerdings wurden seine Quellen erst 1879 durch den Franzosen Moustier und den Schweizer Zweifel gefunden.

Timbuktu. Nach H. Barth

Auch Timbuktu hatte man bei der Erforschung des Niger nicht aus dem Auge verloren. 1826 hatte es der britische Major Gordon Laing als erster europäischer Forscher unerkannt besucht, war aber auf dem Rückweg ermordet worden. Die Erkundung der Stadt, die zu dieser Zeit schon viel von ihrem einstigen Glanz verloren hatte, und die glückliche Heimkehr gelangen ein Jahr später dem Franzosen René Caillié. Danach sollten noch einmal dreißig Jahre vergehen, bis mit Heinrich Barth wieder ein Europäer nach Timbuktu gelangte.

Die moderne Erforschung der Sahara begann etwa zur gleichen Zeit wie die des Niger, als der junge Friedrich Hornemann als mohammedanischer Händler getarnt von Kairo aus erst die Oase Siwah besuchte und dann über Murzuk in Richtung Tschad-See und Niger vorstieß. Kurz vor Erreichen seines Ziels soll er irgendwo am Rande des Sudan gestorben sein. 1850 folgte ihm ebenfalls auf der Murzuk-Route sein Landsmann Heinrich Barth. Sechs Jahre dauerte dessen Reise. Als er glücklich wieder in die Heimat zurückkehrte, hatte er rund 20 000 Kilometer zurückgelegt und kartographisch erfasst! Er war als erster Europäer in das Gebiet von Baghirmi südlich des Tschad vorgedrungen und hatte sich acht Monate in Timbuktu aufgehalten. Seine Arbeit wurde in der Westsahara vorwiegend von französischen Forschern fortgesetzt, während für die Mitte und den Osten die beiden Deutschen Gerhard Rohlfs und Gustav Nachtigal wichtige Beiträge leisteten. Rohlfs folgte bis zum Tschad-See den von Barth erkundeten Wegen, ging von da an auf völlig unbekannten Pfaden zum Benuë und schließlich über Joruba nach Lagos. Damit war Afrika erstmals vom Mittelmeer bis zum Golf von Guinea durchquert worden. Danach wandte er sich der Erforschung der östlichen Sahara zu. Sein Ziel war die Oasengruppe von Kufra in der Libyschen Wüste, die er tatsächlich 1879 als erster Europäer erreichte.

Auch Gustav Nachtigal wählte für seine große Reise von 1869–75 die alte Karawanenroute in den Sudan, wandte sich aber auf halbem Wege nach Osten, um das unbekannte Felsmassiv von Tibesti zu besuchen, wurde dort gefangen genommen und ausgeraubt und konnte sich nur durch eine kühne Flucht retten. Er setzte seine Reise an den Tschad fort, wandte sich dann ostwärts und durchquerte den Sudan bis ins Niltal. Damit waren zwar erhebliche Teile dieser großen Wüste erforscht, die Arbeiten der Entdecker aber keineswegs beendet. Sie mussten bis in unsere Tage fortgesetzt werden und forderten auch immer wieder Opfer. Zu den bekanntesten Reisenden gehören dabei der ehemalige Offizier und spätere Mönch und Missionar Charles de Foucauld, der das Leben der Tuareg erforschte, die Engländerin Rosita Forbes, die als Mohammedanerin die Oasen bereiste, die Ägypter Kemal ed-Din und Hassanein Bey, der Ungar Laszlo E. Almasy, der das Flugzeug für seine Forschungen einsetzte; nicht zu vergessen auch der deutsche Völkerkundler Leo Frobenius, der auf zahlreichen Expeditionen vorgeschichtliche Felszeichnungen entdeckte, Zeugnisse aus einer Zeit, in der einst vor Jahrtausenden an Stelle der Wüste noch fruchtbares Land lag. Seine Arbeiten wurden fortgesetzt von Henri Lhôte.

Auch die Erforschung Innerafrikas, also der etwa zwanzig Breitengrade zwischen dem Sudan im Norden und dem Sambesi im Süden, stellte erhebliche Anforderungen, zog sich fast ein Jahrhundert hin und forderte zahlreiche Opfer. Als Erstes ging es darum, den Lauf des Kongo zu erkunden, von dem man ja nur das Mündungsgebiet an der Westküste des Erdteils kannte. Livingstone war bei seiner Erkundung der Wasserscheide zwischen Sambesi und Nil an den Lualaba, einen der beiden Quellflüsse des Kongo, gelangt, glaubte in ihm aber den Quellfluss des Nil gefunden zu haben. Er konnte das Rätsel nicht mehr lösen. Unmittelbar nach seinem einsamen Tod in Innerafrika zog 1873 sein Landsmann Verney L. Cameron von der Ostküste an den Tanganjika-See, wurde aber von feindlichen arabischen Sklavenhändlern an der Weiterreise nach Nordwesten gehindert und musste nach Süden in Richtung Westküste abbiegen. Er war der erste Forscher, der den dunklen Kontinent von Ost nach West durchquerte. Das Kongo-Problem klärte dann nur ein Jahr später Henry Morton Stanley auf seiner zweiten großen Afrikareise, die ihn von der Ostküste aus erst an

Pierre Savorgnan de Brazza (Französisch Äquatorialafrika 1951)

David Livingstone und Henry M. Stanley (Großbritannien 1973)

Ibn Batutah (Marokko 1963)

Pierre Savorgnan de Brazza (Französisch Äquatorialafrika 1951)

den Victoria-See führte, von da an den Tanganjika-See und dann westwärts an den Oberlauf des Kongo, den er, allen Bedrohungen und Gefahren zum Trotz, in einer spektakulären Reise bis zur Mündung befuhr.

Damit kannte man zwar den Lauf des Kongo, aber noch nicht seine Nebenflüsse und den großen Urwald zu beiden Seiten des Stroms. Da war es vor allem der junge Hermann von Wißmann, der in den Jahren 1881 bis 1885 in drei großen Unternehmen das Stromsystem näher erforschte.

Auch Stanley kehrte noch zweimal an den Kongo zurück, einmal 1879–84, um dort im Auftrag des belgischen Königs Land für eine Kolonie zu annektieren, und ein zweites Mal 1888, um in einem groß angelegten Unternehmen vom Atlantik aus erst kongoaufwärts, dann quer durch den Urwald nach Osten vorzustoßen, um am Oberen Nil den Deutschen Eduard Schnitzer zu befreien, der unter dem Namen Emin Pascha dort als ägyptischer Gouverneur wirkte und durch die Anhänger des Mahdi von der Außenwelt abgeschnitten worden war. Auf dieser Hilfsexpedition erforschte Stanley noch den Albert- und den Edward-See und entdeckte das Ruwenzori-Gebirge, bevor er mit Emin an die Ostküste weiterreiste. Emin selbst kehrte später noch einmal in seine alte Provinz zurück und wurde dort 1892 von arabischen Sklavenhändlern ermordet.

Afrika

Entdeckungsreisen in der Sahara

52

Durch Wüste und Urwald

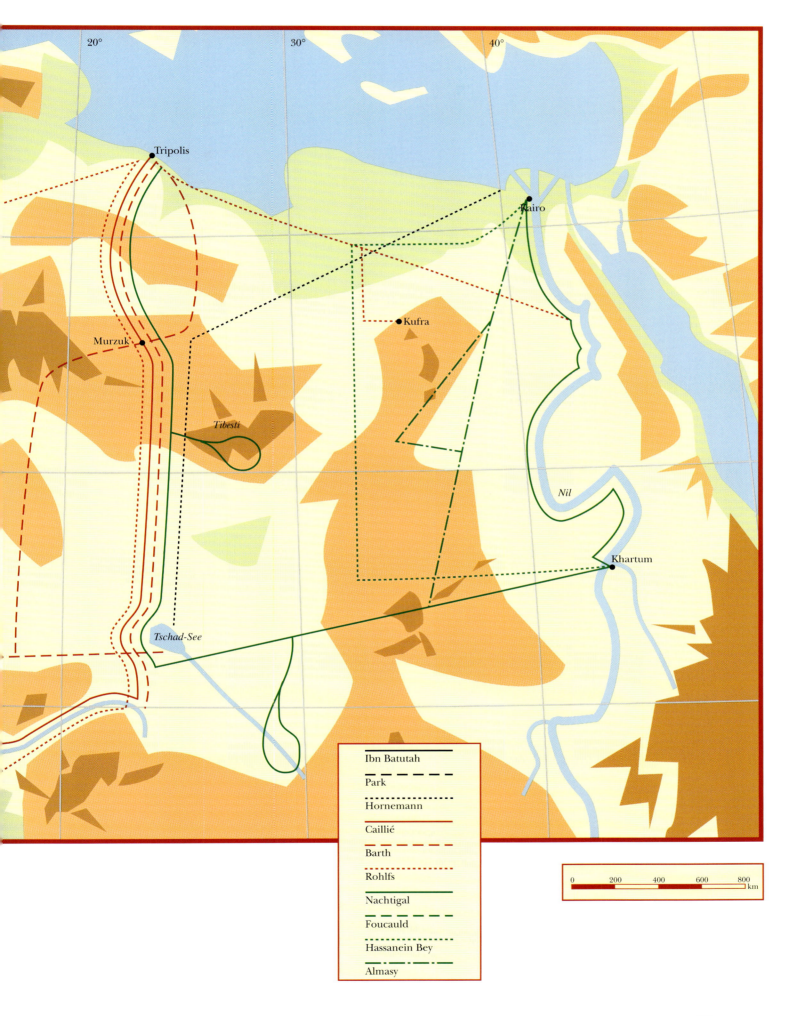

Afrika

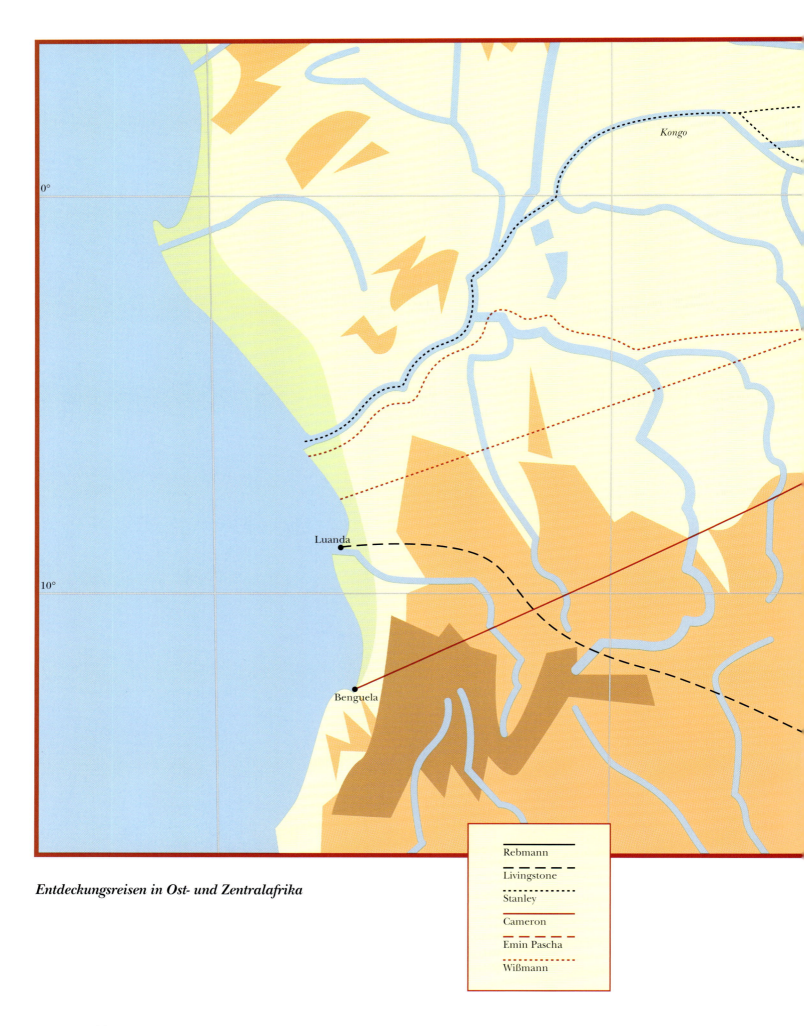

Entdeckungsreisen in Ost- und Zentralafrika

Durch Wüste und Urwald

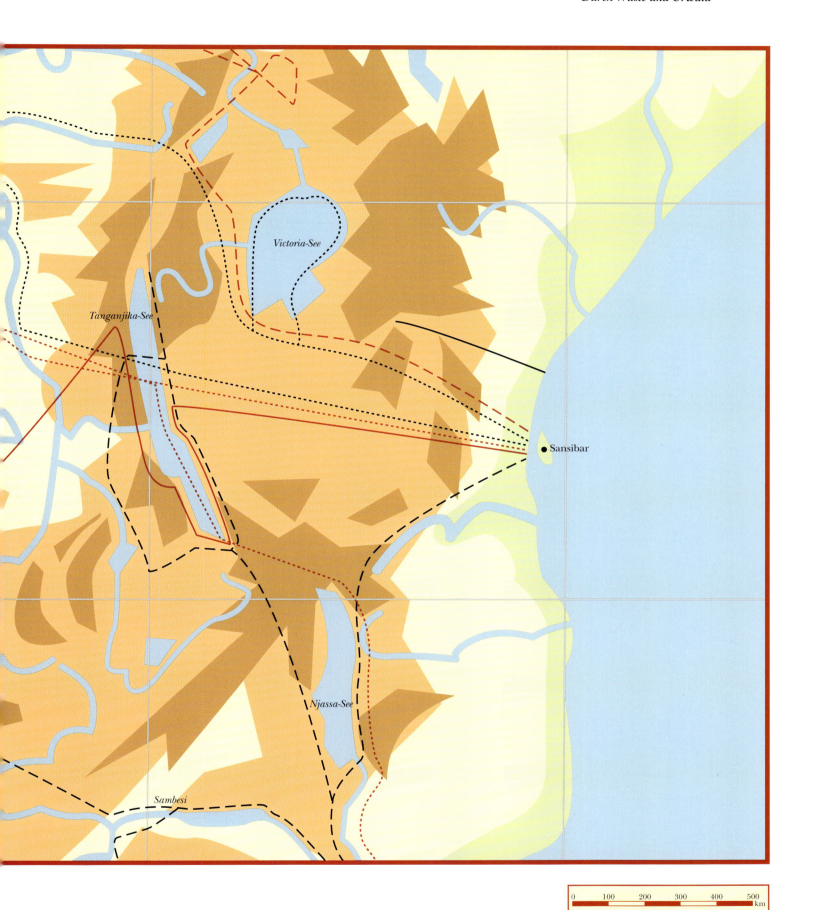

Afrika

IM REICH DES NEGUS

Auf einer berühmten Weltkarte im Dogenpalast zu Venedig, die um die Mitte des 15. Jahrhunderts von dem Geographen Fra Mauro gezeichnet wurde, findet sich auch die älteste Darstellung Abessiniens. Das Land, das ja als Kaiserreich auf eine jahrtausendealte Geschichte zurückblicken konnte, muss also damals schon venezianischen Kaufleuten bekannt gewesen sein. Auch die Portugiesen steuerten bald nach der Umrundung des Kaps die Küsten Nordostafrikas an und gründeten in Abessinien erste Niederlassungen, die sie bis ins 17. Jahrhundert hinein hielten. Vor allem Jesuiten wirkten als Missionare, erforschten schon das Land und veröffentlichten darüber Berichte. Der wichtigste stammt wohl von dem Spanier Pedro Paez, der als erster Europäer 1618 den Tana-See besuchte und ihn völlig richtig als einen Quellsee des Blauen Nil beschrieb. Einige Informationen gerieten wieder in Vergessenheit und wurden sogar von dem Schotten James Bruce, der nach einer Pause von 150 Jahren 1768 den See wieder entdeckte, zu Unrecht angezweifelt. Mit Bruce begann die moderne Erforschung Abessiniens. Sein Reiseweg führte ihn von Massaua an der Küste des Roten Meeres zum Tana-See und ins Hochland von Äthiopien, von da verfolgte er den Blauen Nil bis zur Vereinigung mit dem Weißen bei Khartum. Damit war das Rätsel dieses Flusses ein Jahrhundert früher geklärt als das des Weißen Nil. Seine Arbeiten setzten im Laufe des 19. Jahrhunderts einige andere Forscher fort, so 1861 und vor allem 1863/64 Theodor von Heuglin, der insbesondere Nordabessinien erforschte (die Reise 1861 führte ihn weiter an den Weißen Nil). Gerhard Rohlfs nahm 1867/68 im Auftrag des Königs von Preußen an der britischen Strafexpedition gegen Negus Theodor von Äthiopien teil und nutzte die Gelegenheit zu neuen Forschungen. Im Grenzgebiet zwischen Ägypten und Äthiopien erkundete der Schweizer Werner Munzinger, der es vom Kaufmann bis zum Generalgouverneur des Ostsudan gebracht hatte, zwischen 1854 und 1873 eingehend Land und Leute. Wichtige Ergebnisse brachten auch die Forschungen des Italieners Vittorio Bóttego, der von 1891 bis 1897 zuerst das Land der Danakil erforschte, in das vor ihm noch nie jemand eingedrungen war. Dann gelang es ihm, den Abai- und den Rudolph-See gründlich zu erkunden. Auf dem Weitermarsch ins Gebiet des Sobad wurde er aber bei einem Überfall von abessinischen Räubern getötet. Zu den letzten bedeutenden Reisenden gehörte der Österreicher Friedrich Bieber, der 1905 vom damaligen Negus die Erlaubnis erhielt, das alte Königreich Kaffa in Südwest-Äthiopien zu besuchen und die Überreste des einst so mächtigen Staatswesens zu durchforschen.

Wesentlich ungünstiger als in Abessinien lagen die Verhältnisse im benachbarten Somaliland, das sich ungemein fremdenfeindlich zeigte. Raub und Mord, besonders an fremden Reisenden, galten den dortigen Eingeborenen geradezu als ehrenvoll. Eine Reise dorthin kam beinahe einem Selbstmord gleich. Trotzdem wagte Richard F. Burton 1854, als arabischer Händler verkleidet, von Zeyla aus zu der alten Handelsstadt Harrar vorzudringen. Erst zehn Jahre später wurde von Claus von der Decken, einem schon erfahrenen Afrikaforscher, ein neuer Versuch unternommen, das Somaliland zu bereisen. Zusammen mit seinen Begleitern fand er dabei unter den Speeren der Somalis den Tod. Seine Forschungen wollte wieder ein Jahrzehnt später der Franzose Georges Révoil fortsetzen. Er hatte das Glück, dass er nur zur Umkehr gezwungen wurde, im Gegensatz zu Karl Jühlke, der 1885 in Mogadischu ermordet wurde. Die gründlichste Untersuchung des Tana-Sees erfolgte 1901 bis 1903 durch Jean Duchesne-Fournet.

Im Reich des Negus

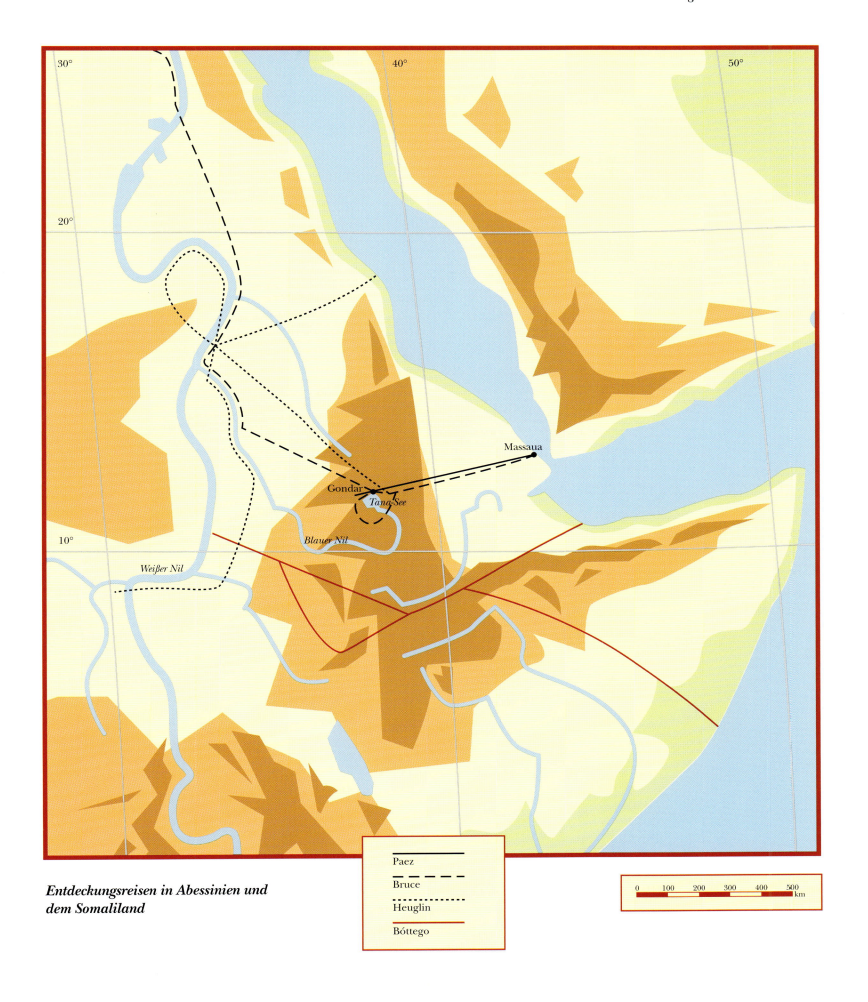

Entdeckungsreisen in Abessinien und dem Somaliland

Afrika

ZWISCHEN SAMBESI UND KAP

1487 hatte Bartolomeo Diaz erstmals die Südspitze Afrikas umrundet. Dabei blieb es aber auch. Zwar umsegelten nun regelmäßig die Schiffe der Portugiesen und bald auch die ihrer Konkurrenten das Kap, aber niemand kam auf den Gedanken, hier einen Stützpunkt anzulegen. Eineinhalb Jahrhunderte vergingen, bis 1648 ein Schiff der Holländisch-Ostindischen-Kompanie etwa im Gebiet des heutigen Kapstadt Schiffbruch erlitt und die Mannschaft sich an Land einrichten musste. Es ist erstaunlich, dass man erst jetzt merkte, wie gut sich dieses Gebiet für eine Besiedlung eignete. Die Beziehungen zu den hier ansässigen Hottentotten und Buschmännern entwickelten sich positiv, das Land war fruchtbar, das Klima günstig. Daraufhin sandten die Holländer drei Schiffe an den Tafelberg und Jan van Ribbek, der Befehlshaber der Expedition, gründete hier einen größeren Stützpunkt. Aus ihm entwickelte sich innerhalb der folgenden hundert Jahre eine kleine Kolonie, die schon gegen Ende des 18. Jahrhunderts gleichermaßen die Begierde der Engländer wie der Franzosen weckte. Nach dem Ende der Napoleonischen Kriege musste Holland die Kolonie 1814 an England abtreten. Sie wurde in der Folgezeit zum Ausgangspunkt verschiedener Expeditionen nordwärts bis zum Sambesi. Die Trecks und Wanderbewegungen der aus Holland stammenden Buren, die der britischen Herrschaft entgehen wollten und neue Siedlungsgebiete im Norden und Nordosten zu finden hofften, trugen wesentlich zur Erkundung dieser Region bei.

Das Kap der Guten Hoffnung im 18. Jahrhundert

Besondere Verdienste kamen dabei den Missionaren zu, die sich nicht nur auf ihre seelsorgerische Tätigkeit beschränkten, sondern auch das Land erkundeten. Zu ihren bedeutendsten Vertretern gehörte Robert Moffat, der zwischen 1817 und 1861 auf sechs ausgedehnten Reisen das Gebiet zwischen Oranje und Sabi erforschte.

Emil Holub (Tschechoslowakei 1952)

Moffat gab den Stab weiter an seinen jüngeren Amtsbruder David Livingstone, der nach anfänglicher Missionsarbeit von 1841 bis 1873 gerade die Südhälfte Afrikas so intensiv wie kein anderer durchforschte. Mit seinen Reisen von der Südspitze nach Norden und von der Westküste zum Sambesi und flussabwärts zur Ostküste schuf er das Raster, in dem sich andere Forscher bewegten, seinen Spuren folgten und seine Arbeiten ergänzten bzw. vertieften. So etwa Charles John Andersson, der 1853 in Südwestafrika zum Ngami-See vorstieß, oder der Tscheche Emil Holub, der unter höchst abenteuerlichen Umständen und unter größten Entbehrungen und Gefahren 1875 und 1883–87 zweimal bis an den oberen Sambesi gelangte. Nicht weniger bemerkenswert und doch weitgehend vergessen sind die Streifzüge des württembergischen Lehrers Carl Mauch, auf denen er brauchbare Karten zeichnete, Goldfelder und vor allem die Ruinen von Simbabwe entdeckte und beschrieb, die zu den bedeutendsten archäologischen Zeugnissen afrikanischer Geschichte gehören.

Ein Blick auf die Karte zeigt, dass die Reise des Portugiesen Albert de la Rocha de Serpa Pinto von 1877 bis 1879 eine wichtige Ergänzung zu den Forschungen Livingstones war. Innerhalb der sieben Jahrzehnte von 1814 bis 1885 war damit ein beträchtlicher Teil Südafrikas erforscht.

Zwischen Sambesi und Kap

Entdeckungsreisen in Südafrika

ASIEN

Yarkand im 19. Jahrhundert. Ausgangs- und Endpunkt zahlreicher Entdeckungsreisen durch Innerasien

Wir begegnen ihm schon auf den ältesten Landkarten dieser Welt. Es ist ein Erdteil der Gegensätze und Superlative, ein Erdteil, der den Entdeckern nur wenig Schwierigkeiten bereitete und von dessen Landkarte die letzten weißen Flecken doch erst im 20. Jahrhundert getilgt werden konnten. Açu – Aufgang der Sonne, Osten – nannten die Assyrer das Land, das sich östlich des Tigris erstreckte. Die frühen Griechen verstanden ursprünglich unter Asien nur die westliche Küste Kleinasiens, erst seit dem 6. vorchristlichen Jahrhundert wurde der Name auf den Erdteil übertragen, soweit er überhaupt im Gesichtskreis der Griechen lag. Das war schon viel und doch wenig zugleich. Schließlich ist Asien der größte Erdteil, umfasst knapp 30 Prozent der Landfläche der Erde. Er erstreckt sich von der Westküste Anatoliens bis zur Ostküste Sibiriens und vom Nordpolarmeer bis zur tropischen Timor-See. Die riesige Landmasse gliedert sich in einen plumpen Kontinentalrumpf mit mehreren anhängenden Halbinseln, beginnend im Westen mit Kleinasien, im Südwesten mit Arabien, im Süden Vorder- und Hinterindien und im Osten das kleinere Anhängsel der Koreanischen Halbinsel. Im Südosten vorgelagert ist die große Inselgruppe des Malayischen Archipels, im Osten die Kette der Japanischen Inseln.

Die wichtigsten Oberflächeneinheiten bilden das Sibirische Tiefland im Norden, daran anschließend die Hochländer Innerasiens, im Süden übergehend in die höchsten Gebirge der Erde. Vorderindien wird geprägt durch die Indus-Ganges-Tiefebene und das anschließende Dekkanmassiv, Hinterindien durch Kettengebirge und Tieflandbecken. Im Gegensatz zu den afrikanischen Strömen bilden die großen asiatischen Flüsse und ihre Täler Einfallschneisen in den Kontinent. In die Landschaftseinheiten eingelagert sind mehrere große Wüstengebiete. Die riesige Landmasse weist starke klimatische Unterschiede auf, die von den polaren Klimaten Nordostsibiriens bis zu den heißesten Zonen der Erde im Pandschab reichen. Trotz der Gegensätze in den Landschaften, im Klima und entsprechend auch in der Vegetation präsentierte sich Asien keineswegs so abweisend wie Afrika. Und doch öffnete es sich den Entdeckungen nicht als Ganzes, sondern eben entsprechend seiner Vielfalt und der erwähnten Unterschiede in Teilen und vor allem auch zu verschiedenen Zeiten.

Afrika erlebte zwei große Epochen der Entdeckungen, das portugiesische Zeitalter im 15. Jahrhundert und die Erschließung Innerafrikas im 19., ebenfalls Südamerika mit der Konquistatorenzeit im 16. und der wissenschaftlichen Phase im 18. Jahrhundert. Die Entdeckung Asiens zog sich dagegen über zweieinhalb Jahrtausende hin und ist eng verknüpft mit der Geschichte des Erdteils. Im Gegensatz zur Entwicklung in Afrika oder Amerika kam es in Asien häufig im Zusammenhang mit dem historisch-politischen Geschehen zu Entdeckungen. Mit anderen Worten: Die Menschen spielten hier neben der Natur als Faktor eine besonders wichtige Rolle.

Asien war und ist der bevölkerungsreichste Erdteil. Es ist zugleich die Heimat wichtiger Hochkulturen und kriegerisch-dynamischer Nomadenvölker. Schon die Kriegszüge der Assyrer weiteten das geographische Weltbild. Die Eroberungen Alexanders des Großen waren verbunden mit ausgedehnten Erkundungen der durchzogenen und eroberten Länder bis zum Indus. In China führte das Bemühen der Kaiser, im Westen Verbündete gegen die Hunnen zu suchen, zu einer Lockerung der ursprünglichen Isolation und zu ersten Erkundungsreisen entlang der späteren Seidenstraße.

Im Mittelalter vertieften die Kreuzzüge nicht nur die Feindschaft, sondern intensivierten auch die Kultur- und Handelsbeziehungen zwischen dem Abendland und dem Orient. Neue Impulse ergaben sich dann durch den Vorstoß der Mongolen im 13. Jahrhundert. Die Bedrohung des Abendlandes durch die Reiterscharen aus dem Osten weckte neues Interesse an Asien und den dort lebenden Völkern. Kaum war nach der Schlacht bei Liegnitz die unmittelbare Gefahr durch den Rückzug der Mongolen etwas abgeklungen, suchten nacheinander Beauftragte des Papstes und der Fürsten nach Wegen und Kontaktmöglichkeiten. Mit der Reise bzw. dem Reisebericht des Venezianers Marco Polo erlebte die Serie dieser Unternehmen ihren Höhepunkt. Sie alle brachten weniger geographische Erkenntnisse als vielmehr neue Informationen vom Leben und den Kulturen in Zentral- und Ostasien.

Die neu erstandene Ost-West-Handelsachse bestand nur relativ kurze Zeit; denn die in Vorderasien nach Westen vordringenden türkischen Seldschuken legten sich als eine menschliche Barriere vor die westlichen Endpunkte dieser Route. Damit lösten sie aber seit der Mitte des 15. Jahrhunderts eine neue Welle von Entdeckungsfahrten aus, bei der es zwei Ziele gab: zum einen die Suche nach einem geeigneten Seeweg, auf dem man Indien erreichen konnte, zum andern die nach einem Verbündeten im Osten, also im Rücken der Türken. Ihn glaubte man in dem sagenhaften »Priester Johannes« finden zu können, der den Gerüchten nach über ein riesiges Königreich im Osten herrschen sollte. Der Priester Johannes wurde nie gefunden, wohl aber der Seeweg nach Indien (vgl. S. 47).

Mit der Landung der ersten portugiesischen Karavellen an der Westküste Indiens begann seit dem 16. Jahrhundert eine neue Epoche der Wirtschafts-, Kolonial-, aber auch der Entdeckungsgeschichte. Vor allem der Indische Ozean und der Westpazifik mit den anliegenden Küstenstrichen wurden nun stärker in die Entdeckungsfahrten einbezogen. Die äußere Mongolei und Sibirien blieben weitgehend unberührt, erst seit der Mitte des 16. Jahrhunderts setzten – ebenfalls machtpolitisch motiviert – in Sibirien die ersten Erkundungen durch die Kosaken ein. Von einer wissenschaftlichen Erschließung konnte dabei nicht die Rede sein. Während das 16. Jahrhundert die große Zeit der Seefahrer, Soldaten, Händler und der Missionare war, von denen manche auch brauchbare Berichte über Land und Leute lieferten, die sie besucht hatten, begann im 17. erst zögernd, im 18. dann intensiver auch die wissenschaftliche Erforschung und Erschließung. Sie erfolgte in Sibirien mit Unterstützung der zaristischen Regierung, der die Wissenschaftler wichtige Helfer für ihre kontinentalimperialistischen Pläne waren. In China und Tibet dagegen versuchten die Behörden alle Unternehmen europäischer Forscher zu unterbinden. In Indien ging es vorwiegend nur um die Festigung der europäischen Kolonialherrschaft.

An dieser Konstellation änderte sich auch im 19. Jahrhundert nicht viel. Nirgends wurden geographische Entdeckung und Politik so eng verknüpft wie in dem breiten Streifen, der sich von Persien über Zentralasien nach Tibet zog und in dem russische und britische imperialistische Interessen aufeinander trafen. Die Wissenschaftler beider Nationen handelten dabei überwiegend im Auftrag ihrer Regierungen. Auch in Hinterindien waren politische und wissenschaftliche Interessen der Franzosen eng verknüpft. Aber es gab auch immer Forscher anderer Nationen, wie etwa die Brüder Schlagintweit oder Sven Hedin, die völlig unabhängig ihre selbst gestellten Aufgaben zu erfüllen suchten.

Die letzte große Entdeckungswelle setzte nach dem Ersten Weltkrieg ein und erfasste noch einmal den ganzen Kontinent von der Arabischen Halbinsel im Westen bis nach Ostasien, von Sibirien bis Hinterindien. Sie tilgte einerseits die letzten, meist kleinen weißen Flecken von den Karten, war aber zugleich auch stärker historisch-archäologisch orientiert und brachte dank Ausgrabungen gerade in den bisher noch wenig erforschten Gebieten wichtige, teilweise sogar sensationelle Ergebnisse.

Asien

Asien. Aus dem Theatrum Orbis Terrarum von Abraham Ortelius, 1570

Asien

Asien

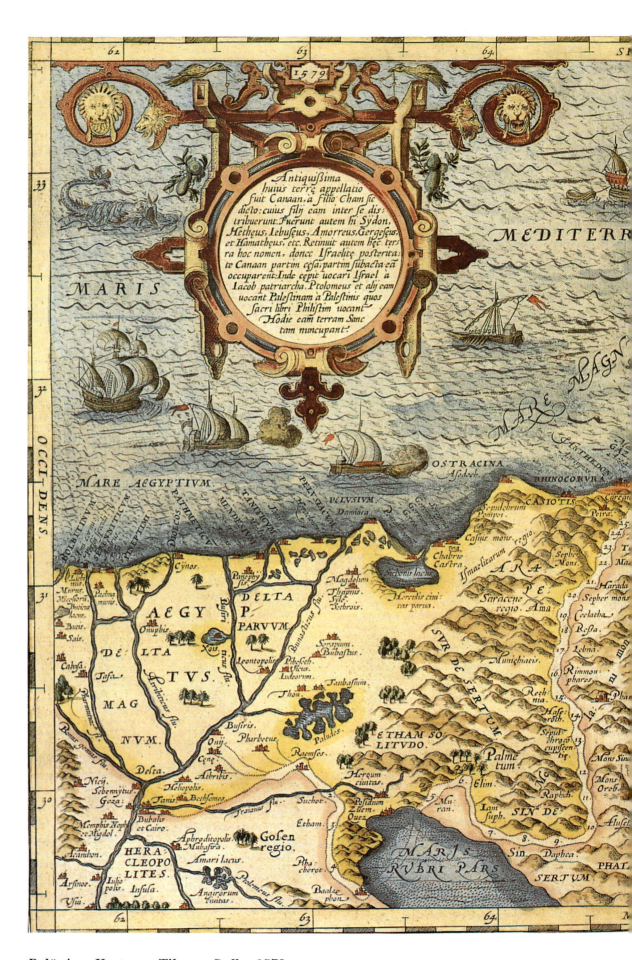

Palästina. Karte von Tileman Stella, 1579

Asien

ALTE UND NEUE REICHE

Wer die großen Weltkarten des Mittelalters wie etwa die Ebstorfer von 1255 oder die Genuesische von 1457 näher betrachtet, wird erstaunt feststellen, wie zutreffend im Verhältnis zu anderen Erdteilen Asien stets dargestellt wurde. Zwei Jahrtausende Handelsbeziehungen waren eben nicht ohne Wirkung geblieben und zumindest in den Umrissen waren Vorder-, Süd- und Ostasien bekannt, nur an Kenntnis des Nordens fehlte es. Insgesamt hatten die Asien-Karten aber gegenüber denen der anderen Erdteile einen gewissen Vorsprung, der sich seit der Landung der Europäer in Indien noch verstärkte. Das erkennt man deutlich auf der Karte von 1570 aus dem Erdatlas des Abraham Ortelius. Dieser gehörte zu den berühmtesten niederländischen Kartographen des ausgehenden 16. Jahrhunderts, ein hochgelehrter und polyglotter Mann. Mit seinem »Theatrum Orbis Terrarum« – Theater des Erdkreises – schuf er den ersten Atlas mit Karten in einheitlichem Format. Er enthält 53 Blätter, wobei Asien im Maßstab 1:20 Millionen an dritter Stelle stand; darüber hinaus gab es noch sechs Karten von Teilgebieten des Kontinents wie Sibirien, Indien, Persien oder Anatolien. Die Karte vermittelt einerseits auf den ersten Blick schon einen erstaunlich guten Gesamteindruck des Kontinents, zeigt aber andererseits beim näheren Hinschauen auch die zeitbedingten Schwächen. Vor allem Nordasien und die gesamte nördliche Küste spiegeln noch die Unsicherheit des Kartographen. Im Innern Chinas dienen zwar nicht wilde Tiere als Lückenfüller, dafür aber einige in Wirklichkeit nicht existierende große Seen, die sich auf den Karten merkwürdig lange halten. Arabien wurde in der Ost-West-Ausdehnung zu schmal angesetzt, Korea fehlt noch ganz.

Die Karte von Palästina (1579) veröffentlichte Tileman Stella erstmals schon 1557. Als Zielgruppe wurden dabei in erster Linie Theologen angesprochen. Die Karte ist ein gutes Beispiel für die Verbindung von historisch-biblischen und geographischen Fakten, wobei das Schwergewicht deutlich auf Ersteren liegt. Man staunt über die Fülle von Einzelheiten und Ortsangaben, so ist beispielsweise auch Petra angeführt, das in der Kreuzfahrerzeit noch bekannt war, dann aber in Vergessenheit geriet und erst 1812, also zweieinhalb Jahrhunderte nach Entstehen dieser Karte, wieder aufgefunden wurde. Ungenau gezeichnet bzw. einfach weiß gelassen wurden der Süden mit dem Golf von Akaba und der Osten mit der Arabischen Wüste. Der Golf von Akaba und das durch ihn gebildete Dreieck der Sinai-Halbinsel fehlen auch noch auf der nächsten hier abgebildeten Asienkarte von 1635, die aus dem berühmten Blaeu-Atlas stammt. Wie Ortelius im 16., so waren Willem Janszoon und sein Sohn Johan Blaeu im 17. Jahrhundert die wohl bedeutendsten niederländischen Kartenhersteller. Auch Willem schuf einen Atlas mit 60 Karten, der später immer mehr zu einem Monumentalwerk von 600 Karten erweitert wurde. Die einzelnen Blätter erfreuten sich dank ihrer ungemein dekorativen Ausstattung großer Beliebtheit und tauchen in Nachdrucken auch heute noch als Wandschmuck auf. Dabei sagt schon die für Blaeu-Karten typische Umrandung manches über die damalige Weltkenntnis aus. So zeigt die obere Reihe der Asien-Karte von 1635 neun Städte des Kontinents. Jerusalem und Damaskus repräsentieren das alte bekannte Asien, Aden und Ormus (Hormuz) waren wichtige Zwischenstationen auf dem Seeweg nach Osten, Candy, Calicut, Goa, Bantam und Macao gehörten zu den bedeutenden Handelsplätzen der Europäer in Süd- und Ostasien. Ihnen maß der Kartenzeichner offenbar einen größeren Bekanntheitsgrad zu als den alten Haupt- bzw. Kulturstädten. Von den zehn Völkerbildern repräsentieren nur drei – Chinesen, Moskowiter, Tataren – die große Nordhälfte des Erdteils. Bei der Karte selbst, die vielen späteren Karten als Vorbild diente, fällt die verhältnismäßig genaue

66

Darstellung der Umrisse auf. Nur der Norden bleibt vage angedeutet. Im Nordosten ist mit dem »Fretum Anian« bereits die Meeresstraße zwischen Asien und Amerika eingezeichnet, die erst 1644–49 von Vitus Bering entdeckt und später nach diesem benannt wurde. Vorderindien ist zu schmal, Korea als Insel gezeichnet, die japanische Insel Hokkaido fehlt noch. Das Kaspische Meer ist wie auf allen bisherigen Asienkarten in Ost-West-Erstreckung dargestellt. Während man über die Fülle der Namen und Details bei Vorderasien, Arabien und Persien staunt, wird die Beschriftung nach Osten zu immer dünner, und Zentralasien und Sibirien weisen große weiße Flecken auf, die mit den üblichen Elefanten und Kamelen gefüllt sind. Der Verlauf der Nordroute der Seidenstraße lässt sich anhand der zahlreichen Ortsnamen verhältnismäßig genau verfolgen.

Wie man zur gleichen Zeit Ostasien sah, belegt eine China-Karte von 1606. Sie stammt von dem portugiesischen Jesuitenpater Luiz Jorge de Barbuda (Ludovicus Georgius). Es war die erste in Europa gedruckte Einzelkarte Chinas. Abraham Ortelius nahm sie deshalb in die dritte Ergänzungsausgabe seines »Theatrum« auf. Sie war in dieser Form überhaupt nur möglich dank der geographischen Erkundungen jesuitischer Missionare. Neu gegenüber bisherigen Asien-Karten ist die Einfügung Koreas, das als Insel dargestellt wird. Das Innere Chinas zeigt eine Reihe von Städtenamen, darunter auch Quinsai, das heutige Peking. Lhasa fehlt noch; es wurde 1661 erstmals von Jesuiten besucht. Auffallend sind die zahlreichen riesigen Seen im Innern des Landes, die durch ein verzweigtes Flussnetz alle miteinander in Verbindung stehen. Sie sind ein Zeichen für die große Unsicherheit, die trotz aller neu erworbenen Kenntnisse immer noch bestand. Die Große Mauer ist dagegen in ihrem Verlauf erstaunlich genau dargestellt. Beachtenswert ist auch das Beiwerk der Karte. Tiere als Füllmaterial tauchen nur einmal in Nordamerika auf. Dafür sehen wir im Pazifik eine japanische Dschunke, eine Kreuzigungsszene, die an die Verfolgung christlicher Missionare in Japan erinnert, und durch Innerasien fährt ein so genannter Segelwagen, dessen Erfindung als Amphibienwagen den Chinesen zugeschrieben wurde.

Die Karte des Russischen Reiches stammt aus einem Atlas des Nürnberger Kartographen Johann Baptist Homann um 1725. Sie zeigt nicht nur das Zarenreich zur Zeit Peters des Großen in seiner vollen Ausdehnung, sondern im Osten einen erheblichen Teil Chinas und im Süden Persien und Usbekistan. Sie ist zwar schon erstaunlich genau, aber noch zeigen sich erhebliche Lücken, die darauf zurückzuführen sind, dass Homann sich auf Karten des 17. Jahrhunderts stützte. So lässt er beispielsweise die zu seiner Zeit schon bekannten, aber noch nicht kartographierten Umrisse von Nowaja Semlja ebenso offen wie die Kamtschatkas. Auch das Kaspische Meer oder die Wüste Takla-Makan bleiben mit ihrer Ost-West-Ausrichtung noch sehr ungenau. Eingezeichnet ist nun aber schon Tibet zusammen mit einem »Lassa Regnum« und der »Residenz des Dalai Lama«.

Die letzte Karte stellt ein Muster an sorgfältiger kartographischer Arbeit des 19. Jahrhunderts dar, in der schon die bis dahin bekannten Entdeckungen mit größter Genauigkeit verarbeitet sind. Sie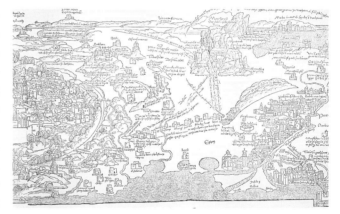

Ausschnitt aus einer Karte des Heiligen Landes in dem Reisebericht Bernhard von Breydenbachs 1483

stammt aus dem »Handatlas« von Adolf Stieler, der seit 1817 in regelmäßigen Abständen im Verlag Justus Perthes in Gotha erschien und immer wieder verbessert und neu aufgelegt wurde. Die Karte bringt ein sorgfältiges geographisches Bild von Vorder- und Hinterindien um die Mitte des 19. Jahrhunderts. Noch fehlen die genaueren Angaben über die Himalaja-Region, deren Vermessung und genaue Kartierung ja erst in der 2. Hälfte des 19. Jahrhunderts begann.

Asien

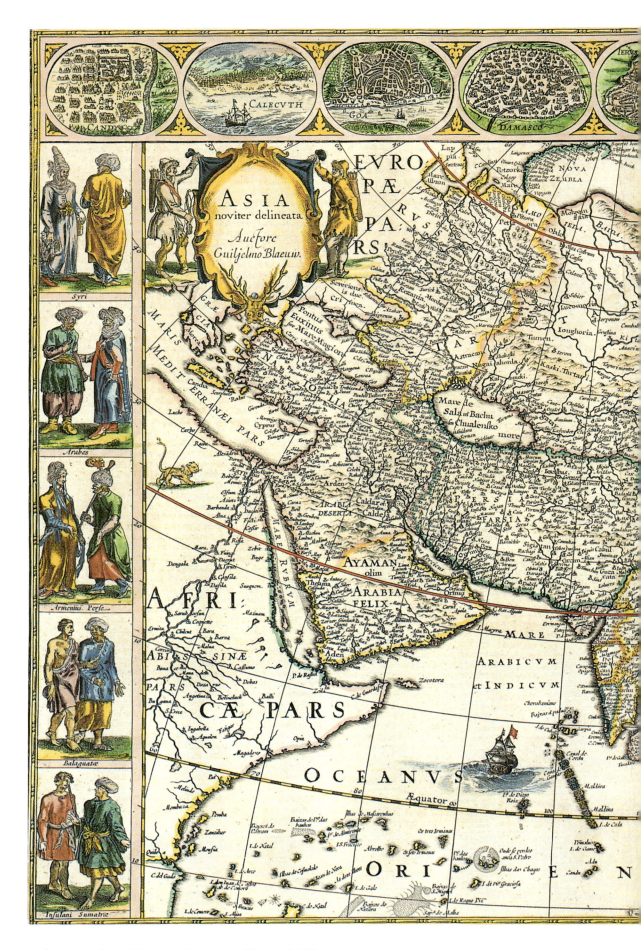

Asien. Aus dem Atlas von Janszoon Blaeu, 1642

Alte und neue Reiche

Asien

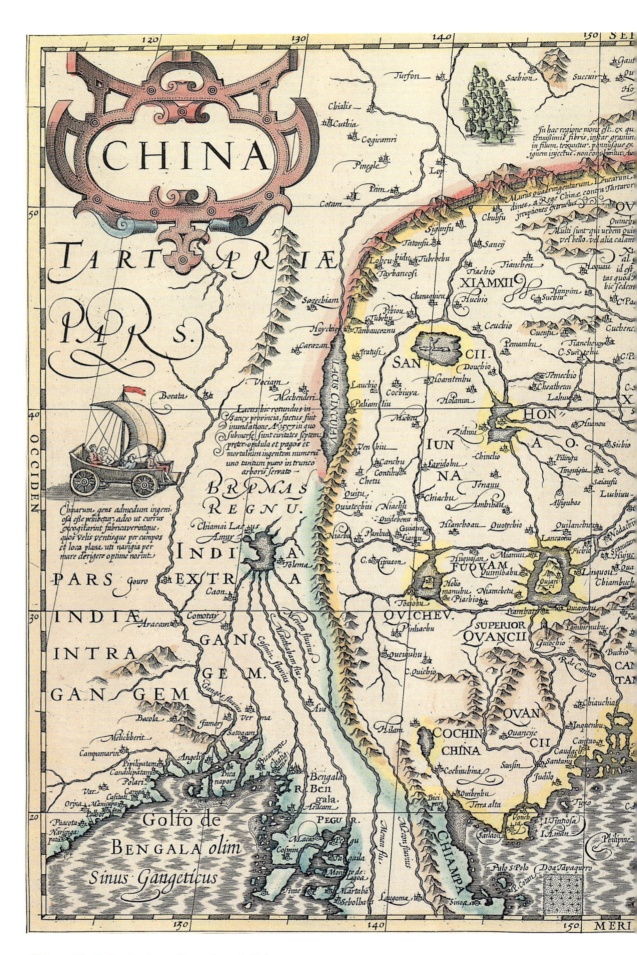

China. Nach Ludovicus Georgius, 1606

70

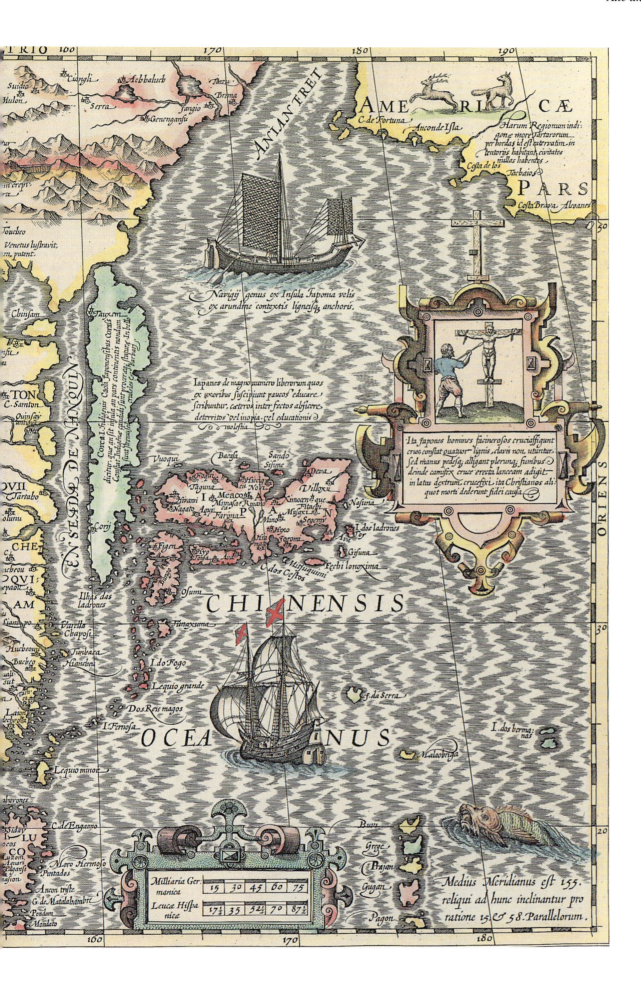

Asien

Das Russische Imperium. Nach Johann B. Homann, um 1725

Alte und neue Reiche

Asien

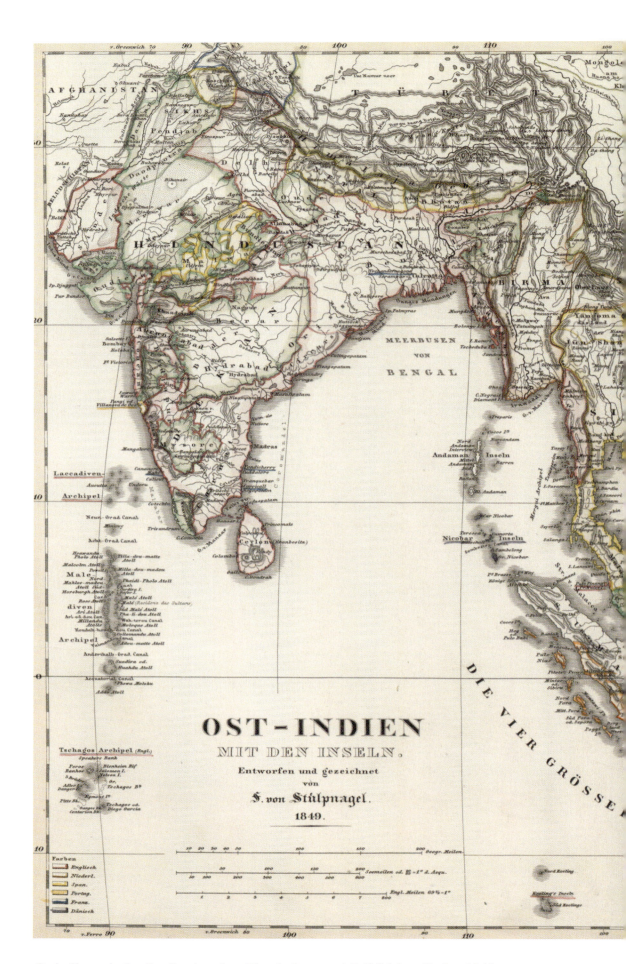

Ostindien mit den Inseln. Aus dem Handatlas von Adolf Stieler, Gotha 1849

Alte und neue Reiche

Asien

ZWISCHEN EISMEER UND ÄQUATOR

Im Gegensatz zur Erforschung Afrikas, bei der sich deutlich sieben große Problemkreise abzeichnen, denen die meisten größeren und kleineren Reisen zuzuordnen sind, fällt es bei Asien wesentlich schwerer, solche für die Erschließung wichtigen Hauptlinien zu erkennen und herauszuarbeiten, zumal die Entdeckungsreisen stärker als in anderen Erdteilen von politischem Geschehen und wirtschaftlichen Zwängen bestimmt wurden. Zum einen zeigt sich dabei aber deutlich eine verhältnismäßig großräumige Bewegung, die vor allem nicht wie in Afrika oder teilweise in Amerika von Flussläufen abhängig ist, zum andern fällt auf, dass auch das Meer für die geographische Erforschung des Kontinents eine wichtige Rolle spielte. Das zeigt sich besonders deutlich bei den Reisen vom 16. bis zum 18. Jahrhundert. Franz Xaver steht auf der Karte stellvertretend für eine ganze Anzahl von Angehörigen des Jesuitenordens, die vor allem in Indien und Ostasien als Missionare wirkten, zugleich aber in ihren Briefen und Schriften über Land und Leute berichteten. Mehrere von ihnen bezahlten Missionseifer und Forscherdrang mit dem Leben. Xaver war ein Edelmann aus Navarra und früher Gefährte des Ignatius von Loyola. Seine ausgedehnten Missionsreisen führten ihn 1549 auf einem portugiesischen Handelsschiff nach Japan, das erst sieben Jahre zuvor zufällig von Antonio de Moto entdeckt worden war. Dort errichtete er auf der Insel Kiushu und danach auf Hondo christliche Stützpunkte. Mit ihm begannen nicht nur die Versuche einer christlichen Missionierung, sondern wir verdanken ihm auch die ersten genaueren

Der heilige See der Inder und Tibeter im Transhimalaja. Aquarell von Sven Hedin

Informationen über Japan. In den folgenden hundert Jahren wurden seine Arbeiten noch von einigen anderen Jesuitenpatres fortgesetzt. Sie erhielten seit der Mitte des 17. Jahrhunderts als Entdecker Konkurrenz von holländischen Kapitänen, die im Auftrag der Holländisch-Ostindischen-Kompanie dort Handelsbeziehungen anknüpfen sollten. In holländischen Diensten stand auch der deutsche Arzt Engelbert Kämpfer, der erst das Zarenreich und Persien bereiste und 1690–92 mit einer Gesandtschaft nach Japan ging. Die in der Regel europäischen Besuchern gegenüber sehr misstrauischen Japaner gewährten ihm eine erstaunliche Bewegungsfreiheit, der wir den ersten ausführlichen wissenschaftlichen Bericht über Japan verdanken. Seine Forschungen wurden erst 130 Jahre später durch den Arzt Franz von Siebold wieder aufgenommen.

Kämpfer gehörte zusammen mit Pietro della Valle und Jean-Baptiste Tavernier zu den ersten europäischen Reisenden, die genaue Informationen über Persien lieferten. Die Geschichte der wissenschaftlichen Arabienforschung begann 1761 mit dem Dänen Carsten Niebuhr. Seine Reiseroute (eingezeichnet ab Konstantinopel) grenzt deutlich den Gesamtkomplex Arabien ein, der dann in den folgenden zwei Jahrhunderten erforscht wurde. Auch wenn die Reise des Schweizers Johann L. Burckhardt, die ihn 1814 von Soakin aus über das Rote Meer nach Arabien und dort nach Mekka führte, dabei das Kerngebiet Arabiens nur tangierte, so kann sie doch in ihrer wissenschaftlichen Bedeutung nicht hoch genug eingeschätzt werden. Er gehörte zu den wenigen Forschern, denen es überhaupt gelang, die heiligen Stätten Mekka und Medina zu besuchen.

Die Übersichtskarte lässt deutlich noch drei Forschungsbereiche erkennen: Sibirien, China mit Zentralasien und Südasien. Dabei mag die Reiseroute von Peter Simon Pallas stellvertretend für die verschiedenen Sibirien-Reisen stehen, die von Sankt Petersburg aus gelenkt wurden und die mit seinem Forschungsunternehmen einen Höhepunkt erreichten. Der gebürtige Berliner hatte Naturwissenschaften studiert und war 1768 als erst 27-Jähriger von der russischen Akademie der Wissenschaften beauftragt worden, eine Expedition durch Sibirien zu unternehmen. Dabei ging es den Auftraggebern weniger um rein wissenschaftliche Erkenntnisse als vielmehr um die Erschließung von Rohstoffquellen und um engere politische Kontakte mit den dort lebenden Völkerschaften. Mit seiner großen Leistung leitete er die Erschließung Sibiriens ein.

Die Reiserouten von Evariste-Régis Huc und Sven Hedin, deren Forschungen etwa sechs Jahrzehnte auseinander liegen, umreißen deutlich die zwei wichtigen Regionen der Erforschung Ost- und Zentralasiens. Mit Huc, der bis nach Lhasa gelangte, schließt zugleich die große Zeit der Missionare als Forschungsreisende. Sven Hedins Expeditionen, deren Reiserouten im Detail sehr kompliziert waren und die auf der Karte nur in groben Zügen angedeutet werden können, bildeten das Rückgrat der Erforschung Zentralasiens. Zwischen diesen beiden (zeitlich und räumlich) fanden die Reisen des Russen Nikolai Prschewalski statt. Es ist kein Zufall, dass bei ihm deutlich eine Nord-Süd-Achse dominiert. Sie spiegelt zugleich das russische Interesse an Zentralasien. In Prschewalskis Reisen verbinden sich dementsprechend politische Ambitionen und Forschungsdrang. Zwischen 1871 und seinem Todesjahr 1888 unternahm er fünf Expeditionen, auf denen er weite Gebiete Zentralasiens erforschte. Sein großer Traum war, Lhasa, den Sitz des Dalai Lama, zu erreichen. Bei dem Maßstab der Karte sieht es aus, als habe er es geschafft, tatsächlich kam er aber 1879/80 nur auf 270 Kilometer an die verbotene Stadt heran, dann wurde ihm von tibetischen Beamten die Weiterreise verwehrt. 1884/85 durchquerte er noch die Wüste Gobi und die Takla-Makan.

Als wichtiges Beispiel für indische Expeditionen sind die Reiserouten der aus Bayern stammenden Brüder Schlagintweit eingezeichnet, die 1854 von der Indischen Kompanie mit wissenschaftlichen Arbeiten in Nordindien beauftragt wurden und mit denen die Erforschung des Subkontinents einen Höhepunkt und weitgehend auch einen Abschluss erreichte.

Vitus Bering segelt nach Alaska (Sowjetunion 1991)

Obgleich Sibirien vor den Toren Europas lag, blieben die riesigen Landstriche doch verhältnismäßig lange unerschlossen und die Nachrichten über sie flossen nur äußerst dürftig. Die Erkundung (Karte S. 80) setzte erst etwa seit dem Beginn des 16. Jahrhunderts ein und war keine wissenschaftliche, sondern machtpolitische Angelegenheit. Am Anfang standen der Handel und die Wirtschaftsinteressen der Engländer, die 1553 eine kleine Flotte von drei Schiffen unter Hugh Willoughby und Richard Chancellor ausschickten, um eine Nordost-Passage nach China zu suchen. Obgleich das Unternehmen misslang, gelangte ein Schiff doch erstmals um das Nordkap herum nach Nowaja Semlja. Chancellor knüpfte auch Verbindungen zum moskowitischen Zaren Iwan IV. und erleichterte damit seinem Nachfolger Anthony Jenkinson die Kontaktaufnahme, der mit Genehmigung des Zaren vier Jahre später von Moskau aus an die Wolga und flussabwärts reiste, dann entlang des Kaspischen Meeres bis nach Buchara, das damals noch außerhalb der russischen Einflusssphäre lag, und weiter in das nördliche Persien. Die ersten Vorstöße nach Sibirien erfolgten ab 1574 durch den Kosaken Jermak vom Ural aus. Er sollte dabei mongolische Horden zurückschlagen. Tatsächlich gelang ihm die Eroberung des wichtigen Stützpunktes Sibir, in dessen unmittelbarer Nachbarschaft die Stadt Tobolsk entstand. Von hier aus drangen die Nachfolger Jermaks nach

Adam J. von Krusenstern (Russland 1994)

Asien

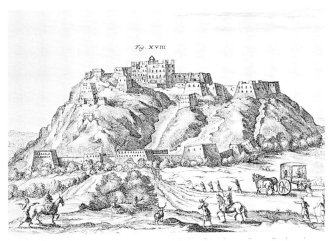

Die älteste Darstellung der Potala in Lhasa aus dem China-Werk des Jesuiten A. Kircher, 1667

dessen frühem Tod im Jahre 1584 ziemlich schnell ostwärts vor. 1610 war schon der Jenissei erreicht, wo 1619 die für die weitere Erschließung des Ostens von Sibirien wichtige Stadt Jenissejsk gegründet wurde. 1628 gelangten Kosaken an die Lena und elf Jahre später schon bis an die Küste des Ochotskischen Meeres, 1687 nach Kamtschatka. Erste wissenschaftliche Erkundungen erfolgten seit Beginn des 18. Jahrhunderts durch den aus Danzig stammenden Botaniker und Arzt Daniel Gottlieb Messerschmidt, der 1720–27 in ausgedehnten Unternehmungen die Gebiete an Jenissei und Ob bereiste und dann bis ostwärts des Baikal-Sees vorstieß. Seine umfangreichen Tagebücher und Aufzeichnungen ruhen bis heute noch in russischen Archiven. Vierzig Jahre später erreichte dann die wissenschaftliche Forschung mit den Reisen von Peter Simon Pallas ihren Höhepunkt (vgl. Karte S. 79). Was nun folgte, war in Sibirien vor allem Kleinarbeit, wobei es allerdings noch genug zu tun gab.

Parallel zur Erforschung der weiten Landmasse lief die ebenso wichtige der Küsten im Norden und Osten. Die von den Engländern begonnene Erkundung des Nordens wurde seit 1594 durch den Holländer Willem Barents fortgesetzt, der Spitzbergen entdeckte und als Erster die Nordspitze von Nowaja Semlja umrundete, dann aber unterwegs ums Leben kam. Die Route von Vitus Bering 1725 gleicht auf den ersten Blick einer Landreise, zeigt aber nur zu deutlich die Probleme, denen man sich gegenüber sah: Um dem Auftrag einer Erkundung der Ostküste Sibiriens nachkommen zu können, musste die gesamte benötigte Ausrüstung auf dem Landweg quer durch Sibirien bis Ochotsk transportiert werden, von dort erkundete Bering die Küste nordwärts und durchfuhr als Erster mit seinen Begleitern die später nach ihm benannte Beringstraße zwischen Asien und Amerika. Auf einer weiteren Reise gelang es ihm 1740, nach Amerika zu segeln, auf der Rückreise erlitt er aber Schiffbruch und starb auf der Bering-Insel.

Im 19. Jahrhundert wandte sich das russische Interesse dann von Sibirien ab und stärker Zentralasien zu. Die eigentliche Blüte der Erforschung fiel dabei in die verhältnismäßig knappe Zeit von zwei Jahrzehnten zwischen 1860 und 1880. Im Vordergrund stehen zwei Reisende: der Ungar Vambéry und der in Sibirien geborene Russe Alexej P. Fedtschenko. Vambéry bereiste als Derwisch verkleidet Armenien, Persien, gelangte nach Buchara und Samarkand, betrieb dabei vor allem völkerkundliche Studien. Seine Forschungen wurden in Russland genau beobachtet und registriert und 1869–71 weitergeführt von dem erst 25-jährigen Fedtschenko, der von Samarkand aus ostwärts bis Chokand (Kokand) vorstieß und das Alai-Gebirge und die Wasserscheide zwischen Amu-Darja und Syr-Darja erforschte. Noch ehe er seine Forschungsreisen fortsetzen konnte, starb er schon 1873 bei einem Bergunfall in der Schweiz. Typisch für die weitere Arbeit der Russen in diesem Raum ist die so genannte Ssamara-Expedition, die von rund einem Dutzend hochkarätiger Experten und Forscher geleitet wurde. Sie sollte 1879 gleichzeitig den Bau einer »Zentralasiatischen« Eisenbahnlinie vorbereiten, die Schiffbarkeit der Flüsse genau untersuchen, aber auch geographische und ethnologische Forschungen betreiben.

Die Karte auf Seite 80 erfasst noch den nördlichen Teil Innerasiens. Sie muss im Zusammenhang mit den Karten von Gesamtasien (S. 79) und Zentralasien/China (S. 84) gesehen werden. Auf der ersten waren die Reisen Prschewalskis zu sehen, auf der zweiten die von Younghusband, Wilhelm Filchner und Sven Hedin, die durch die gleichen Gebiete führten. Hier ist die Route des Archäologen Sir Aurel Stein eingezeichnet. Angeregt von den Forschungen Sven Hedins und aufbauend auf diesen unternahm er zwischen 1899 und 1943 zahlreiche Reisen vor allem in das Gebiet alter Routen der Seidenstraße, also sowohl am Nord- wie am Südrand des Tarimbeckens und des westlichen China. Dabei gelangen ihm eine ganze Reihe sensationeller Entdeckungen.

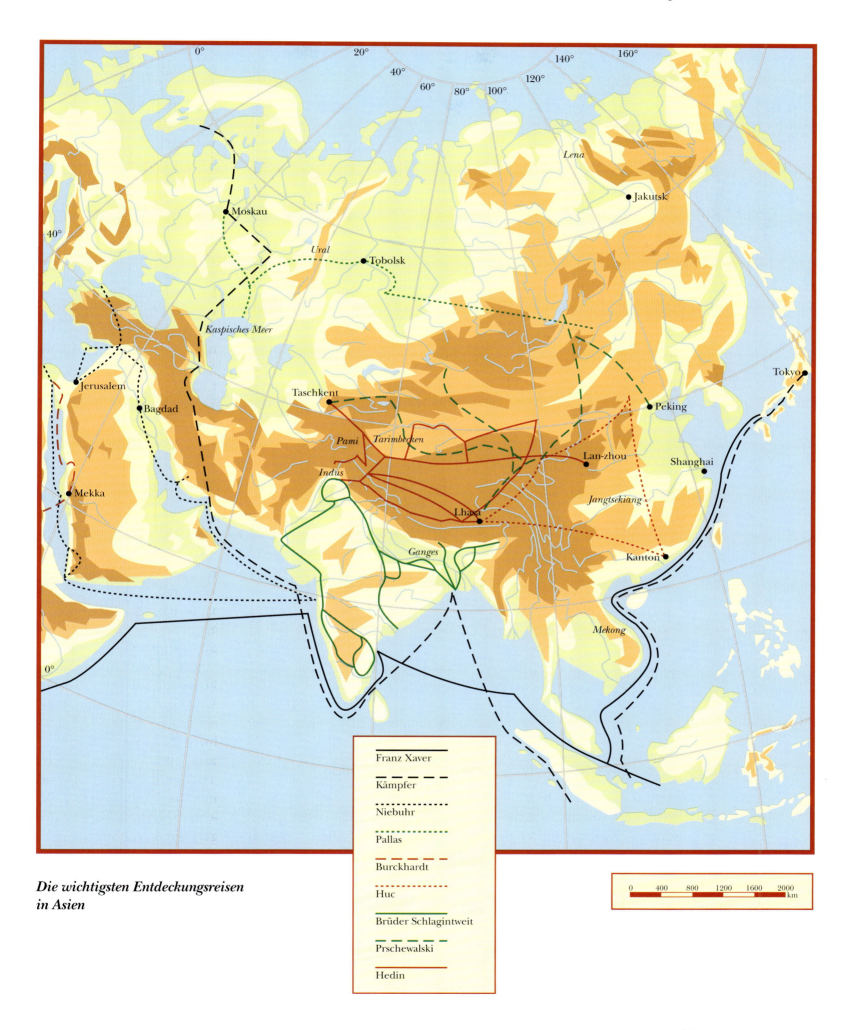

Die wichtigsten Entdeckungsreisen in Asien

Asien

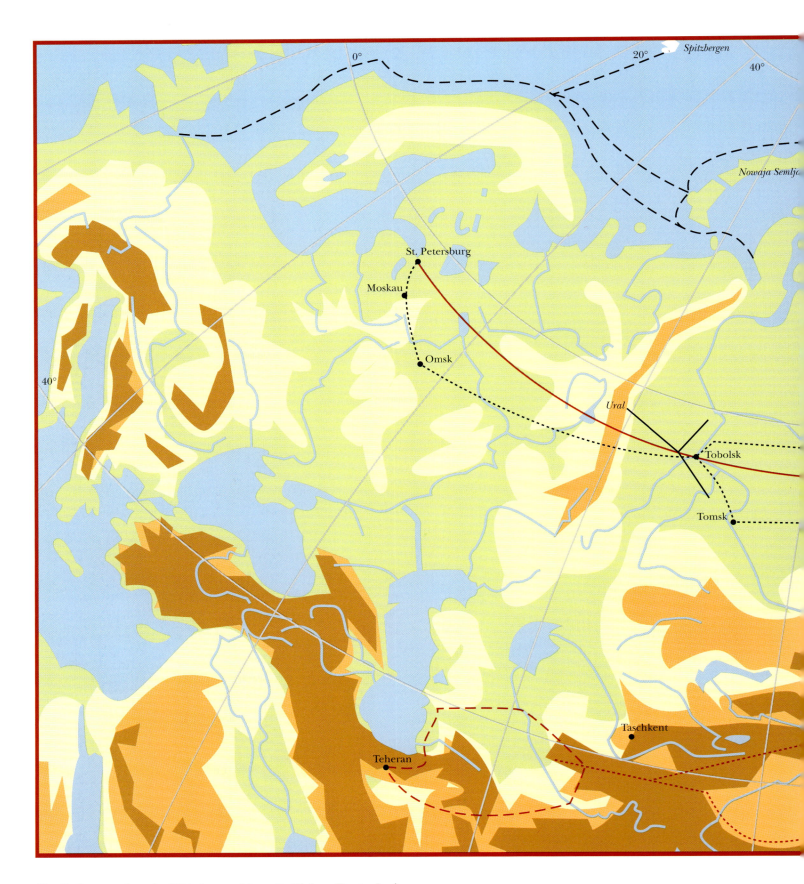

Entdeckungsreisen in Sibirien und im nördlichen Zentralasien

Zwischen Eismeer und Äquator

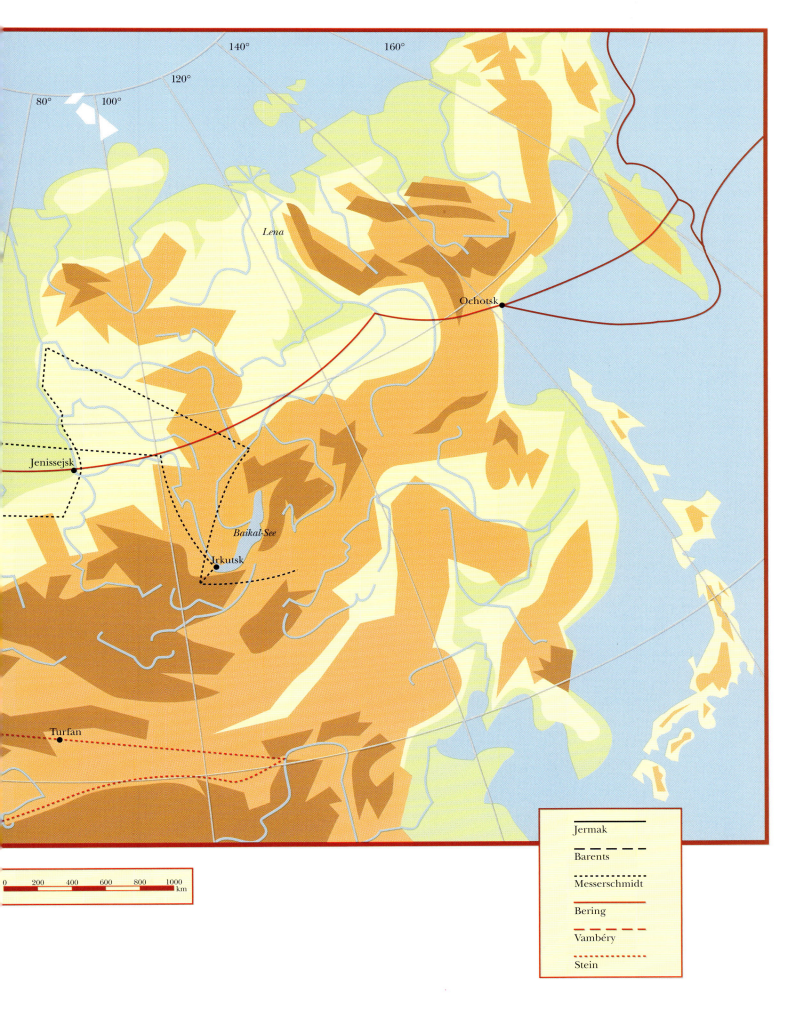

Asien

UNTER DER GLUTSONNE ARABIENS

Aus entdeckungsgeschichtlicher Sicht bildet die Arabische Halbinsel gegenüber dem Gesamtkontinent Asien eine in sich geschlossene Einheit, von der nur wenige entdeckungsgeschichtliche Querverbindungen zu den benachbarten Räumen ausgehen. Nirgends werden auch Gegensätze so deutlich wie gerade hier. Der Nordrand zum Mittelmeer hin ist uraltes Kulturland, war seit der Antike bekannt. Die Wüstengebiete im Süden wurden dagegen erst im 20. Jahrhundert genauer erkundet.

Der erste Christ, von dem man weiß, dass er als Mohammedaner getarnt bis Mekka und Medina gelangte, war der Venezianer Ludovico de Varthema, gleichermaßen ein Abenteurer wie ein Händler; er besuchte auch noch den Jemen und reiste sogar weiter bis in den Fernen Osten. Immerhin lieferte er brauchbare Berichte über die heiligen Stätten des Islam und über die dort lebenden Beduinen. Abgesehen von dem Nürnberger Johann Wild, der im 17. Jahrhundert als unfreiwilliger Reisender während seiner Gefangenschaft Mekka besuchte, gelangte erst mit Carsten Niebuhr 1762/63 wieder ein europäischer Reisender nach Arabien. Zunehmende Fremdenfeindlichkeit verhindete auch in der Folgezeit Reisen in den Südteil der Halbinsel. Zu den wenigen Reisenden in der ersten Hälfte des 19. Jahrhunderts gehörten U. Jasper Seetzen und Johann Ludwig Burckhardt, die beide kurz hintereinander Mekka besuchten. Wie gefährlich die Reisen damals waren, beweist das Schicksal Seetzens, der 1811 im Jemen als Christ erkannt und ermordet wurde. Seit dem letzten Drittel des 19. Jahrhunderts wuchs die Zahl der Reisenden erstaunlich rasch. 1860 besuchte Heinrich v. Maltzan Mekka, 1876–78 durchzog Charles M. Doughty das nördliche Arabien. Richard F. Burton reiste im Hedschas und Eduard Glaser erforschte den Jemen, wobei er zahlreiche altarabische Inschriften entdeckte. 1879 zog Wilfried S. Blunt zusammen mit seiner Frau Anne von Damaskus aus durch die Große Nefud-Wüste.

Richard Burton in Beduinenkleidung. Gemälde von Th. Seddon

Eine besonders intensive Reise-Forschungstätigkeit entfaltete sich dann noch einmal in der ersten Hälfte des 20. Jahrhunderts, bot doch gerade die große Arabische Wüste noch einige jener weißen Flecken, die auf der übrigen Erde so rar geworden waren. Am Vorabend des Ersten Weltkriegs schloss der Österreicher Alois Musil seine Forschungen im Nordhedschas ab, ebenfalls in Nordarabien reiste die Engländerin Gertrude Bell. 1917 durchquerte ihr Landsmann Harry St. John Philby erstmals die Große Wüste vom Persischen Golf bis zum Roten Meer. Seine Tätigkeit und damit seine Karriere hatte er als Agent des Britischen Geheimdienstes begonnen, war dann zum Berater von König Ibn Saud aufgestiegen, hatte sich in dessen Königreich niedergelassen und war zum Islam konvertiert. Das verschaffte ihm eine Bewegungsfreiheit, wie sie vor ihm noch kein Europäer besessen hatte. So konnte er in den 40er Jahren mehrere große Reisen vor allem im Südteil der Halbinsel unternehmen und dabei auch das »Leere Viertel«, die berüchtigte Wüste Rub-al-Khali durchforschen. Seine Erkundungen wurden zwischen 1946 und 1948 von Wilhelm Thesiger fortgesetzt und abgeschlossen.

Da die nebenstehende Karte auch Westpersien umfasst, folgen wir hier noch den Spuren von Percy Sykes, der zwischen 1893 und 1906 das Land zwischen Kaspischem Meer und Persischem Golf erforschte und dort endgültig die letzten kleinen weißen Flecken von der Landkarte tilgte.

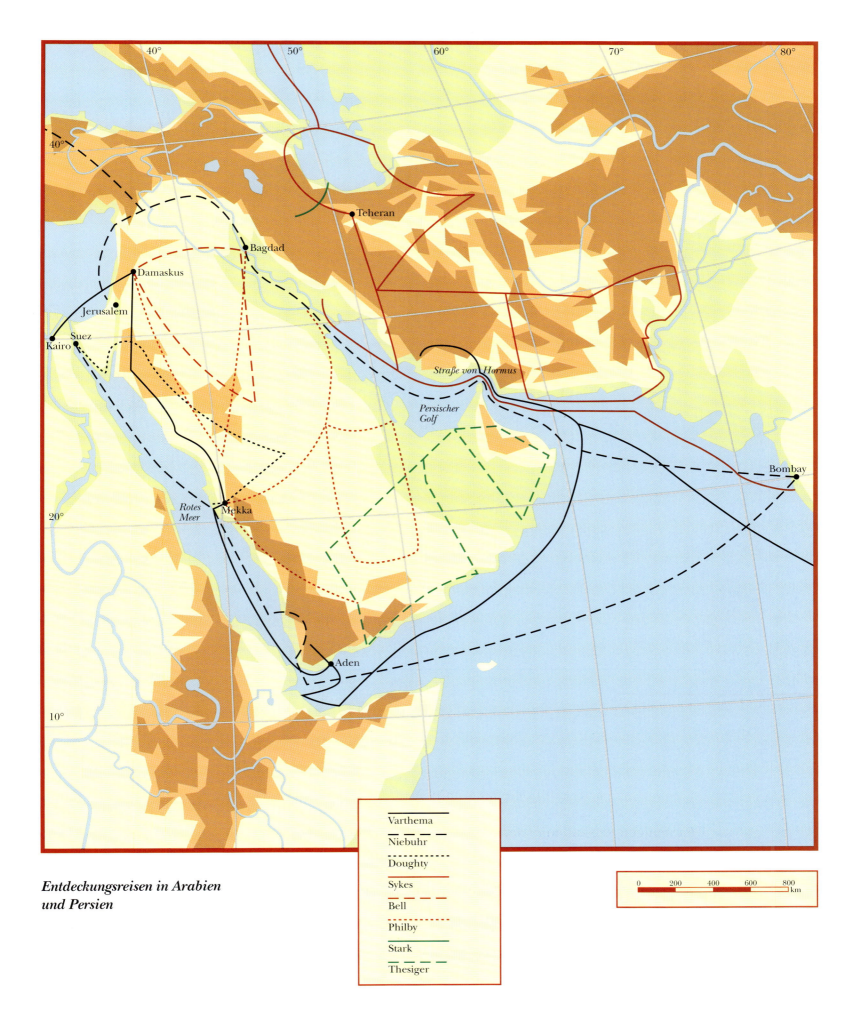
Entdeckungsreisen in Arabien und Persien

Asien

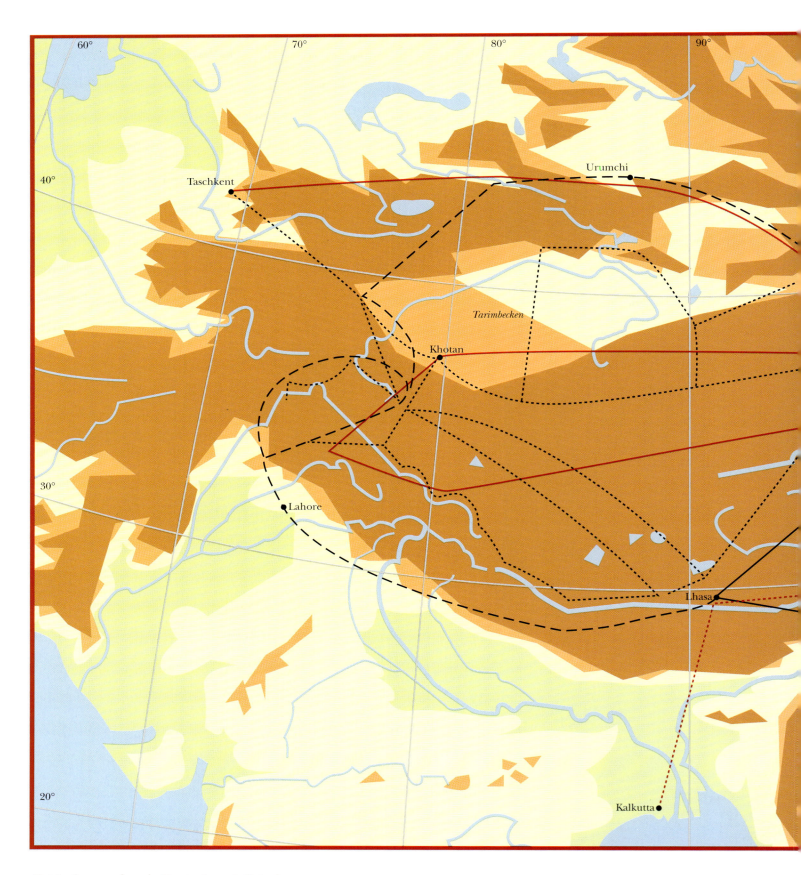

Entdeckungsreisen in Zentral- und Ostasien

Unter der Glutsonne Arabiens

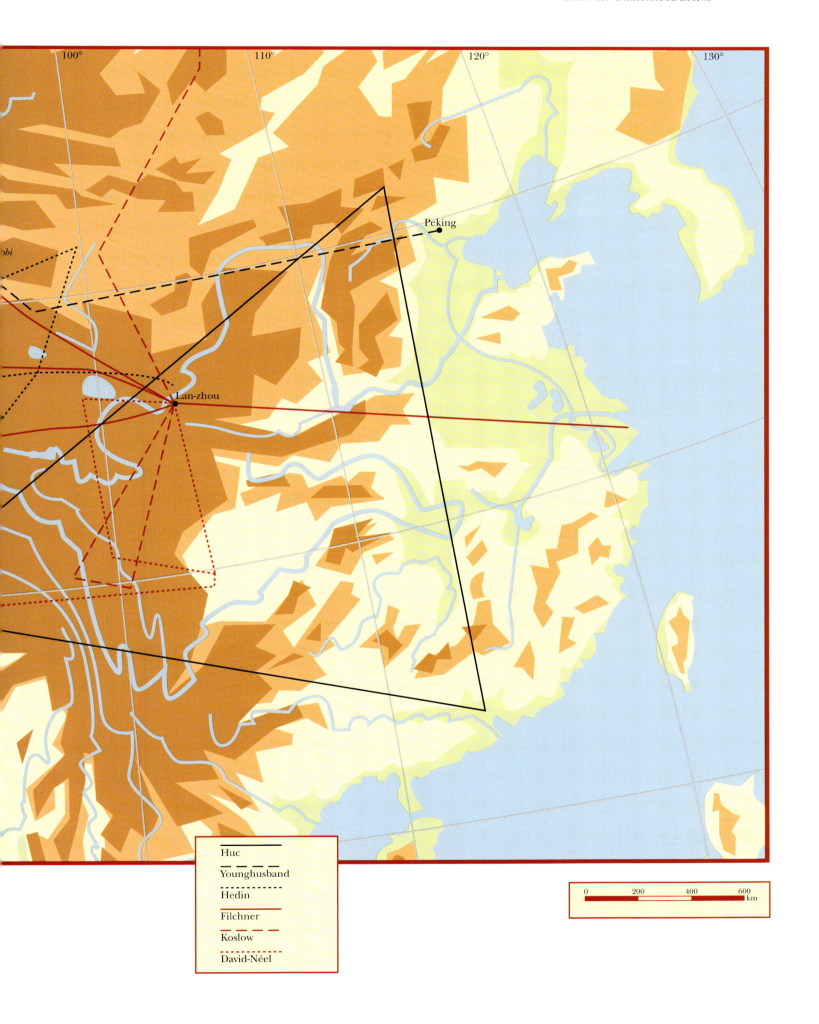

85

Asien

IM HERZEN ASIENS

Sven Hedin (Schweden 1973)

Wer spontan und ohne besondere Vorkenntnisse oder Überlegungen die Namen einiger bedeutender Forschungsreisender aus China, Tibet, Vorder- oder Hinterindien nennen sollte, könnte leicht in Schwierigkeiten geraten. Natürlich denkt man sofort an Marco Polo, zögernder mag dann noch Sven Hedin genannt werden, eher vielleicht Heinrich Harrer, der ja nicht nur Entdecker-, sondern auch Filmruhm erlangte, und schließlich noch Alexandra David-Néel. Damit dürften aber die meisten schon am Ende sein, und unwillkürlich drängt sich die Frage auf, ob es in diesen weiten Räumen etwa nichts zu entdecken gab oder ob keine profilierten Forscher dort ihr Wirkungsfeld suchten. Keines von beidem trifft zu. Nur die spektakulären Reisen scheinen zu fehlen, die ein breiteres Publikum interessieren. Tatsächlich wurde über Jahrhunderte hinweg viel Kleinarbeit geleistet und fast unmerklich fügte sich Steinchen an Steinchen zu einem Ganzen.

Es ist eigenartig, wie unsicher bis ins 16. Jahrhundert hinein doch die Vorstellungen von den geographischen Zusammenhängen waren. Auf dem Landwege erfolgten seit dem späten Mittelalter nur ganz vereinzelte Reisen. Genauere geographische Kenntnisse von China und Innerasien vermittelten dann fast zwei Jahrhunderte lang nur Missionare verschiedener Ordensgemeinschaften, vor allem Mitglieder des Jesuitenordens. Sie kamen auf dem Seeweg meist mit holländischen Schiffen und gründeten von der Ostküste Chinas aus in einer Reihe von Städten ihre Stationen. Geographische Forschungen betrieben sie anfangs sozusagen stationär, indem sie Nachrichten sammelten, und nicht ambulant, also durch Reisen. Wie hervorragend das von ihnen gesammelte Material war, beweist eine Karte Chinas, die 1584 Pater Matteo Ricci für den Kaiser Wan-Li malte und damit höchste Anerkennung fand. Eine ähnliche kartographische Leistung vollbrachte ein Jahrhundert später der französische Pater Jean-François Gerbillon, der Kaiser Kang-Hi auf einer Reise nach Nordchina begleitete und wichtiges geographisches und ethnographisches Material sammelte. Mit dem Pater Ippolito Desideri begegnen wir dann dem neuen Typ jener Missionare, die selbst ausgedehnte Reisen unternahmen. Er zog zusammen mit einem Gefährten von Nordindien aus nach Tibet, erreichte glücklich Lhasa und kehrte über Nepal wieder nach Indien zurück.

Merkwürdigerweise war gerade dieses so schwer erreichbare, fremdenfeindliche und seit dem 18. Jahrhundert noch dazu von den Chinesen misstrauisch abgeschirmte Hochland Tibet ein bevorzugtes Ziel erster Missionare und dann allmählich anderer Reisender. Dabei ging es – wie schon an anderer Stelle erwähnt – anfangs gar nicht so sehr um wissenschaftliche, sondern um handfeste wirtschaftliche und politische Interessen. Erste britische Expeditionen zogen 1744 unter George Bogle und neun Jahre später unter Samuel Turner nach Tibet, ohne allerdings Lhasa zu erreichen. Das gelang erst 1811 ihrem Landsmann Thomas Manning, der sich immerhin vier Monate dort aufhalten durfte, bevor er des Landes verwiesen wurde. 1844 folgten die französischen Lazaristenpatres Evariste-Régis Huc und Joseph Gabet. Huc verdanken wir einen umfassenden und heute noch interessanten Reisebericht. In den folgenden Jahrzehnten bis zum Ersten Weltkrieg brachte die wissenschaftliche Forschung beachtliche Ergebnisse. Zu den bekanntesten Reisenden gehören die Russen Nikolai Prschewalski und Pjotr Kusmitsch Koslow, die Engländer Francis Younghusband und Aurel Stein, der Schwede Sven Hedin, der Deutsche Wilhelm Filchner und aus Frankreich Paul Pelliot und Alexandra David-Néel. Schon diese sich auf wenige Namen beschränkende Aufzählung spiegelt den internationalen

Charakter der Forschung, die sich natürlich nicht auf Tibet beschränkte, sondern ganz Zentralasien erfasste, wie man auch deutlich an den skizzierten Reiserouten erkennt. Huc, Prschewalski und Stein haben wir bereits auf den Karten Seite 79 und 80 kennen gelernt. Koslow begleitete Prschewalski auf dessen letzter Reise und unternahm dann selbst mehrere große Expeditionen in Zentralasien, wobei er sich als ungemein gründlicher Forscher auswies. Younghusband erwarb sich seine ersten Erfahrungen als Forschungsreisender in Burma, nahm dann an einer englischen Expedition in die Mandschurei teil und bereiste von 1887 an weite Teile Innerasiens. 1904 leitete er die etwas merkwürdige Variante einer Expedition, sozusagen ein Rückschritt in die Tage Alexanders des Großen, indem er im Auftrag des indischen Vizekönigs Lord Curzon als britische Machtdemonstration mit einer Truppe von 3 000 indischen Söldnern, 10 000 Trägern und einer Gruppe von Vermessungsfachleuten nach Tibet zog und als erster Europäer seit Huc und Gabet wieder die Hauptstadt Lhasa erreichte. Bei allem militärischen Imponiergehabe brachte die Expedition doch beachtenswerte kartographische Ergebnisse aus dem Grenzgebiet zwischen Tibet und Indien.

Wenn man die Reisewege Sven Hedins auf der Karte verfolgt, so muss man sich von vornherein darüber im Klaren sein, dass diese die tatsächlichen Leistungen des Forschers nur in groben Zügen erfassen kann. Er unternahm zwischen 1893 und 1933 insgesamt fünf große Forschungsreisen in Innerasien, durch die er sich gleichermaßen als kühner wie wissenschaftlich bedeutender Forscher auswies. Ähnlich wie Prschewalski war es ihm dabei nicht vergönnt, die Stadt Lhasa zu besuchen. So wie er auf den Arbeiten des deutschen Geographen und Chinaforschers Ferdinand von Richthofen aufbaute, so regten seine Forschungen und archäologischen Funde seinerseits wieder Aurel Stein zu seinen großen Reisen an – ein schönes Beispiel wissenschaftlicher Kontinuität und internationaler Zusammenarbeit.

Der zu Unrecht etwas in Vergessenheit geratene und unterschätzte Wilhelm Filchner überquerte 1900 den Pamir und unternahm 1903–05 und 1926–28 zwei große Tibetexpeditionen.

Alexandra David-Néel schließlich ging es bei ihren Asienreisen zwischen 1911 und 1947, bei denen sie vor allem mehrfach Tibet besuchte, weniger um geographische als vielmehr um völkerkundliche und vor allem religionsgeschichtliche Erkenntnisse, die sie in zahlreichen bemerkenswerten Büchern veröffentlichte.

1498 waren die ersten europäischen Schiffe an der Westküste Indiens gelandet. In den folgenden Jahren und Jahrzehnten blühten die Handelsverbindungen, segelten immer mehr Schiffe nach Indien und bald auch weiter an die Küsten Hinterindiens, zu den Sunda-Inseln und bis an die Küsten Chinas. Dabei blieb es aber auch in den meisten Fällen; nur vereinzelt zogen Reisende von den Küstenorten weiter in das jeweilige Landesinnere. In einigen der frühen Reiseberichte mischen sich dabei Dichtung und Wahrheit, Seemannsgarn und Fakten. Dazu gehört auch das Werk

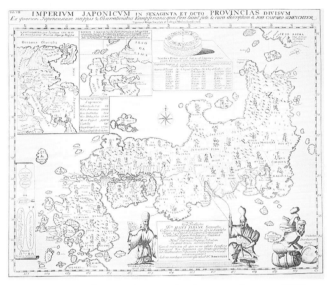

Japan-Karte aus E. Kämpfers »Beschreibung von Japan«, 1777

des portugiesischen Reiseschriftstellers Fernao Mendes Pinto, der nach eigenen Angaben weite Küstengebiete Süd- und Ostasiens bereist haben will. Ob die angegebene Reiseroute also wirklich stimmt, muss offen bleiben. Auf alle Fälle bietet seine »Peregrinaçam« (Pilgerfahrt) reizvolle Schilderungen vor allem auch des Lebens der portugiesischen Seefahrer und Händler in ihren süd- und ostasiatischen Stützpunkten. Auch die Reiseberichte des Franzosen Jean-Baptiste Tavernier wurden angezweifelt, aber hier dürfen wir die eingezeichneten Routen, die ihn 1632 nach Persien und einige Jahre später mehrfach nach Indien führten, als gesichert annehmen. Seit der zweiten Hälfte des 18. Jahrhunderts wurde dann die geographische Erschließung des indischen Subkontinents zunehmend Aufgabe von Beamten und Offizieren der Ostindischen

*Fernao Mendes Pinto
(Portugal 1980)*

*Auguste Pavie
(Frankreich 1947)*

Kompanie. Analog zur »Afrikanischen Gesellschaft« in London wurde eine »Asiatische Gesellschaft von Bengalen« gegründet. Wie intensiv diese im kleinräumigen Bereich arbeitete, beweist die beachtliche Zahl der wissenschaftlichen Veröffentlichungen in ihren »Annals of Indian Administration«.

Selbstverständlich traten auch einzelne Reisende dabei stärker hervor, wie etwa Francis Buchanan, der schon 1794 ethnographische Studien in Mysore und Nepal betrieb, der Tierarzt William Moorcroft, der seit 1812 mehrere Expeditionen in den Himalaja unternahm, der Vermessungsingenieur Sir George Everest, der seit 1817 für den Vermessungsdienst arbeitete und nach dem der höchste Berg der Erde benannt wurde, sowie sein Nachfolger A. S. Vaugh, der um die Mitte des 19. Jahrhunderts die kartographischen Arbeiten im Himalaja vorantrieb und dort die genauen Höhen der wichtigsten Bergriesen bestimmte. Aber wir werden vergeblich nach bedeutenden Reiseberichten suchen. Eine Ausnahme und sozusagen noch einmal einen letzten Höhepunkt in der Entdeckungsgeschichte Indiens und des Himalaja bilden Leben und Werk der Brüder Schlagintweit. Die hervorragenden bayerischen Alpinisten wurden 1854 von der Ostindischen Kompanie mit Forschungen in Nordindien und im Himalajagebiet beauftragt. Sie lösten die ihnen gestellten Aufgaben mit Bravour und konnten in mühsamer Kleinarbeit eine Reihe noch bestehender Unklarheiten im Kartenbild des Himalaja beseitigen.

Wenn wir schließlich auch die Besteigung der höchsten Gipfel dieses Gebirgsmassivs in die Forschungsprobleme einbeziehen, müssen wir den Schlusspunkt nochmals um ein Jahrhundert hinausschieben, in dem Bergsteiger aus verschiedenen Nationen vor allem in den 20er und 30er Jahren zum »Sturm auf die Throne der Götter« antraten, bis 1953 der Neuseeländer Edmund Hillary zusammen mit Sherpa Tensing Norgay (wahrscheinlich) als Erste den Mount Everest bezwangen.

Was an Grundsätzlichem zu Vorderindien gesagt wurde, gilt auch für Hinterindien. Lange beschränkte sich die Erkundung der Halbinsel auf den Umkreis der an oder nahe der Küste errichteten Handelsstützpunkte. Bis zum Beginn des 18. Jahrhunderts traten einige Jesuiten hervor. Nach einer Pause von mehr als hundert Jahren setzte dann seit der Mitte des 19. Jahrhunderts die systematische Erforschung ein, die vor allem von den englischen und französischen Kolonialbehörden vorangetrieben wurde. Die Engländer versuchten dabei von ihren Besitzungen in Burma einen Handelsweg nach Südchina zu erschließen, während die Franzosen Kambodscha und Laos weniger aus wissenschaftlichen als vielmehr aus strategischen und ebenfalls wirtschaftlichen Gründen zu erforschen trachteten. Gute wissenschaftliche Vorarbeiten hatte schon der deutsche Gelehrte Adolf Bastian geleistet, der zwischen 1861 und 1864 Hinterindien bereiste, dann als Erster die Halbinsel Malakka durchquerte und ein sechsbändiges Werk über das Land, seine Menschen und auch seine Geschichte schrieb, das heute allerdings nur noch wenigen Fachleuten bekannt ist.

Zu den bedeutendsten englischen Forschern gehörten der Militärarzt John Crawford, der schon 1826 das Irawadigebiet, Laos und Siam erforschte, und T. T. Cooper, der seit 1868 an der Erkundung des erwähnten Handelsweges nach China arbeitete. Auf französischer Seite traten vor allem Francis Garnier und Auguste Pavie hervor. Garnier übernahm 1866 als junger Marineleutnant die Leitung einer französischen Expedition an den Mekong. Wenn dabei auch die militärischen Interessen im Vordergrund standen, so gehörte diese doch zu den bedeutendsten Asienreisen des 19. Jahrhunderts. Pavies Forschungen erstreckten sich von 1887 bis 1895. Er wurde beauftragt, die Grenzen zwischen Siam und Annam festzulegen; dabei gelang es ihm, mit nur wenigen Gefährten auf friedlichem Wege weite Teile von Kambodscha und Laos für Frankreich zu sichern.

Im Herzen Asiens

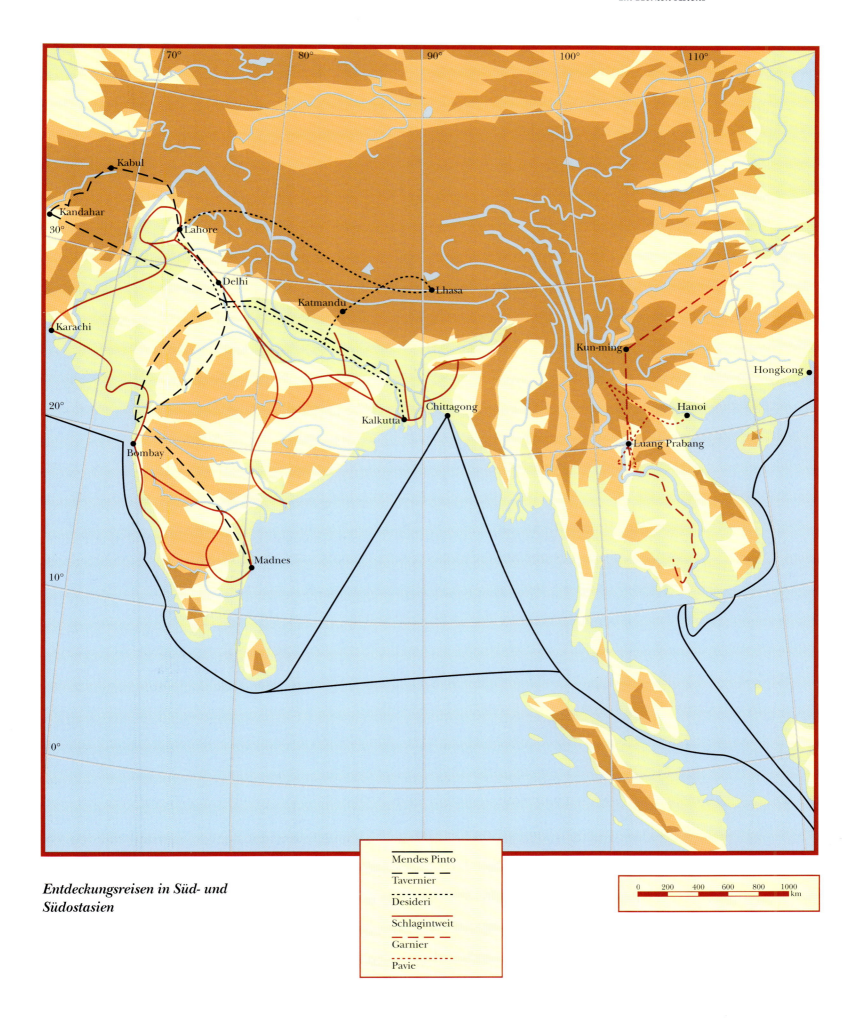

Entdeckungsreisen in Süd- und Südostasien

NORDAMERIKA

Mandan-Häuptling nach einem Aquarell von George Catlin, 1832

Von seinen mächtigen Randgebirgen gleichsam stabilisiert, zieht sich Amerika von Pol zu Pol um die ganze Wölbung unserer Erde, im Süden am Weltmeer deutlich endend, im Norden mit ungewissen Grenzen gegenüber der polaren Inselwelt. Der Nordteil dieses Doppelkontinents liegt breit und klobig zwischen den östlichsten Ausläufern Asiens und der großen Insel Grönland. Zwischen Kap Prinz Wales auf Alaska und Kap Charles auf der Halbinsel Labrador hat man eine Breitenerstreckung von beinahe 6 000 km errechnet, eine riesige Landmasse, in die sich allerdings die große Hudson-Bai teilend einsenkt, was für manchen mitunter tödlichen Irrtum in der Entdeckungsgeschichte gesorgt hat. Nach Norden zu nicht durch Gebirgszüge geschützt, öffnet Nordamerika sich der polaren Kälte bis ins Herz der dichtest besiedelten Gegenden, sodass gerade das nördliche Amerika viele Millionen von Menschen inmitten einer hochmodernen städtischen Zivilisation alljährlich mit Witterungskatastrophen konfrontiert, die uns die ungebrochene Übermacht der Natur vor Augen führen.

Es bleibt eines der merkwürdigsten Rätsel der Menschheitsgeschichte, dass die ganze Neue Welt übersehen werden konnte, bis man mit Karavellen auf sie stieß; und auch dann galt das ausgedehnte, von Indianern und von Büffelherden erfüllte, an glitzernden Schätzen aber arme Nordamerika eher als ein Hindernis des Weltverkehrs denn als eines seiner bevorzugten Ziele. Während Mittel- und Südamerika längst um ihrer selbst willen aufgesucht wurden und die reichen Seemächte Portugal und Spanien zu Investitionen und zum Raubbau verlockten, blieb das Interesse der Europäer an dem doch so großen nordamerikanischen Kontinent lange Zeit sehr begrenzt.

Die seit dem Ende des ersten Jahrtausends auf Grönland siedelnden Wikinger hatten den kürzesten Weg an die nordamerikanischen Ostküsten, aber sie nutzten ihn nur, um Langholz aus Labrador zu holen, das auf Grönland nicht gedieh; die Siedlungen an der Anse aux Meadows auf Neufundland kamen über einige Hütten nicht hinaus und erlagen im 12. Jahrhundert endgültig den Angriffen der Indianer. Hätten sie noch ein wenig länger ausgehalten, sie wären den kühnsten jener baskischen und bretonischen Fischer begegnet, denen der bis heute erkennbare französische Charakter Neufundlands zu danken ist. Mit ihren hochseetüchtigen Fangflotten liefen sie zur Neufundland-Bank aus, einem klippenreichen Gebiet des nordwestlichen Atlantik, wo jedoch märchenhaft reiche Fischbeute winkte. Durch Generationen geheim gehalten, blieben die bis heute französischen Inseln Saint Pierre und Miquelon Stützpunkte dieser harten Männer, von denen – wie die malerischen Friedhöfe in der westlichen Bretagne zeigen – nicht wenige für ihre Familien auf dem Meer blieben. Diese französischen Berührungen mit der Neuen Welt begründeten also einen dauerhaften, wenn auch aus guten Gründen geheim gehaltenen Kontakt, der sich freilich auf Neufundland und seine vorgelagerten Inseln beschränkte.

Von Florida bis Neufundland präsentierte sich Nordamerika als eine unübersehbar große Landmasse, die an ihren Küsten und vielen Buchten und an sanften Stränden zugänglich erschien und die Europäer mit den schönsten Hoffnungen erfüllte, bis sie auf die ersten Indianer stießen, offensichtlich bettelarme, aber ungemein kriegstüchtige Völker, die außer einigen Lehmburgen keine Städte besaßen, diese reizlosen Angriffsziele jedoch mit erbitterter Tapfer-

Nordamerika

keit verteidigten. Nur die Spanier, aus Süd- und Mittelamerika an Gold und Silber gewöhnt, nährten unverdrossen die Hoffnung, im Innern Nordamerikas verwandte Kulturen aufzufinden, sie glaubten an Gerüchte wie die von den Sieben Städten und ihren Silberschätzen und drangen mit dem Heldenmut der Konquistadoren von Süden und Südosten her bis zum Mississippi und seinen Nebenflüssen vor.

Das eigentliche große und breite Nordamerika zwischen Alaska und Labrador, noch heute mit nur drei Einwohnern je Quadratkilometer dünner besiedelt als etwa die Russische Föderation (8,7 je Quadratkilometer), konnte nicht durchquert werden wie Mexiko, Panama oder Feuerland, man musste versuchen es zu umfahren.

Was die Suche nach einer Nordwest-Passage aus der Phantasie in die Realität holte, war die von der Kartenprojektion oft verschleierte Tatsache, dass am Nordpol Asien, die nördlichsten Ausläufer von Europa und die Nordküsten Amerikas einen vergleichsweise kleinen Zirkel bildeten. Die Tatsache, die heute den Passagierflügen von Paris über den Pol nach Tokio und anderen Routen die tägliche Abwicklung ermöglicht, musste den gekrönten Häuptern der seefahrenden Nationen zwar erst erklärt werden; aber als Franz I. von Frankreich oder auch Heinrich VII. von England dann begriffen hatten, dass auch die Nordhalbkugel der Erde ihre Möglichkeiten und Chancen biete, rüsteten Frankreich und England, dazu auch Dänemark Flotten mit dem offiziellen Ziel aus, die Nordwest-Passage zu finden, zweifellos aber auch in der Hoffnung, auf wertvolle Mineralien zu stoßen. Denn das Jahrhundert nach dem der großen Entdeckungen war das des Kolonialismus, was damals nicht viel anderes bedeutete, als unbezahlte Eingeborene in Metallminen für Europa schuften zu lassen.

Die Männer und Mannschaften, die sich diesen Aufgaben unterzogen, sind dennoch aller Ehren wert und blieben an Mut, Ausdauer und Bereitschaft, Entbehrungen zu ertragen, hinter der ersten Generation der Konquistadoren nicht zurück. Nur ging es hier im unerbittlichen Norden weniger um Degen und Lanzen und glanzvolle Heldentaten als um die stumme Bewährung des Menschen angesichts einer Natur von gnadenloser Kargheit, um den Sieg über die klimatischen Bedingungen von Zonen, in denen nur die seit Jahrhunderten angepassten Eskimostämme überlebt hatten.

Die besondere Schwierigkeit der Seefahrt in diesen nördlichen Gewässern war dadurch gegeben, dass so gut wie alle berührten Landstriche von tödlicher Unwirtlichkeit waren. In den gemäßigten Zonen war der Seefahrer im Allgemeinen gerettet, sobald er Land erreichen konnte; zwischen Labrador und Alaska hingegen verhungerte er oder erfror; man konnte bei ruhiger See im Eisnebel der großen Buchten einsam zugrunde gehen wie Kapitän Hudson mit seinem Sohn.

Da die großen Ströme die ältesten Wege der Menschheit sind, war dem Vordringen der Spanier und Franzosen in der weiten Mississippi-Niederung mehr Erfolg beschieden als den Briten im äußersten Norden; auch die Zuflüsse des Vaters der Ströme eröffneten Entdecker-Routen, und wären die französischen Könige in höherem Maß an Kolonien interessiert gewesen, so hätte Nordamerika in seinem zugänglichen Kern mehr von jener französischen Kultur erhalten, der es inzwischen so deutlich nachtrauert: In der Mitte des nordamerikanischen Landblocks, dort, wo der mächtige Sankt-Lorenz-Strom die Verbindung zwischen der ausgedehnten Seenplatte und dem Atlantik herstellt, waren die Bretonen ihren Fisch fangenden Vorläufern gefolgt und hatten unter unsäglichen Entbehrungen und großen Menschenverlusten durch Skorbut Zugang in die eigentliche Mitte des Halbkontinents erlangt. Nach der Gründung erster Siedlungen im Südosten des heutigen Kanada waren Erkundungstrupps mit gebildeten Offizieren in die Tiefe der Prärien vorgestoßen, hatten die Quellgebiete des Mississippi erreicht und im Rücken der langsam wachsenden britischen und holländischen Niederlassungen eine Verbindung mit Nordamerikas romantischem Süden, mit Louisiana, hergestellt. Die Erinnerung daran ist trotz der Niederlage der Südstaaten im Sezessionskrieg von 1861–1865 vor allem in New Orleans noch lebendig und erstarkt in den frankophonen Teilen Kanadas.

Nordamerika

Die Neue Welt auf der Karte von Sebastian Münster 1540

Nordamerika

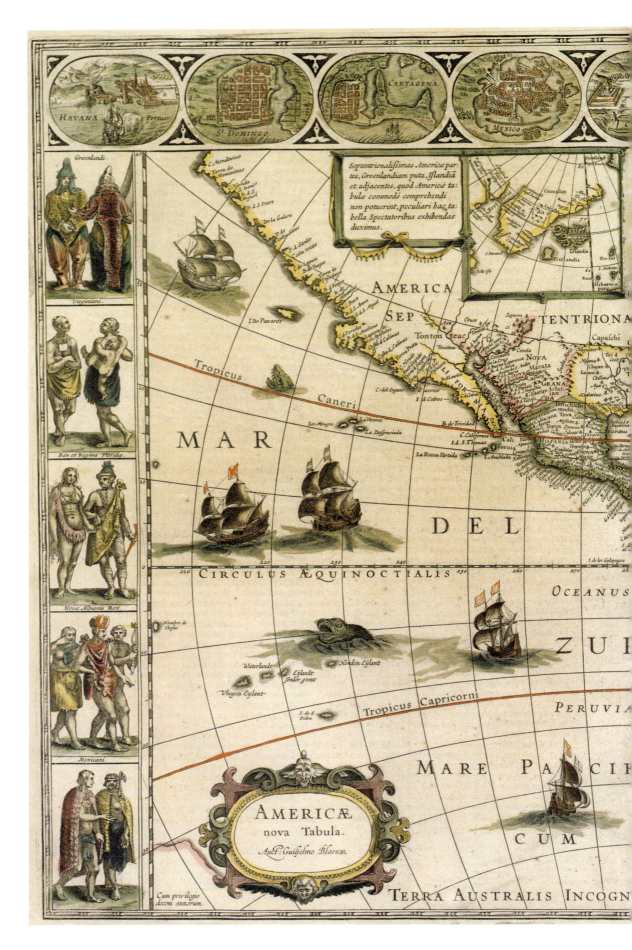

Amerika auf einer Karte von Wilhelm Janszoon Blaeu, 1640

Nordamerika

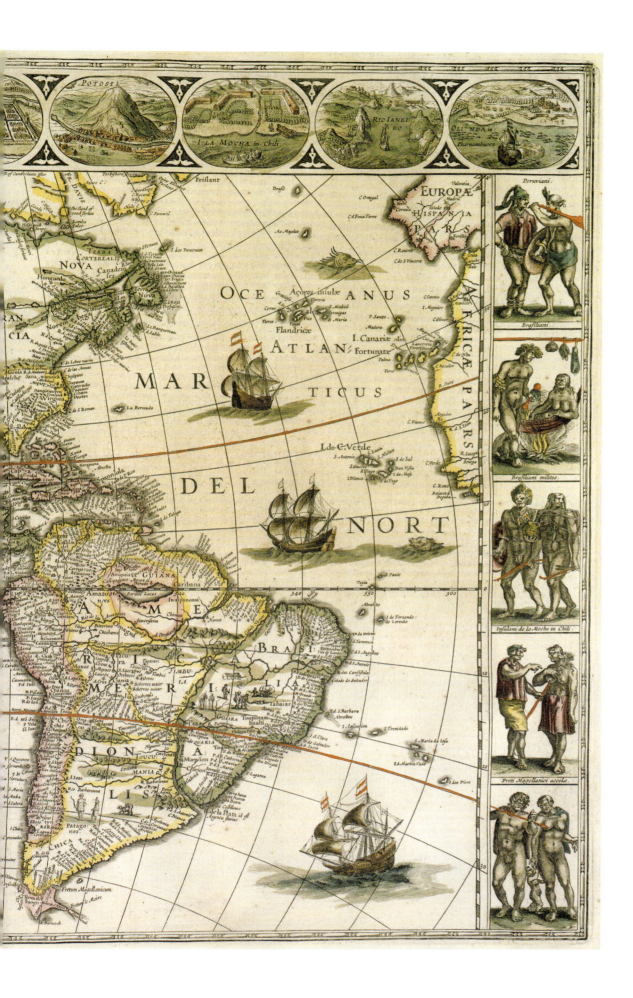

95

Nordamerika

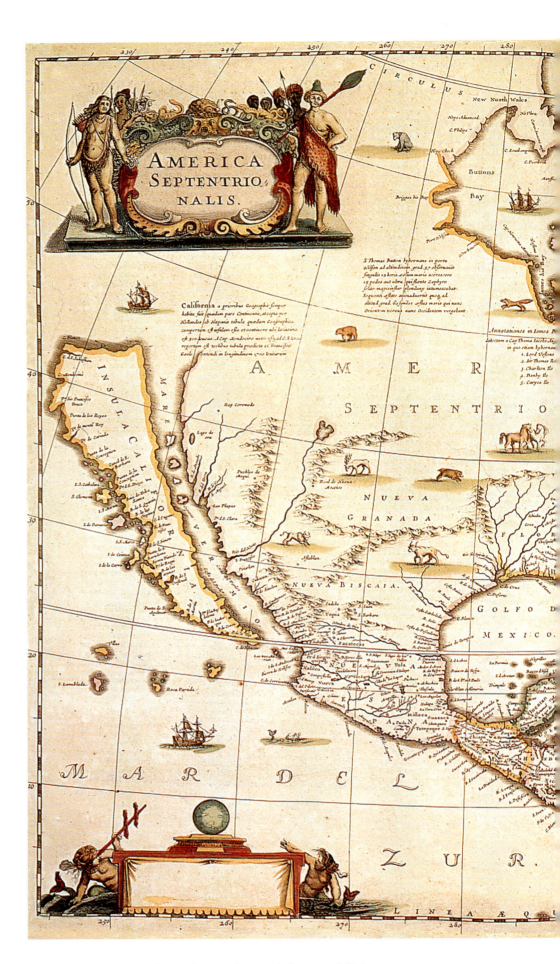

Nordamerika nach einem Amsterdamer Atlas von 1650

Nordamerika

Nordamerika

DAS BILD DER NEUEN WELT

In der Entdeckung oder wohl besser Wiederauffindung Amerikas hat eine Land- und Seekarte eine große Rolle gespielt, die inzwischen selbst verloren gegangen und nur in alten Kopien erhalten ist. Sie stammt von dem Florentiner Paolo Toscanelli dal Pozzo, einem jener universell interessierten Gelehrten, wie sie das Zeichen des Zeitalters sind und seinen Ruhm begründeten. Toscanelli starb 1482 in Florenz, 85 Jahre alt, erlebte also nicht mehr mit, welche Früchte einer seiner Briefe an Kolumbus trug, ein Brief, in dem es heißt: »Von deinem mutigen und großartigen Plan, auf dem Westwege, den die dir übermittelte Karte zeigt, zu den Ostländern zu segeln, nehme ich Kenntnis. Besser hätte er sich noch anhand einer Kugel klarmachen lassen. Es freut mich, dass du mich recht verstanden hast. Der geschilderte Weg ist nicht nur möglich, sondern wahr und sicher.« Der Brief ist undatiert, stammt jedoch aus der Zeit, da Kolumbus seine Pläne noch mit dem Hof Portugals zu verwirklichen hoffte, und er beweist, dass Kolumbus den Plan von sich aus gefasst, aber die Autorität des florentinischen Gelehrten zur Realisierung gebraucht hatte. Die Karte rückt tatsächlich Zipangu (wie man Japan damals nannte) verlockend nahe an die Azoren heran und nimmt den Schrecken vor der großen atlantischen Wasserfläche durch die Einzeichnung zweier Inseln hinweg, deren eine die Autorität des heiligen Brendanus für sich beanspruchen darf, während die andere durch den Namen Antilia in späterer Zeit – als die Antillen tatsächlich aufgefunden worden waren – für einige Verwirrung sorgte. Amerika, das große, beinahe von Pol zu Pol reichende Amerika, hat auf der berühmten Karte keinen Platz, denn einen Kontinent kann man nicht ergrübeln, den muss man entdecken.

Als dies geschehen war, als Christoph Kolumbus im Triumph seiner Heimkehr in Lissabon und in Sevilla alle Zweifel beseitigt hatte, begann die große Zeit einer neuen Kartographie, die nun die Aufgabe hatte, aus den Inseln der Sagen und Legenden tatsächlich existierende Länder mit Küsten und Hafenorten werden zu lassen und ihnen die Namen zu geben, unter denen sie weiterleben sollten.

Die berühmtesten dieser neuen Weltkarten tragen die Namen deutscher Kosmographen, wie man im Rausch einer neuen, größeren Welt gelegentlich zu den Geographen sagte: der Kartographenfamilie Kremer, die sich nach der Sitte der Zeit Mercator nannte und im holländisch-westfälischen Grenzraum durch Generationen fruchtbar tätig war; die andere stammt von Martin Waldseemüller aus Radolfzell, dessen kompliziertes Pseudonym Hylacomylus sich weniger eingeprägt hat. Sein Mäzen war Herzog René II. von Lothringen, wo Waldseemüller im Städtchen Saint Dié mit zwei Helfern an einer Neuausgabe des Ptolemaios arbeitete, für die es nun tatsächlich neues Material gab. Es war Waldseemüller vor allem aus den Briefen des Seefahrers Amerigo Vespucci bekannt geworden, weswegen Waldseemüller dieser überwältigend neuen Welt, die das Weltbild des Ptolemaios so entscheidend veränderte, den Namen »Amerika« gab – ursprünglich nur für Südamerika gedacht, bald aber auf den Doppelkontinent angewendet und im Ganzen wohl eine glückliche

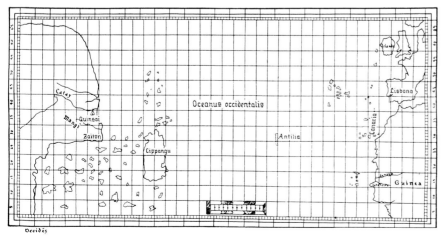

Rekonstruktion der Toscanelli-Karte um 1480

Lösung, hat Kolumbus doch immerhin sein Gedenken im Staat Kolumbien und in den Namen von nicht weniger als fünf Städten auf dem Gebiet der Vereinigten Staaten.

Fortschritte und Irrtümer des Martin Waldseemüller beleuchten auch die politischen Verhältnisse des Entdeckungszeitalters: Die Ergebnisse der portugiesischen Ostindienfahrten gelangten nur mit großer Verzögerung zur Kenntnis der Kartographen, und die spanische Krone hielt die Berichte des Kolumbus eifersüchtig geheim, als lasse sich die Existenz eines ganzen neu entdeckten Kontinents verschweigen.

Die erste Darstellung der Neuen Welt auf einer eigenen Karte brachte in Deutschland 1540 Sebastian Münster in seiner Ausgabe des Ptolemaios. Sie zeigt schon die Dreigliederung in Nord-, Mittel- und Südamerika, wobei die mittelamerikanische Landbrücke und die Karibischen Inseln überbetont sind. Vom Norden weiß der Kartograph noch sehr wenig, vom Süden kennt er immerhin die Amazonas- und La Plata-Mündung sowie die Magellanstraße, die den Kontinent von einem nicht näher definierten Südland trennt. Insgesamt begnügt er sich mit einem Hinweis auf angebliche Kannibalen. Dieses Gerücht sollte in der Folgezeit durch den Reisebericht Hans Stadens neue Nahrung erhalten. Der Südteil dieser Neuen Welt wird ausdrücklich als »America« bezeichnet. Zipangu/Japan ist ganz nahe an die Westküste Amerikas herangerückt, ebenso die kleinen ostasiatischen Inseln, die schon bei Marco Polo als »Archipel der 7 448 Inseln« erwähnt werden.

Gerade hundert Jahre jünger ist die Amerika-Karte in dem Weltatlas von Wilhelm Blaeu. Nach wie vor bleibt hier Nordamerika die große Unbekannte. Das zeigt sich schon bei der Auswahl der in der oberen Zierleiste abgebildeten Stadtansichten, durchweg Kolonialsiedlungen aus Mittel- und Südamerika. Auch von den zehn dargestellten Eingeborenen stammen nur drei aus dem Südosten Nordamerikas. Die geographischen Angaben für Nordamerika beschränken sich auf die Küstenstreifen in Ost und West, völlig vernachlässigt ist der gesamte Norden des Kontinents.

Eine interessante Variante und Ergänzung zu diesem Blatt bildet die Karte von 1650 aus einem Amsterdamer Atlas. Hier ist der Norden etwas besser ausgeführt, die ersten der Großen Seen und die Hudson-Bai sind eingetragen, Kalifornien wird dagegen als Insel gezeigt.

Auf den ersten Blick etwas merkwürdig scheint demgegenüber die Nordamerika-Karte Johann B. Homanns aus seinem »Atlas Compendiarius« um 1740. Sie zeigt sorgfältig ausgeführt die gesamte inzwischen ja gut bekannte Karibik und den Osten und Norden Nordamerikas. Die Großen Seen sind jetzt schon mit Einzelheiten gezeichnet, aber sonst bleiben der gesamte Norden und das Gebiet westlich des 110. Längengrades weiß. Hier setzte ja die genaue Erkundung erst zur Zeit der Entstehung der Karte ein. Die Flächenkolorierung entspricht etwa den Besitzverhältnissen. Man erkennt deutlich die spanischen Besitzungen Neu Mexiko und Florida, die britischen Kolonien und den großen von Frankreich und teilweise auch Großbritannien beanspruchten Mittelteil.

Kolumbus entdeckt Amerika (Italien 1992)

Ganz anders dagegen ist die wiederum nur hundert Jahre jüngere Nordamerikakarte aus »Colton's Atlas of the World« von 1855. Sie umfasst den gesamten Norden des Kontinents von den Großen Seen bis zum Pol. Lediglich der äußerste Norden bleibt noch offen, in erster Linie also jenes Gebiet, das durch die Suchexpeditionen nach der verschollenen Franklin-Expedition dann innerhalb eines Jahrzehnts von 1847–59 geographisch erschlossen wurde.

Nordamerika

Nordamerika aus dem Atlas Compendiarius von Johann B. Homann, um 1740

Nordamerika

Nordamerika aus Colton's Atlas of the World von 1855

Nordamerika

EIN TRAUM WIRD WAHR

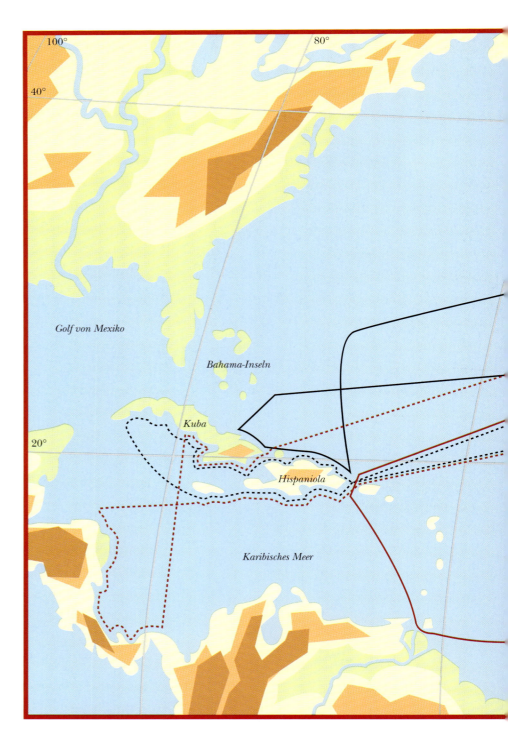

Die erste Reise des Kolumbus ist nicht nur eine Tat von weltgeschichtlicher Bedeutung, sondern auch eine nautische Sensation, denn die drei Karavellen überquerten den Atlantik in wenig mehr als zwei Monaten: Schon am 12. Oktober sichtete die Nina Land und die Rückreise von Januar bis März 1493 vollzog sich etwa ebenso schnell, nahe dem Äquator, dort, wo die Überquerung die weiteste Strecke zu bewältigen hatte. Bis heute ungeklärt ist der deutliche Knick der Route in ihrem letzten Teil, von Reeder Pinzón empfohlen, aber nicht begründet: Wäre Kolumbus weiter strikt Westkurs gefahren, hätten ihm die Seminolen der Floridasümpfe einen blutigen Empfang bereitet und man hätte nie wieder von ihm gehört.

Auf seiner zweiten Reise (1493–96) hatte Kolumbus nicht mehr drei kleine Karavellen zur Verfügung, sondern kommandierte eine Flotte von siebzehn Schiffen, darunter auch Frachtschiffe von großer Tonnage, auf denen insgesamt 1 200 Menschen der Neuen Welt zustrebten (nach anderen Quellen waren es gar 1 500). Trotz der Teilnahme langsamer Schiffe gelang die Fahrt nach dem heutigen Haiti binnen 21 Tagen. Die Rückfahrt dieser großen Flotte im Frühjahr 1496 währte wegen widriger Winde allerdings drei Monate.

In der Hoffnung auf günstigere Windverhältnisse wählte Kolumbus, der sich nur durch neue Erfolge gegen Vorwürfe und Intrigen behaupten konnte, für die dritte Überfahrt Ende Mai 1498 einen südlich verlaufenden Westkurs über die Kapverdischen Inseln und Trinidad an die Nordküste des heutigen Venezuela, wo der Genuese zum ersten Mal den amerikanischen Kontinent betrat, ehe er sich wieder den Inseln der Karibik zuwandte.

Im Mai 1502 machte er sich mit nunmehr vier Karavellen auf, wählte eine Westroute nahe jener der zweiten Reise,

Ein Traum wird wahr

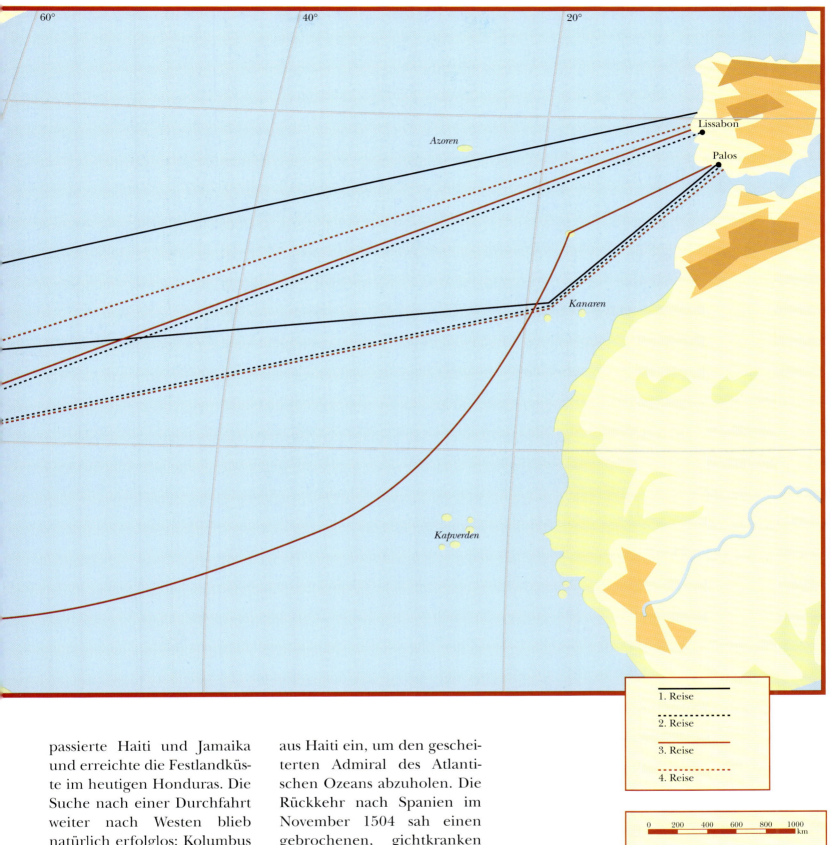

passierte Haiti und Jamaika und erreichte die Festlandküste im heutigen Honduras. Die Suche nach einer Durchfahrt weiter nach Westen blieb natürlich erfolglos; Kolumbus konnte schließlich nur noch zwei seiner Schiffe bemannen und musste an der Nordküste der großen Insel Jamaika endgültig aufgeben. Erst nach einem Jahr trafen zwei Schiffe aus Haiti ein, um den gescheiterten Admiral des Atlantischen Ozeans abzuholen. Die Rückkehr nach Spanien im November 1504 sah einen gebrochenen, gichtkranken Mann, verzehrt von Wut über tatsächliche und vermeintliche Ungerechtigkeiten und um die Wiederherstellung seiner Rechte bemüht. Er starb am 21. Juni 1506 in Valladolid.

Die Reisen des Christoph Kolumbus

Nordamerika

Die wichtigsten Entdeckungsreisen in Nordamerika

KAPITÄNE, MISSIONARE UND WALDLÄUFER

Wer die Entdeckungsgeschichte Nordamerikas zeitlich gliedern möchte, wird ganz vorsichtig von drei Phasen ausgehen, wohl wissend, dass es sich dabei nur um eine ganz grobe Einteilung handeln kann. Die erste fällt noch in das 16. Jahrhundert. Es ist die Zeit der ersten Entdecker und der Konquistadoren, von Kolumbus angefangen bis etwa zu Coronado, also ein rundes halbes Jahrhundert. Zeitlich nur wenig verschoben gehören dazu auch die Forschungsreisen französischer und englischer Seefahrer von Cartier bis Baffin von 1534 bis 1615. Die beiden geographischen Schwerpunkte liegen dabei somit im Süden bis etwa auf Höhe des 35. Breitengrades und im Nordosten vom St.-Lorenz-Golf bis zu den Großen Seen.

Eine zweite Phase umfasst dann das 17. und 18. Jahrhundert. Es ist die Epoche großer Einzelreisen, die sich vor allem zwischen den Großen Seen und dem Golf von Mexiko sowie auf den Nordwesten, das Gebiet zwischen den Großen Seen und den Rocky Mountains, konzentrierten.

Die dritte und letzte Phase beschränkte sich auf die erste Hälfte des 19. Jahrhunderts mit vorwiegend von der US-Regierung gelenkten wissenschaftlichen und strategischen Forschungen, in deren Verlauf die letzten kleinen weißen Flecken getilgt und zugleich neue Wege nach dem Westen erschlossen wurden. Zu ihr darf man im weiteren Sinne noch die verschiedenen Suchexpeditionen nach der verschollenen Franklin-Expedition rechnen (vgl. S. 166f.), während derer auch die letzten geographischen Unklarheiten über den Küstenverlauf im Norden beseitigt wurden.

Die Übersichtskarte veranschaulicht die Gemeinschaftlichkeit der großen Bemühung, Nordamerika zu erforschen. Ohne internationale Absprachen, wie das heute etwa in der Antarktis der Fall ist, hatten Spanier, Franzosen und Engländer sich um die Erfassung des Riesenlandes bemüht, und sie kamen dabei wenigstens in den Anfängen ohne Konfrontationen aus, so als habe jener Finger Gottes, auf den noch der große Newton vertraute, jedem Land seine Interessenszone zugewiesen. Die erfolgsgewohnten, in Expeditionen erfahrenen Spanier stießen von Süden her vor, die Franzosen in die Mitte, Engländer, Schotten und die Emissäre der jungen Vereinigten Staaten in den Nordwesten. Die spanischen Unternehmungen waren die frühesten, sie sind im Grunde noch in die große Conquista einzubeziehen.

Martin Frobisher (Großbritannien 1972)

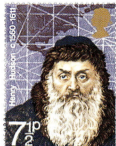
Henry Hudson (Großbritannien 1972)

La Vérendrye (Kanada 1958)

Der reiche Adelige Hernando de Soto musste zunächst in Florida die gleichen trüben Erfahrungen machen wie vor und nach ihm alle anderen Entdecker, und das, obwohl er als reicher Mann mit mehr als 200 Reitern und 600 Fußsoldaten an der Westküste der Halbinsel gelandet war. Er ließ sich aber von den Indianerpfeilen nicht wieder in die Schiffe treiben, sondern wich in einem bemerkenswert mutigen Entschluss nach Nordwesten aus, was zeigt, dass er seine Leute hinter sich hatte. Es folgte ein beinahe vier Jahre (1539–42) während Kreuz-und-quer-Marsch auf einem Gebiet, etwa fünfmal so groß wie Bayern, im Süden der heutigen USA zwischen 28 und 36 Grad nördlicher Breite bzw. 82 und 100 Grad westlicher Länge. Im Raum der heutigen Stadt Memphis erreichten die Spanier den Mississippi, als dessen Entdecker de Soto gelten darf. Andere Flüsse wurden ein Stück weiterverfolgt und verzeichnet wie der Chattahochee, der Alabama und der Arkansas, dem die Spanier bis zum heutigen Tulsa stromaufwärts folgten, wovon die Prärie-Indianer noch genera-

107

Nordamerika

Jaques Cartier (Kanada 1934)

Samuel de Champlain (Frankreich)

Martin Frobisher (Kanada 1963)

tionenlang sprachen. De Soto starb an Erschöpfung, wurde im Mississippi bestattet und die Reste seines heroischen Zuges, etwa 300 Reiter und Soldaten, kehrten in Booten ins spanische Mexiko zurück.

Beinahe gleichzeitig, nämlich im Februar 1540, brach Francisco Vazquez de Coronado, Statthalter von Neu-Galicien, aus dem spanisch-mexikanischen Raum und dem Golf von Kalifornien nach Norden auf, weil sich die Gerüchte von großen Indianerstädten (die Sieben Städte von Cibolla) verdichtet hatten. Bei 300 Berittenen und 1 000 indianischen Trägern kam die Expedition bald in Versorgungsschwierigkeiten, doch wurden im heutigen New Mexico große, weitgehend verlassene Siedlungen der Pueblo-Indianer aufgefunden, die freilich keinerlei Reichtümer enthielten. Coronado musste schließlich seine Hauptmacht zurücklassen und erreichte mit ausgesuchten Leuten, quer über das Colorado-Plateau ziehend, den Arkansas-River und Quivida, die Hauptstadt der Wichitas, die aber auch weder Gold noch Silber besaßen. Coronado hatte mit einer kostspieligen Expedition nur geographische Ergebnisse erzielt, wurde aber dank der Protektion des Vizekönigs Mendoza freigesprochen.

Aus dem Gebiet der großen Seenplatte stießen im Mai 1673 der Pelzhändler Louis Jolliet und der Jesuitenpater Jacques Marquette gemeinsam in Booten nach Süden vor und erreichten den Raum des heutigen Jackson, hatten also eine weite Mississippistrecke aufgenommen. Quer zu ihrer Forschungsrichtung verläuft die Route, die David Thompson zwischen 1807 und 1811 in verschiedenen Ansätzen bewältigte: Er baute dabei mit Kootenae-House den ersten Handelsposten am Columbia-River und gelangte bei seiner Suche nach einem gut gangbaren Pass über das Felsengebirge bis zum Athabasca-See. Die vornehme französische Großfamilie der Gaultier de La Vérendrye hatte Gouverneure und hohe Offiziere; ihr größter Erfolg war der Zug vom Oberen See nach Westen, wo Pierre Gaultier die in Häusern lebenden hellhäutigen Mandans fand, einen Indianerstamm mit eigenen Traditionen, der bis heute die Forschung beschäftigt (1738, die Mandans lebten damals in North Dakota und wurden später durch die Pocken arg dezimiert). Vor Gaultier, im Zeitalter der maritimen Entdeckungen, hatte der Bretone Samuel de Champlain den Sankt-Lorenz-Strom aufgefunden, in verlustreichen Überwinterungen die ersten Siedlungen (u.a. Quebec) gegründet und war bis ins Herz der Seenplatte vorgestoßen, zum Teil in schwerste Kämpfe mit Indianern verstrickt.

Den Nordwesten zwischen Hudson-Bai und Küstengebirge teilten sich die zähen Angelsachsen Samuel Hearne und Sir Alexander Mackenzie. Hearne durchzog die mörderischen Barren-Grounds, in denen nur Eskimos überleben können, von der Hudson-Bai nach Nordwesten zum Eismeer, das er südlich der großen Victoria-Insel erreichte; dabei wurde der Große Sklavensee berührt. Mackenzie hatte den später nach ihm benannten großen und reißenden Fluss in der Hoffnung befahren, dass er in den Pazifik münde, und nannte ihn den Fluss der Enttäuschungen, als auch er ans Eismeer (in der Beaufort-See) gelangte. Zum Pazifik kam Mackenzie schließlich doch noch durch, aber auf einem unsäglich beschwerlichen Landweg quer durch die Rocky Mountains, mit dem Peace-River als Einstieg (über Hearne und Mackenzie vgl. S. 111).

Die längste und erfolgreichste Expedition rüsteten die Amerikaner selbst aus: Im Auftrag von Präsident Jefferson stießen Meriwether Lewis und William Clark 1805/06 aus dem Mississippital den Missouri aufwärts bis ins Herz des Felsengebirges vor und überquerten es an seiner breitesten Stelle bis zum Columbia-River, den sie mit einer selbst von den Indianern bestaunten Kühnheit befuhren (vgl. S. 111).

WEGE NACH WESTEN

Die von der Air France regelmäßig bediente Fluglinie Paris–Tokio überquert mit einer Zwischenlandung in Anchorage den Nordpol und braucht dazu siebzehn Stunden. Bei dem meist klaren Wetter über der Polarregion zeichnen sich die Küsten Grönlands, die Baffin-Insel und die Beaufort-See mit größter Klarheit ab, wie bei einem Besichtigungsrundflug über den Alpen, ehe die Fünftausender von Alaska, im ewigen Schnee glitzernd, das Ende der ersten Flugetappe anzeigen. Mit durchaus unberechtigter Verblüffung stellt man fest, dass die Wirklichkeit auch hier im hohen Norden durchaus dem Kartenbild entspricht, und man vergisst leicht, wie viel Opfer und Mühen es die Menschheit gekostet hat, die Lage der Küsten und Inseln zu ermitteln, da man im 17. und 18. Jahrhundert ja schwerlich auf die Boeings von heute warten konnte.

Sobald man gelernt hatte, sich mit dem gewaltigen Landriegel der beiden Amerika abzufinden, begann auch schon die Suche nach Passagen durch diese in schier unglaublicher Länge von Pol zu Pol reichende Landmasse. Und da das nördliche Eismeer von der großen britischen Seefahrernation nicht allzu weit entfernt ist, ja da es den Engländern vom Walfang her vertraut war, rüstete die Krone Expeditionen zur Auffindung der nördlichen Passage nach Westen aus, von denen jene der Kapitäne Frobisher und Hudson als besonders denkwürdig gelten. Sir Martin Frobisher bildet mitten im Korsarenjahrhundert den Gegentyp zu Drake, Hawkins und Cavendish, den unverdrossenen Arbeiter. Fünfzehn Jahre bemüht er sich um die Geldmittel für seine Expedition, dann erhält er sie von der Vereinigung der Russlandfahrer (der Muscovy-Company). 1576 gelangt er bis in die heute nach ihm benannte Bucht des südlichen Baffinlandes, wo er auf Eskimos trifft. Vermeintlich wertvolle Gesteinsproben erleichtern ihm die Finanzierung weiterer Fahrten, er erreicht mit 15 Schiffen die

Hudson-Straße, findet aber natürlich den schmalen Ausweg durch die Fury- und Hecla-Straße nicht und kehrt um. Sein Landsmann Henry Hudson suchte zunächst nach einer Nordost-Passage (für die Muscovy-Company), erreichte im September 1609 das spätere New York und fuhr den nach ihm benannten Fluss stromaufwärts bis Albany.

Nach solchen Erfolgen zu allem entschlossen, machte auch er sich in die eisigen Einöden der Nordwest-Passage auf, überwinterte 1610/11 im Eis eingeschlossen im Südfortsatz der großen Hudson-Bai und wurde, als es taute, mit seinem Sohn in einem Boot in der nach ihm benannten Bai ausgesetzt, weil die Meuterer (mit Recht) fürchteten, der energische Kapitän werde auch nach diesem schrecklichen Winter weiterfahren, weitersuchen ... William Baffin, weniger berühmt als seine Vorgänger, hatte die Grönlandfahrten von John Davis studiert und gelangte etwa 300 Seemeilen weiter nach Norden bis auf 77,45 Grad nördlicher Breite; eine Durchfahrt fand freilich auch er nicht.

Nun gab es ja nicht nur Meere, die obendrein noch die Tücke hatten, zuzufrieren, sondern das weite nordamerikanische Land und seine großen Ströme. Vieles schien hier einfacher. Das Land trug, und wenn man Glück hatte, nährte es auch die Expedition, und die Ströme waren schließlich seit alters auch befahrbare Wege. Es ist eigentlich verwunderlich, dass Briten, Holländer und Franzosen sich so lange dem Meer anvertrauten, vor allem in einem Land, das mit vielen kleinen Wasserläufen und Seen immerhin Süßwasser bot, wenn auch karge Steppen, wildarme Weiten und Sumpfgebiete große Schwierigkeiten verhießen.

Am geringsten schienen diese im Raum der großen Seenplatte zu sein; startete eine Expedition dort, so hatte sie schon ein Drittel des Weges

Nordamerika

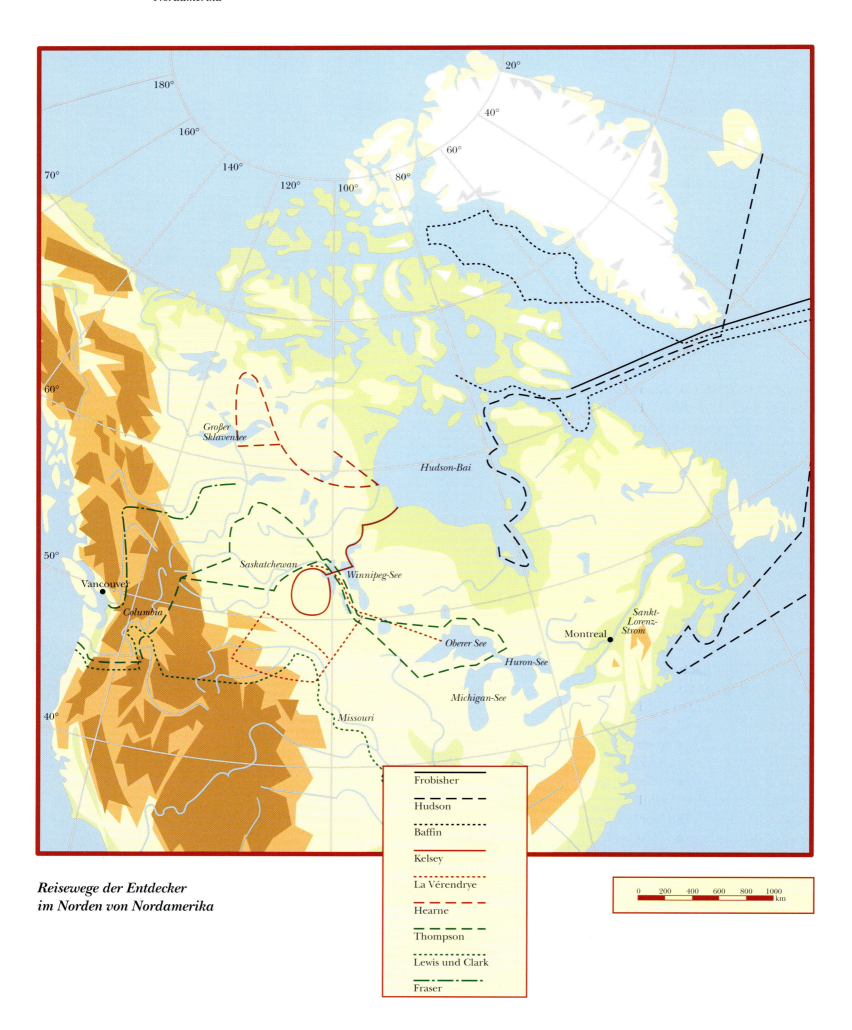

***Reisewege der Entdecker
im Norden von Nordamerika***

zur pazifischen Küste bewältigt. Pierre Gaultier de Vérennes, Sieur de La Vérendrye, Haupt einer ganzen Entdeckersippe, hatte mit Hilfe seiner Verwandten immer neue Forts und Handelsposten gegründet und über den Winnipeg-See den mittleren Missouri erreicht; auf seinen Spuren stießen 1738–1741 Pierre und Paul Mallet noch bis zum oberen Missouri vor, also bis an den Ostabhang der Rocky Mountains.

Kühne, weit ausschweifende Waldläufer wie etwa Etienne Brulé oder mutige Indianeragenten wie Jean Nicolet de Bellebourne verwischen die Grenzen zwischen französischen und britischen Entdeckungsbereichen; aber im Ganzen kann man doch sagen, dass die Engländer vor allem nördlich der Seenplatte und in Richtung der Saskatchewan-Flüsse tätig waren. Sie hatten zwar die Unterstützung der Hudson-Bai-Company und konnten sich auf deren Pelzhandelsstationen stützen, aber das Land, in dem sich die britischen Scouts bewegten, war von unvorstellbarer Kargheit und gewaltiger Ausdehnung. Es hatte mit Henry Kelsey begonnen, den die Company 1689 an den in die Hudson-Bai mündenden Churchill-River gesandt hatte und der aus eigener Initiative bis 1692 zu den Tundra-Indianern weiterreiste, um sie für den Pelzhandel zu gewinnen. Er gilt als der erste Europäer, der aus diesen Zonen unversehrt zurückkehrte, und verfasste ein Wörterbuch der Cree-Sprache. Beinahe 80 Jahre nach ihm brach der britische Seeoffizier Samuel Hearne von den Handelsposten am Churchill-River nach Norden auf, erreichte in mehreren Ansätzen den Großen Sklavensee und folgte dem Coppermine-River bis zum Coronation-Golf des nördlichen Eismeeres auf der Suche nach Kupfervorkommen; etwa 220 Kilometer von der Siedlung Coppermine stromaufwärts verlief in früheren Zeiten ein stark genutzter Handelsweg. Fast parallel zu Hearnes Route von 1770/71 stieß 1789 (Sir) Alexander Mackenzie aus Fort Chipewyan längs eines Flusses nach Norden vor, der heute nach ihm benannt ist und von dem Mackenzie hoffte, dass er in den Pazifischen Ozean münde. Als klar war, dass der Mackenzie ins Eismeer mündete (weil der große Landblock Alaska ihn vom Pazifik trennte), gab Mackenzie dem Wasserlauf den Namen »Fluss der Enttäuschungen«. Der zähe Schotte erreichte 1792/93 doch noch den Pazifik, doch war der gefundene Weg quer durch das Felsengebirge vom Ursprung des Peace-Rivers an so schwierig, dass es nie zu einer wirtschaftlichen Nutzung kam.

Die Erforschung Kanadas: Vancouver (Kanada 1963)

Hendayn (Kanada 1963)

Fraser (Kanada 1963)

Die Bemühungen der Waldläufer, Pioniere und Missionare wurden in gewissem Sinn gekrönt durch die außerordentliche Leistung von David Thompson, der in seinem langen Leben von den ersten Blockhausposten am Saskatchewan bis zur glücklichen Überquerung der Rocky Mountains den amerikanischen Nordwesten kennen lernte wie kaum ein anderer. Als die Hudson-Bai-Company in ihren Entdeckungsaktivitäten erlahmte, wechselte Thompson zur North-West-Company und begründete deren Indianerhandel in Idaho. Den Columbia-River befuhr Thompson in seiner ganzen Länge (1811), ehe er sich der Auswertung seiner Notizen und der Erstellung von Landkarten widmete. Er starb in Französisch-Kanada in größter Armut.

1804 beauftragte Präsident Thomas Jefferson seinen Privatsekretär, den Offizier Merriwether Lewis, gemeinsam mit dem jungen William Clark einen tauglichen Weg zum Pazifik zu finden und an der pazifischen Küste eine US-amerikanische Niederlassung zu errichten, um das Interesse der USA an diesem Küstenstrich zu betonen. Nach alter Pfadfinderweisheit ging man einen Fluss bis zum Ursprung stromaufwärts, überschritt die Wasserscheide und folgte jenseits des Gebirgs-Hauptkammes einem anderen Fluss bis zum Meer. Stromauf ging man vom Gebiet der Mandans an den Missouri, brauchte einen Monat(!), um die Great Falls zu umgehen, bezwang den Lemhi- und den Lolopass und gelangte über den Snake-River zum Columbia. Im November 1805 er-

Captain Meriwether Lewis

Nordamerika

reichte die Expedition nach 6 500 Kilometern Weg die Columbiamündung und überwinterte im Blockhaus-Fort Clatsop unter Hunger, Kälte und Ungezieferqualen. Erst im September 1806 waren sie wieder in Saint Louis.

Lewis musste seinem Präsidenten berichten, dass er keinen praktikablen Übergang zum Pazifik gefunden habe, in Gestalt etwa eines flachen Weges über die Wasserscheide, wo Schiffe auf Rollen die Trockenstrecke überwinden könnten wie an der Schlei oder an der oberen Wolga. Aber die Informationen über die Indianerstämme an Missouri und Columbia waren sehr wertvoll. Clark begründete mit Manuel Lisa, einem der Ausrüster der Expedition, einen florierenden Pelzhandel, und der Deutsche John Jacob Astor legte zwischen 1808 und 1810 die Stützpunkte seiner Pelzhandelskompanie zwischen Saint Louis und der Columbiamündung an, wo 1811 Astoria gegründet wurde. Nur Lewis hatte nicht viel von seiner großen Tat; zwar wurde er im März 1807 Gouverneur von Nord-Louisiana, starb jedoch im Oktober 1809 einen bis heute unaufgeklärten gewaltsamen Tod.

Da die Neufundland-Bank, die Inseln Saint Pierre und Miquelon und wohl auch einzelne Küstenpunkte von Neufundland zum altbekannten Stockfischland gehörten, in dem seit dem 14. Jahrhundert Bretonen und Basken mit ganzen Flotten fischten, lag es für französische Entdecker nahe, den Zugang zum Inneren Nordamerikas hier zu suchen. Der tiefe Trichter des Sankt-Lorenz-Stroms führt ja schon beinahe bis Montreal, und so setzte die Suchfahrt des Bretonen Jacques Cartier im Auftrag von König Franz I. hier an. 1534 pflanzte er das Lilienbanner an der Gaspé-Bai auf und kehrte schon 1535 mit drei Schiffen wieder, um den Sankt Lorenz stromaufwärts zu befahren, bis zur Lage der heutigen Städte Quebec und Montreal. Die Kolonisationsversuche litten jedoch unter den Hungerwintern und schweren Verlusten durch Skorbut.

Mehr Glück hatten Cartiers Landsleute Médard Chouard Sieur des Groseilliers und Etienne Brulé mit kühnen und durch die Indianer gefährdeten Vorstößen ins Landesinnere. Groseilliers beging seit 1654 die Pelzhandelsgebiete

an der nördlichen Seenplatte und wagte sich bis an die Saint James Bai; Brulé operierte mit Geschick und Improvisationen nicht nur im Seengebiet, sondern stieß auch quer durch die Apalachen in Richtung auf die Chesapeake-Bai vor. Einmal schon am Marterpfahl der Irokesen, aber gerettet, starb Brulé schließlich durch die Huronen, vermutlich wegen einer Liebesaffäre, eine von vielen Geschichten seines abenteuerlichen Lebens. Den Entdeckerruhm der Franzosen in dieser Weltgegend, die ihnen vor allem in frühen Zeiten viel verdankt, vervollständigen Louis Jolliet (auch Joliet), der vom Michigan-See ausgehend den Mississippi bis zur Einmündung des Arkansas befuhr, und Jean Nicolet de Bellebourne, der vom Huronen-See zum Oberlauf des Mississippi gelangte und für die Kolonisation besonders durch sein ausgezeichnetes Verhältnis zu den Algonkins wichtig wurde.

Ein Fall für sich ist – nicht nur unter den französischen Entdeckern – Cavelier de La Salle, aus normannischem Adel, der bei seinen Unternehmungen in Amerika lange Zeit nur an seine persönliche Bereicherung dachte. Die Freundschaft des gebildeten Mannes mit dem bedeutenden Gouverneur Frontenac führte schließlich zu einem der bedeutendsten Entdeckungszüge des Jahrhunderts. Im Besitz eines Pelzhandels-Monopols für das Mississippital befuhr La Salle den großen Strom 1682 bis zur Mündung und ergriff von der ganzen Deltalandschaft Besitz für Ludwig XIV., weswegen die Kolonie Louisiana genannt wurde. Nach einer See-Expedition in die neue Kolonie (1684) kam es zu Meutereien gegen den schwierigen Intellektuellen, und Cavelier wurde von einem seiner Offiziere erschossen. Der Rest seiner Expedition rettete sich nach Fort Saint Louis am Illinois.

Der Weg nach Westen war im 19. Jahrhundert gleichermaßen ein Weg der Entdecker wie auch schon der Siedler. Im Süden des Kontinents hatten bereits im 16. Jahrhundert Konquistadoren wie Hernando de Soto, Francisco Vazquez de Coronado oder Panfilio de Narvaez weite Gebiete zumindest grob erkundet. Danach war aber eine Pause eingetreten. Die politischen Veränderungen im Zusammenhang mit der Gründung der Vereinigten Staaten, dem Kauf von Louisiana bis zur Annexion von Texas förderten

Wege nach Westen

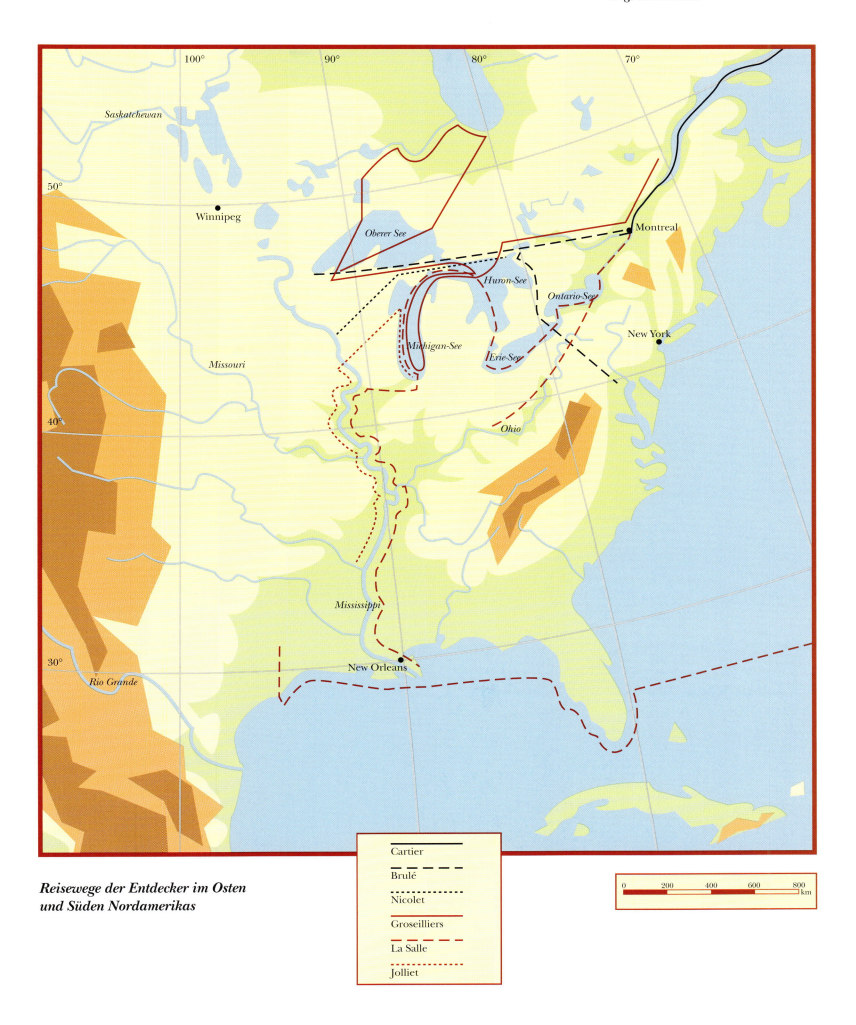

Reisewege der Entdecker im Osten und Süden Nordamerikas

Nordamerika

Cabeza de Vaca (Spanien 1960)

Hernando de Soto (Spanien 1960)

Juan Ponce de Leon (Spanien 1960)

einen neuen Drang nach Westen. „Westward ho!", der Ruf der Pioniere und Siedler, erfasste die ganze junge Nation, die erst im Begriff war zusammenzuwachsen. Hatte der Mississippi lange eine Art imaginärer Westgrenze gebildet, so wurde er nun zur Startlinie bei dem Wettrennen nach Westen.

Für die Siedler bildeten sich gut ein halbes Dutzend Treckwege heraus, die vom Mittleren Westen über die Rocky Mountains und dann weiter an die Westküste führten. Drei davon erfreuten sich besonderer Beliebtheit und wurden entsprechend frequentiert: der Oregon-, der California- und der Santa-Fé-Trail. Dabei zogen Händler und Fuhrleute bevorzugt über den Santa-Fé-Trail, während die Auswanderer hauptsächlich dem Oregon- und dem California-Trail folgten. Natürlich wurden die anfangs unwirtlichen und strapazenreichen Wege im Laufe der Jahre zunehmend besser und vor allem auch sicherer.

Die Karte auf S. 115 zeigt nicht nur diese Routen, sondern auch die Wege einiger Scouts, Waldläufer und beamteter Entdecker, denen für die Erschließung des Mittleren Westens und der Westränder der heutigen USA größere Bedeutung zukommt. Sie und einige andere hier nicht näher aufgeführte Reisende leisteten grundlegende Vorarbeit für die Siedler, aber auch für das Militär und die Geschäftsleute, die alle ihren Spuren folgten. Dass sie in Europa weitgehend unbekannt sind, ist kein Zufall. Die Erschließung des Westens war sozusagen eine Hausaufgabe der jungen Vereinigten Staaten und nicht mehr, wie bei den Entdeckungen des 16. Jahrhunderts, eine europäische Gemeinschaftsleistung.

Zu diesen Entdeckern gehörte Zebulon Montgomery Pike, dem nur ein kurzes Leben von 36 Jahren gegönnt war und der 1806 als Agent in das Red-River-Gebiet aufbrach, um die Nordgrenze der spanischen Macht zu erkunden. Beim Übertritt ins heutige New-Mexico verhafteten ihn die Spanier, beschlagnahmten seine Aufzeichnungen und ließen ihn erst nach Monaten wieder frei. Seine Beobachtungen gewannen für die Süd-Expansion der USA besondere Bedeutung.

Stephen Harriman Long erforschte 1819/20 den Arkansas- und den damals noch unbekannten Canadian-River. Er erwies sich als ausgezeichneter Beobachter von Indianerstämmen und der Natur. So haben seine Aufzeichnungen besonderen Wert und ergänzen so manche ungeordnete Berichte aus den Kreisen der zahlreichen kühnen und tüchtigen, aber schreibungewohnten Waldläufer. Er war etwa zehn Jahre im Felsengebirge unterwegs, wurde von einem Grizzlybär schwer verwundet und von mexikanischen Banditen getötet, ehe er seine Tagebücher zu Ende redigieren konnte.

Die Entdecker dieser Jahre kamen in den seltensten Fällen aus Kreisen der Wissenschaft, hatten weit mehr mit den Konquistadoren des 16. Jahrhunderts gemeinsam, indem sie an der Erforschung des Landes nur insofern interessiert waren, als diese ihnen und bestenfalls ihren Zeitgenossen wirtschaftliche Vorteile brachte. Was nicht bedeutet, dass es nicht tüchtige Männer waren. Zu ihnen gehörte beispielsweise der Pelzhändler Peter Scene Ogden, der auf fünf großen Reisen als erster Weißer in die Indianergebiete auf dem Columbia-Plateau vordrang und dabei den Westen in der Nord-Süd-Richtung durchquerte. Seine Reiserouten sind auf der nebenstehenden Karte nicht eingetragen, da sie sich teilweise mit den Reisen von John Charles Frémont decken, der schon als Neunundzwanzigjähriger begann im Auftrag des amerikanischen Kriegsministeriums mit einigen Leuten die Rocky Mountains zu erforschen. 1843 unternahm er eine Expedition nach Oregon und schlug als Erster jenen Weg ein, der als Oregon-Trail in die Entdeckungs- und Siedlungsgeschichte eingehen sollte. Frémont erhielt den Beinamen »Pfadfinder des Westens«, er war der letzte große Forschungsreisende auf diesem Weg nach Westen.

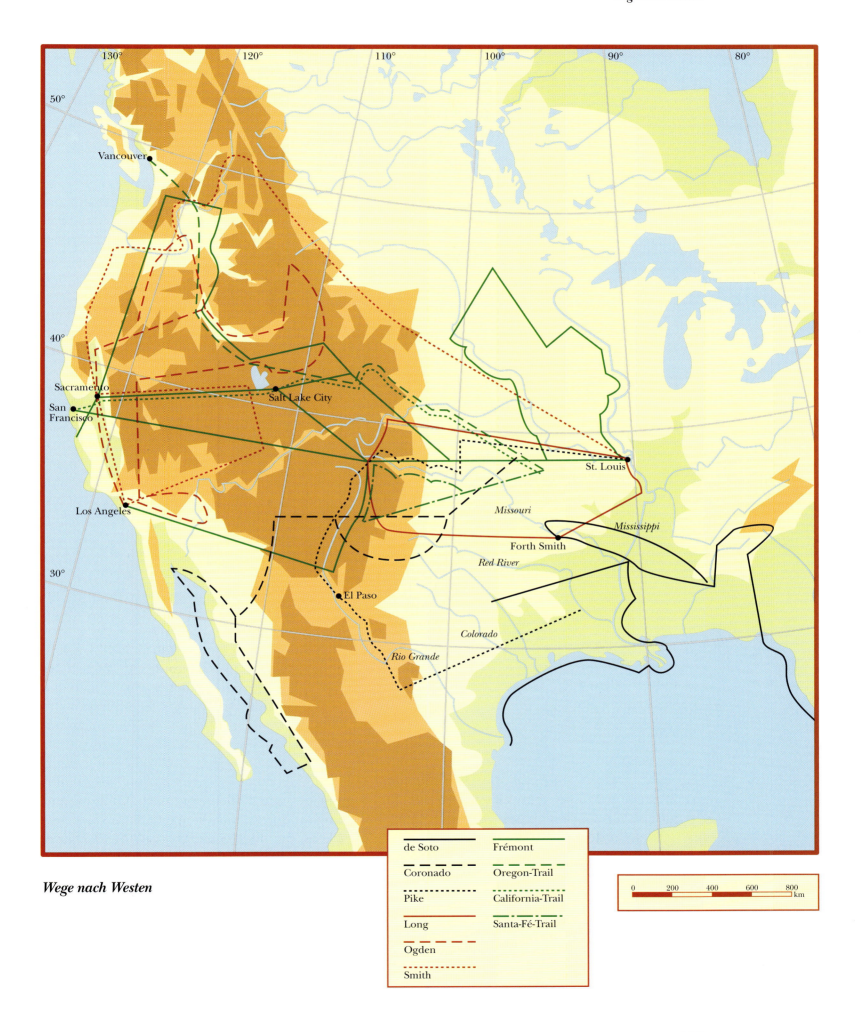
Wege nach Westen

Mittel- und Südamerika

MITTEL- UND SÜDAMERIKA

Als Vasco Nuñez de Balboa im September des Jahres 1513 an der Mündung des Sabanflusses Brackwasser feststellte und bemerkte, dass er an der Küste eines zweiten Weltmeeres stand, hatte er nur noch vier Jahre zu leben. Aber es ist dieser Augenblick, die Entdeckung des Pazifik, die diese Gestalt der Konquistadorenzeit unsterblich gemacht hat. Da der Isthmus von Panama hier in west-östlicher Richtung verläuft, fiel Balboas Blick notwendigerweise nach Süden, weswegen er den Großen oder Stillen Ozean das Südmeer nannte.

Dort, wo Balboa stand, ist die Landbrücke zwischen Nord- und Südamerika gewunden wie ein Wurm und als Verbindung zwischen riesigen Landmassen ein ähnliches Kuriosum wie die Verbindung zwischen Afrika und Asien bei Suez. Indes ist diese vom Panamakanal genutzte Schmalstelle immerhin Land, während ein Stück weiter nördlich beide Ozeane noch eine Verbindung auf dem Wasserweg hatten – bis zum Ende des Tertiärs, also in die geologische Gegenwart herein. Der riesige Nicaragua-See nämlich, 161 Kilometer lang und 70 Kilometer breit, bildete einerseits durch seinen Abfluss zum Atlantik, andererseits durch seine Lagunen an der pazifischen Seite eine Verbindung der Weltmeere, die für einen modernen Kanal zu nutzen bis 1939 tatsächlich diskutiert wurde. Die dichte Besetzung dieser Landschaften mit Vulkanen, die starken tektonischen Spannungen und der 1835 die Welt entsetzende Ausbruch des Coseguina mit zehn Kubikkilometern Auswurfmasse bewirkten bei phantasiebegabten Gemütern wie dem Autor Hans Dominik die Befürchtung, die für einen Kanalbau nötigen Sprengungen könnten den hier aus der Tiefe gefährdeten Isthmus zwischen den Kontinenten zu einem Auseinanderbrechen von kosmischer Gewalt bringen.

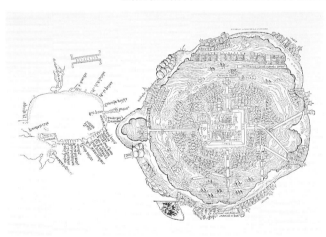
Die Stadt Tenochtitlán. Holzschnitt-Plan aus dem Reisebericht von Cortés, 1524

Der inzwischen wieder dem Staate Panama gehörende wichtige Kanal wurde mittlerweile gebaut, hat sich für den Weltverkehr längst als unzureichend erwiesen, behielt jedoch im Ersten wie im Zweiten Weltkrieg seine Bedeutung für die notwendigerweise zweigeteilte amerikanische Kriegsflotte. Er ersparte ihr die Zeit raubende Reise um das stürmische Kap Hoorn.

Die Aschenmassen des Coseguina hatten den Himmel noch über dem großen Mexiko verdunkelt, als wollten die Vulkane zeigen, dies sei noch ihr Land, sei Lateinamerika, obwohl es sich nördlich der kalifornischen Halbinsel bis hart an Los Angeles heranschiebt. In den letzten Jahrzehnten ist jedoch, bedingt durch den Unterschied der sozialen Verhältnisse und die wachsende Volkskraft der mesoamerikanischen Mestizenkulturen, ein deutliches Einsickern mexikanischer Kleingruppen vor allem in Richtung Kalifornien und in die Industriezonen von Alabama und Georgia festzustellen, ein Vorgang, der im angelsächsischen Bereich der Vereinigten Staaten auf Vorbehalte stößt. Das zahlenmäßige Anwachsen einer Spanisch sprechenden Unterschicht mit ethnischen Bindungen an Mittelamerika und die karibischen Traditionen beeinflussen zusehends die Lebenswelt in den Randzonen der Vereinigten Staaten im Süden und in Florida, wozu auch der Tourismus auf die mittelamerikanische Inselwelt und zu den Badeorten Mexikos beigetragen hat. Es wäre zu viel gesagt, von einer zunehmenden Latinisierung des Doppelkontinents zu sprechen, aber nach

Mittel- und Südamerika

der weitgehenden Ausrottung der indianischen Bevölkerung Mittelamerikas und den starken Bevölkerungsverlusten der Indianer unter der frühkolonialen spanischen Herrschaft hat jedenfalls eine friedliche Gegenbewegung eingesetzt, die auf breiter Front vor sich geht und im Begriff ist, das Selbstverständnis der US-Amerikaner gegenüber eigenen Verhaltensweisen aus der Pionierzeit oder gar in den Puritanerkolonien von Massachusets nachhaltig zu beeinflussen.

Die mittelamerikanische Landbrücke begrenzt eine große Westbucht des Atlantischen Ozeans, heute meist Karibik genannt, früher auch unter den Bezeichnungen Antillenmeer, Jamaika-See u. Ä. bekannt. Durch die 120 Kilometer breite Straße von Yucatán ist die Karibik mit dem Golf von Mexiko verbunden. Die dicht gestreuten Bahamas und die großen Antillen-Inseln Kuba, Haiti und Jamaika machen die Karibik beinahe zu einem Binnenmeer, das an Fährnissen und Gefahren jedoch hinter den Weltmeeren nicht zurücksteht: Plötzlich aufkommende Wirbelstürme, zahllose Riffe und unberechenbare Strömungen führten hier seit dem Zeitalter der Konquistadoren zu so zahlreichen und mitunter ungeklärten Schiffsverlusten, dass das Seegebiet zwischen den Bahamas und den Bermudas für so düstere Rätsel sprichwörtlich geworden ist.

Seit Kolumbus auf der auch San Salvador genannten Watlings-Insel der Bahamas gelandet ist, hat sich in diesem geographischen Raum die vollkommenste Veränderung vollzogen, der irgendein Teil der Erde unterworfen war. Der frühkoloniale Raubbau an der Natur und den Eingeborenen hat die Inseln ihrer angestammten Bevölkerung so weitgehend beraubt, dass sie durch eingeführte Negersklaven und Indianer vom kontinentalen Lateinamerika ergänzt werden musste. Ständig auf der Flucht vor den Kolonialherren oder im Kampf gegen sie, entwickelte sie eine bizarre Mischkultur afroamerikanischen Charakters, der die geschichtlichen Wurzeln fehlen und deren ethnische Voraussetzungen nicht mehr zu entwirren sind, seit europäische und nordamerikanische Gruppen als Piraten, Outcasts oder auch als eine nachspanische Oberschicht einsickerten. Die späte und schwierige Staatenbildung zum Teil in blutigen Revolten trug zu der Sonderentwicklung dieses

Weltteiles ebenso bei wie die politische Isolierung der Antilleninsel Kuba, die ein im Grunde anachronistisches Spannungsfeld lange nach dem Kalten Krieg aufrechterhält.

An der Nabelschnur des schlanken Mittelamerika hängt das kontinentale Südamerika in einer beinahe elegant zu nennenden Tropfenform erstaunlich ungegliedert, wenn man von einigen Trichtermündungen der Flüsse absieht und von der Südspitze des Landblocks, die von den hier beinahe dauernd wütenden Stürmen und Wogen heillos zerschlagen ist. Mit dieser felsigen, von Gischt und Nebeln überzogenen Sonde reicht Südamerika so nahe an die antarktischen Territorien heran, dass mit den South-Shetlands beinahe eine Brücke zur Palmer-Halbinsel und zum Ellsworth-Hochland der Antarktis entsteht und man statt vom offenen Meer hier von einer Straße, der Drake-Straße, spricht. Noch im äußersten Norden, in den Küstengebirgen von Kolumbien, ragt der lange Gebirgsrücken bis beinahe 6 000 Meter auf, und im äußersten Süden erhebt sich der Monte Sarmiento immerhin noch bis 2 400 Meter – ein Gebirge, Gipfel an Gipfel über mehr als 7 000 Kilometer, das an die zentralasiatischen Massive heranreicht.

Wie in Nordamerika der Mississippi, so hat sich im südlichen Amerika ein Gewässersystem von Urstromcharakter das Land zu den Bergen hinzu erschaffen: der Amazonas, dessen Quellflüsse und Zubringer gemeinsam mit ausgedehnten Wäldern eine der homogensten Landschaften der Erde entstehen ließen, von einem begeisterten Schweizer namens Bluntschli Amazonien genannt, 3 500 Kilometer in der West-Ost-Ausdehnung messend, 2 000 Kilometer von Guayana bis zum Brasilianischen Bergland. Zu den Hochgebirgen und dem Urwald gesellen sich südwärts die Pampas vom Gran Chaco, tief nach Argentinien hineinreichend, ehe Patagonien und Feuerland die südamerikanischen Harmonien erstarren lassen. Die alte Völkerkunde spricht darum auch von den Tropenindianern, von den Indianervölkern des Südens und den in den Gebirgen hart gewordenen Staatengründern, den Völkern der Hochkulturen zwischen Mexiko und den Araukanern. Sie zählten schon dreißig Millionen, als das breite Nordamerika erst von acht Millionen Menschen bevölkert war.

117

Mittel- und Südamerika

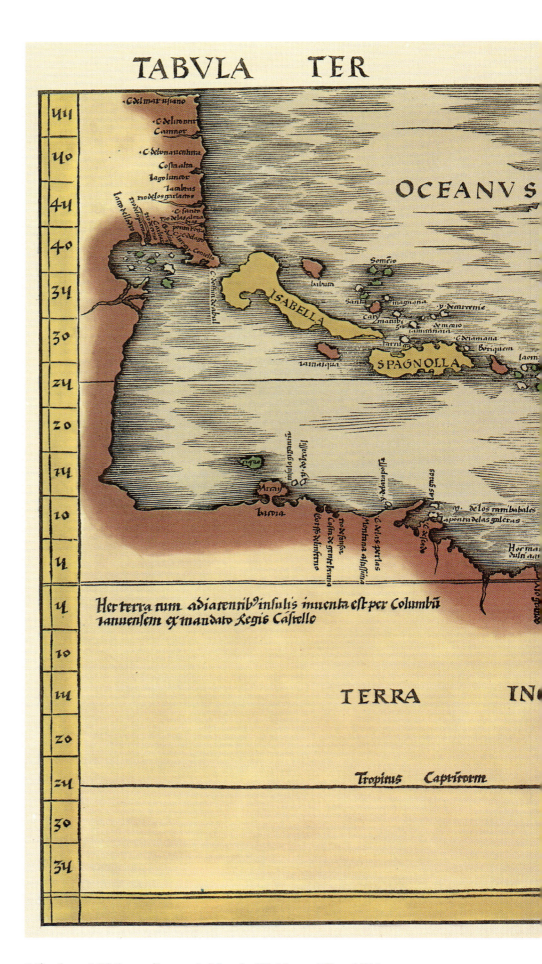

Mittel- und Südamerika nach Martin Waldseemüller, 1513

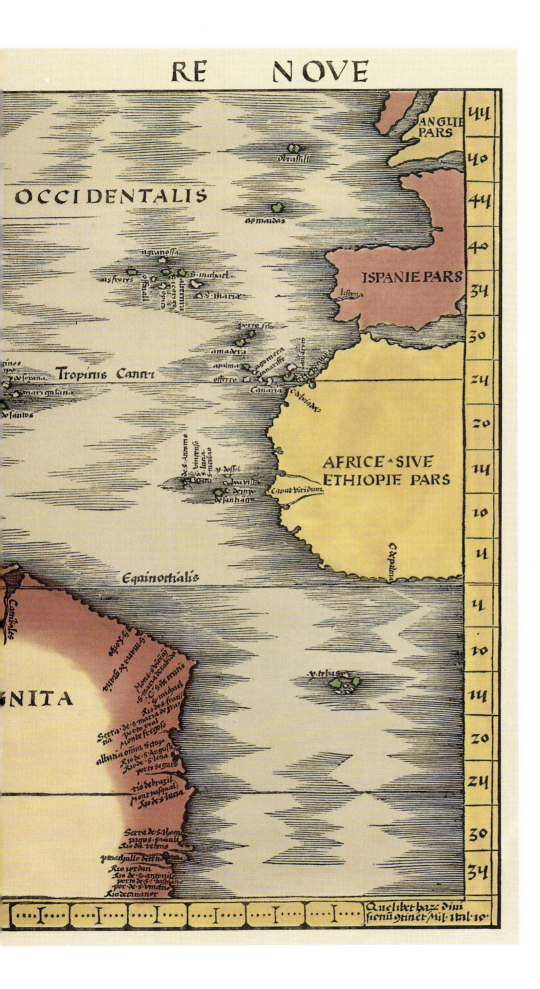

Mittel- und Südamerika

Südamerika in dem Amerika-Werk von Theodor de Bry, 1592

Mittel- und Südamerika

Mittel- und Südamerika

GENAUE KARTEN

Der komplizierte, ja verwirrende Verlauf der schmalen Landbrücke zwischen Mexiko und dem heutigen Kolumbien wurde den Kartographen nur nach und nach und im Grunde punktweise bekannt. Die konkrete Vorstellung über die geographischen Zusammenhänge bildete sich erst im Lauf eines halben Jahrhunderts heraus, als die vereinzelten Konquistadorenzüge zwischen 1500 und 1550 literarisch durch die Berichte eines Cortés zusammengefasst und durch Ergänzungen und Polemiken von Seiten seiner Gefährten und Konkurrenten vervollständigt worden waren. Die portugiesischen Seekarten, die bald nach 1500 entstanden, verwerten übereinstimmend die Auskünfte des Miguel Corte Real, der als Sohn des Gouverneurs von Terceira eine bekannte Persönlichkeit mit guten Verbindungen war. Er hatte nach seinem Bruder Gasparo gesucht, der auf seiner zweiten Nordamerikafahrt vermutlich in der Treibeiszone zugrunde gegangen war, und erkundete selbst Neufundland und wahrscheinlich auch die Massachusetts-Küste. In merkwürdigem Gegensatz zu diesen weitgehend zutreffend gezeichneten Bereichen schildern die Karten die mittelamerikanischen Küsten als Säume, vermuten jedoch schon die großen Landmassen im Norden.

Auch hier hat sich, ähnlich wie im Falle Mercators, eine Familie besonders hervorgehoben: die Reinel mit Pedro, dem Navigator, und seinem Sohn Jorge. Sie leiteten in der ersten Hälfte des 16. Jahrhunderts eine berühmte portugiesische Kartographenschule, legten seit 1502 verschiedene Amerikakarten vor und um 1534 einen

Lima und der befestigte Hafen von Callao nach einer Darstellung aus dem 16. Jahrhundert

wohl von Jorge geschaffenen Atlas, also nach der zweiten Eroberung der Aztekenmetropole durch Cortés und nach seinem Honduras-Zug, aber noch vor dem sensationellen Marsch des Cabeza de Vaca am Nordrand des Golfes von Mexiko.

Die wohl älteste in Deutschland gedruckte Karte Amerikas schuf der Kosmograph Martin Waldseemüller bereits 1513 als Ergänzung zu einer »Geographie« des Ptolemaios. Obwohl er schon 1507 auf einer Weltkarte erstmals für den neuen Erdteil den Namen »America« verwendet hatte, ist er hier wieder zurückhaltender und spricht einfach von einer »Terra incognita«, einem »unbekannten Land«, wobei er jedoch darauf hinweist, dass »dieses Land mit den anliegenden Inseln von dem Genuesen Kolumbus im Auftrag des Königs von Kastilien gefunden worden ist«. Nord- und Südamerika sind hier noch durch eine geradlinige Küste miteinander verbunden. »Isabella« (Kuba) und die anderen Westindischen Inseln sind nördlich statt südlich des Wendekreises eingezeichnet und vor allem stimmt die Breitenausdehnung zwischen Amerika und Afrika/Europa nicht.

Von der ungefähren Gestalt Südamerikas und seiner Lage zwischen der Karibik und dem Fretum Magellani (der Magellanstraße) erhielt die gebildete Welt durch die berühmte, 1540 veröffentlichte Karte über den Novus Orbis, den neuen Erdkreis, Kenntnis, eine Bezeichnung, die nur zu berechtigt war. Denn wenn auch auf dieser Karte der Novae Insulae, wie Münster die beiden Amerika verkleinernd nannte, Zipangu nahe an der nordamerikanischen Westküste lag und der Große Ozean beträchtlich geschrumpft erscheint, die Neue Welt präsentierte sich als die große Sensation des Entdeckungszeitalters.

Der Nordostrand von Südamerika wurde zuerst bekannt durch die Zufallsentdeckung des Asienfahrers Cabral schon im Jahr 1500, durch jene selbstständigen Erkundungen der Pinzóns, die Kolumbus so ärgerten, und durch den Italiener Amerigo Vespucci, der mit der Amazonas-Mündung, der Bucht von Bahia und der Insel Fernando Noronha zu diesem frühen Zeitpunkt vermutlich am meisten von Südamerika wusste, weswegen Waldseemüllers Hochschätzung dieses Entdeckers wohl berechtigt erscheint. Die schlüssigen Beweise für die Afrika nicht ganz unähnliche Gestalt dieses Subkontinents erbrachten schließlich die großen Umseglungen durch Magellan, der den Charakter der südlichsten Gegenden ermittelte, und durch Francis Drake, der mit einem für einen Korsaren beachtlichen Ehrgeiz die Küstengestalt bis beinahe nach Vancouver-Island erforschte.

Man mag kaum glauben, dass zwischen der Karte Münsters und der von 1592 aus dem berühmten Amerika-Werk Theodor de Brys nur 50 Jahre liegen; genau 100 sind erst seit der Entdeckung des Erdteils vergangen. Die Nord-Süd-Ausdehnung Südamerikas ist weitgehend richtig, die Ost-West-Ausdehnung dagegen um rund 20 Grad zu breit angesetzt. Die in ihrem Verlauf schon genau angegebenen Flüsse und vor allem die zahlreichen Orte belegen, dass nicht nur die Erforschung, sondern auch die Kolonisation ungemein rasch vorangeschritten ist.

Die Weltkarte in Blaeus Atlas von 1648 zeigt ein America septentrionalis, also Nordamerika, mit breit ausgreifenden Landmassen in in diesem Fall besonders irreführender Projektion, während Südamerika zutreffender auf die Terra Australis zustrebt, von Segelschiffen umschwärmt, die in dieser Gegend freilich keine leichte Fahrt hatten (siehe S. 94).

Die Weltkarten des 18. Jahrhunderts haben noch viele weiße Flecken und von Australien ausschließlich hypothetische Vorstellungen, aber das südliche Amerika ist inzwischen sehr viel deutlicher geworden als der mächtige Nordteil, wo vor allem der Nordwesten mit Alaska noch die größte Unsicherheit verrät. Südamerika wirkt einigermaßen verlässlich gezeichnet, im südlich auslaufenden Ende allerdings breiter, als wir es heute wissen, denn die Expeditionen, die hier im Süden den Kontinent zu überqueren und von Osten her die südlichen Ausläufer der Anden zu erreichen suchten, hatten offensichtlich die zurückgelegten Strecken überschätzt.

Flußüberquerung in den Kordilleren, Abbildung aus dem Reisewerk La Condamines, 1748

Der Atlas Matthias Seutters (Augsburg ca. 1730–40) widmet bereits der Westseite Südamerikas eine eigene Karte. Die wunderschön ausgeführte Kartusche zeigt ein pittoreskes Küstenbild mit einem großen Handelsschiff. Im Gegensatz zur Mitte und dem Osten des Kontinents sind vom Isthmus von Panama bis hinunter nach Feuerland zahlreiche Orte eingezeichnet, ein Beweis für die Intensität der spanischen Kolonisation. Der Pazifik zeigt die wichtigsten Routen berühmter Seefahrer wie Magellan, Drake oder van Schouten. Die Osterinsel fehlt noch, da sie erst nach Fertigstellung der Karte entdeckt wurde.

Knapp dreißig Jahre jünger ist die Karte des südlichen Teils von Südamerika aus der 1775 erschienenen »Beschreibung von Patagonien« des Engländers Thomas Falk (englische Originalausgabe 1772 in London). Sie ist ein schönes Beispiel für den Wandel, der sich nun im Kartenbild vollzieht. Der auf den Ergebnissen von Forschungsreisen basierende wissenschaftliche Charakter wird nun schon stärker betont. Das zeigt sich auch in der Kartusche, bei der an Stelle der barocken Allegorien nun völkerkundliche und zoologische Darstellungen treten.

Fünfzig Jahre später ist der Wandel zum wissenschaftlichen Kartenbild vollendet, wie die Karte des Amazonenstromes von 1831 aus dem Reisewerk von Johann B. Spix und Carl Friedrich Philipp von Martius beweist. Bemerkenswert sind hier die sorgfältigen Markierungen der Längen- und Breitenbestimmungen portugiesischer Astronomen.

Mittel- und Südamerika

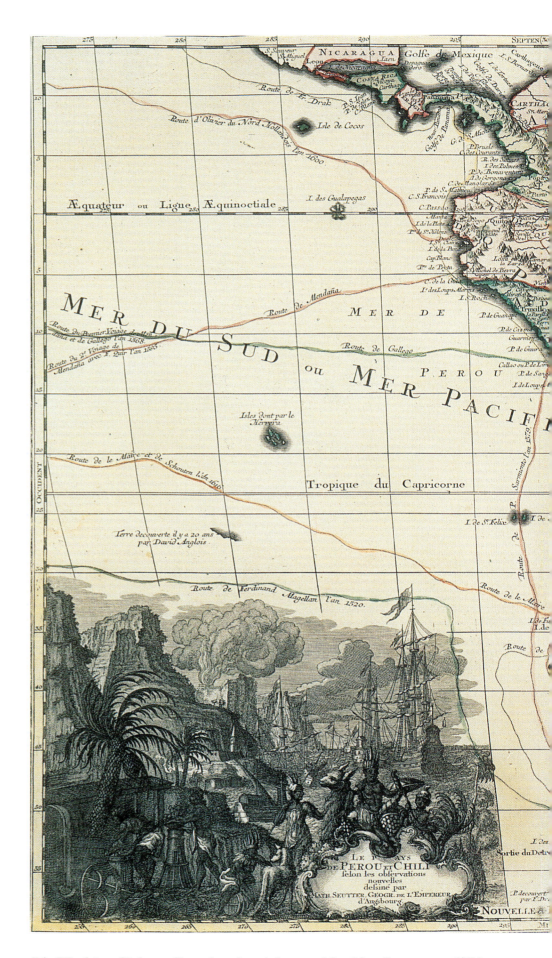

Die Westküste Südamerikas. Aus dem Atlas von Matthias Seutter, um 1730

Genaue Karten

Mittel- und Südamerika

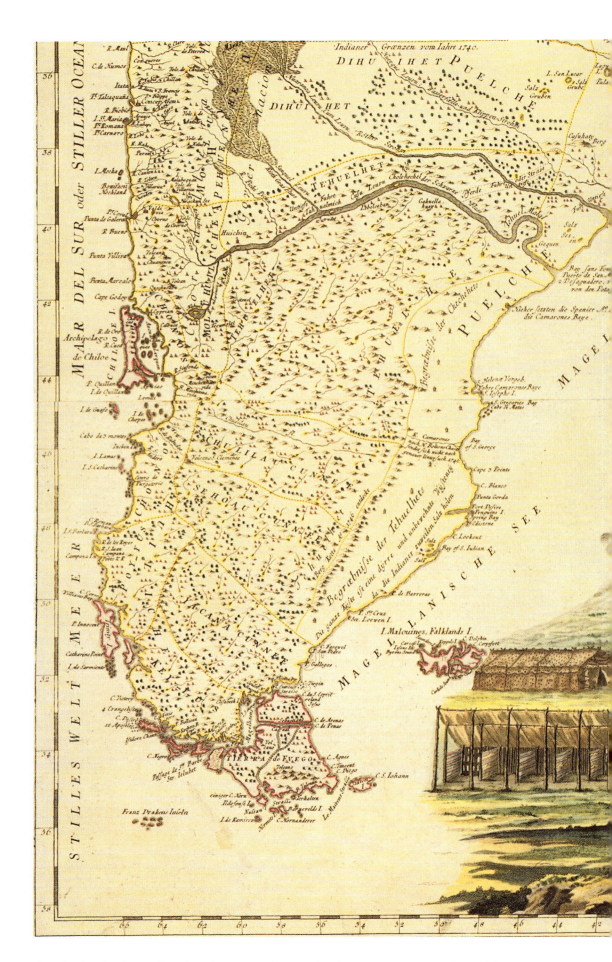

Der Süden Südamerikas in Thomas Falks Beschreibung von Patagonien, 1772

Mittel- und Südamerika

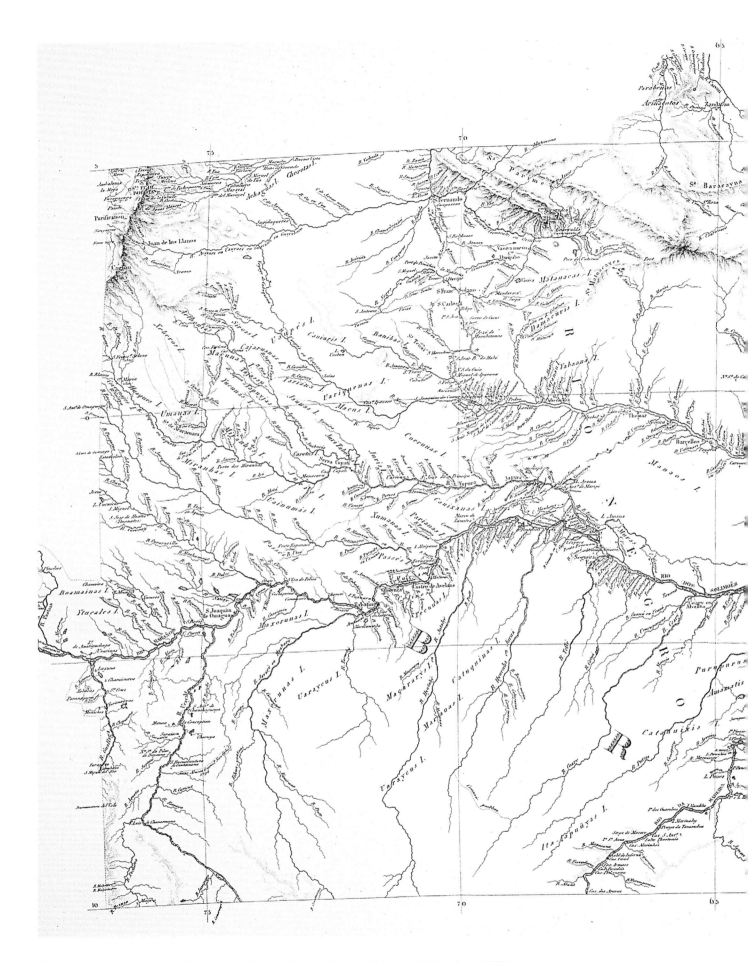

Karte des Amazonas-Gebietes aus dem Reisewerk von Spix und Martius, 1831

Genaue Karten

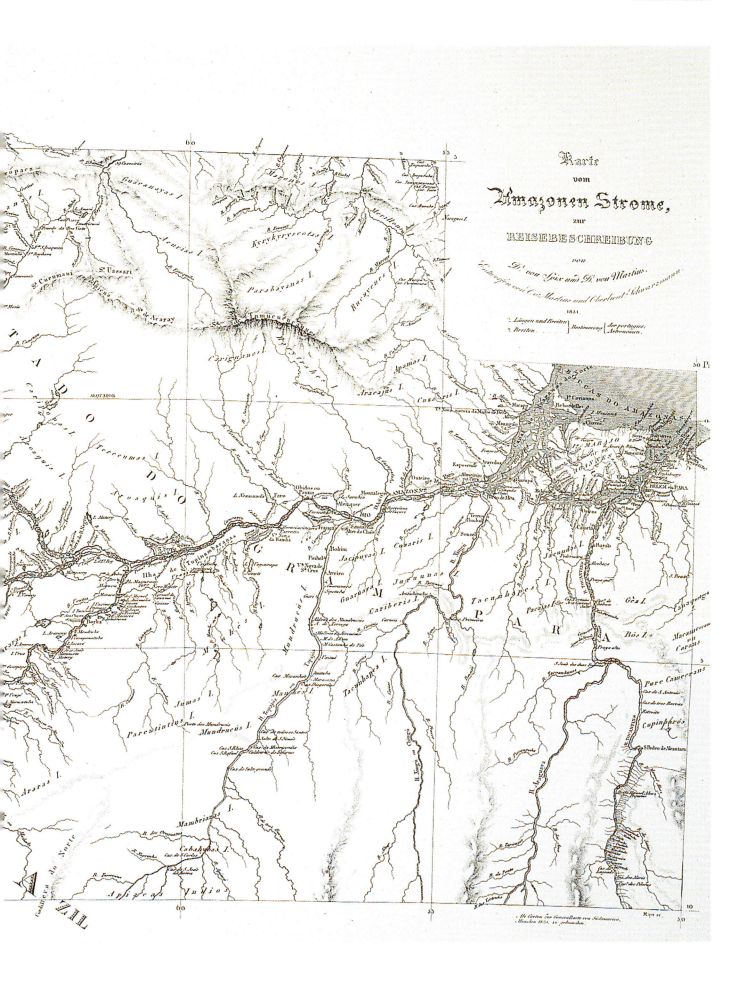

Mittel- und Südamerika

EROBERER

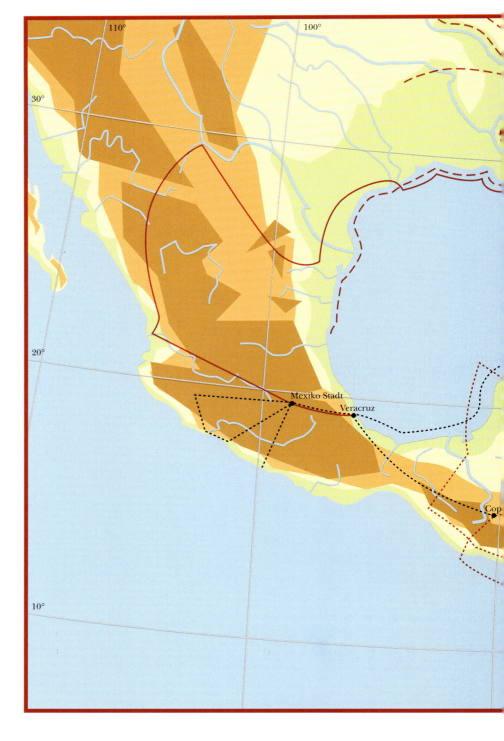

Die Erschließung Mittelamerikas basierte nicht auf wissenschaftlichen Leistungen, sondern fast ausschließlich auf den Eroberungen der Konquistadoren. Die historische Entschuldigung für diesen an allen amerikanischen Küsten einsetzenden Vorgang war zumindest für die katholischen Seefahrerstaaten die christliche Mission, während etwas später Holländer und Briten ihren Drang nach Land, Einfluss, Geld und Macht weniger kunstvoll verbrämten. Spanien leitete zudem von der unbestreitbaren Leistung des Kolumbus das Recht ab, andere Mächte aus seinem Einflussbereich fern zu halten. Das unbändige Überlegenheitsgefühl der Spanier war eine Hauptvoraussetzung für die Herausbildung jenes Eroberer-Typus, den man ganz allgemein Konquistadoren nannte, so unterschiedlich er sich auch im Vergleich von hochgebildeten Persönlichkeiten wie Cortés und erfolgreichen Großkriminellen wie Pizarro präsentierte.

Positiv zu sehen ist Vasco Nuñez de Balboa, der 1513 den Isthmus von Panama durchquerte und als Erster den Großen Ozean im Westen erblickte. Nur sechs Jahre später brach Hernando Cortés zu seinem berühmt-berüchtigten Eroberungszug nach Mexiko auf, bei dem er innerhalb von knapp zwei Jahren das mächtige Aztekenreich eroberte und zerstörte. Die neu gewonnenen Gebiete wurden wiederum zur Ausgangsbasis der großen Unternehmen anderer Konquistadoren wie Panfilio de Narvaez, Cabeza de Vaca und Hernando de Soto, die zwischen 1527 und 1542 auf der Suche nach dem Gold und Silber der sagenhaften Sieben Städte erstmals die nördlicher gelegenen Gebiete durchquerten, während Vasquez de Coronado 1539 bis 1542 das Land nördlich von Florida bereiste.

Nicht zu der Gruppe der Konquistadoren gehörte jener italienische Seefahrer namens Amerigo Vespucci, der schon 1499 bis 1500 die Küste Süd-

130

Eroberer

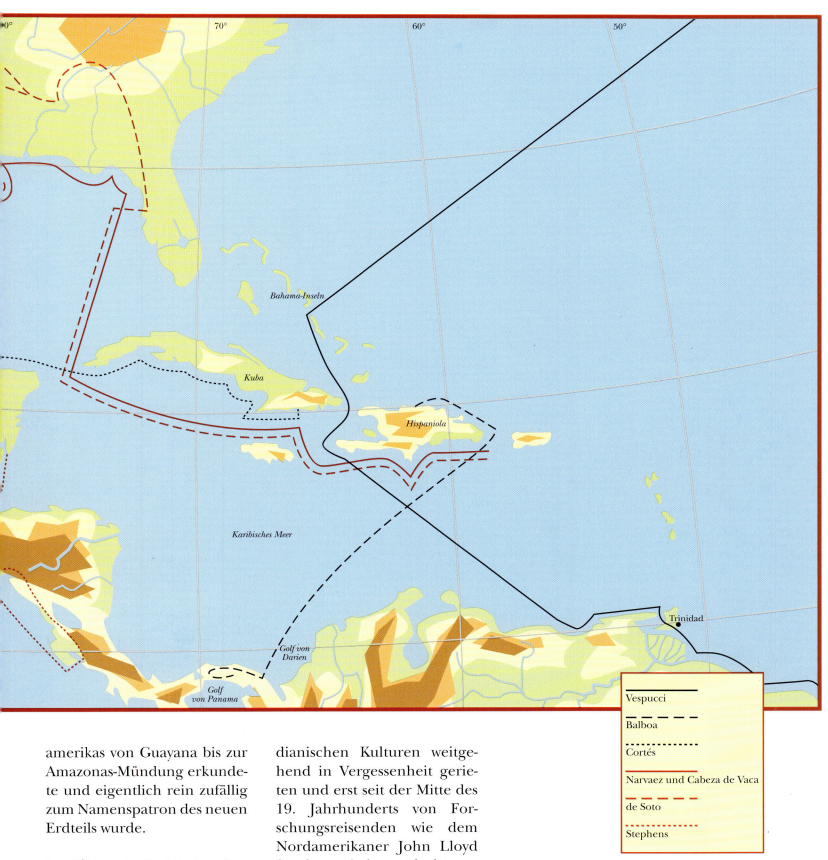

amerikas von Guayana bis zur Amazonas-Mündung erkundete und eigentlich rein zufällig zum Namenspatron des neuen Erdteils wurde.

Im 17. und 18. Jahrhundert war Mittelamerika für Forschungsreisende von verhältnismäßig untergeordnetem Interesse. Es ist merkwürdig, dass die Überreste der großen indianischen Kulturen weitgehend in Vergessenheit gerieten und erst seit der Mitte des 19. Jahrhunderts von Forschungsreisenden wie dem Nordamerikaner John Lloyd Stephens wieder entdeckt wurden. Die geographischen Forschungen rundete Karl Sapper in den Jahren 1902 bis 1903 mit seinen Reisen in Guatemala ab.

Mittelamerika

Mittel- und Südamerika

AUF DEN SPUREN DER KONQUISTADOREN

Spanier auf dem Marsch nach Tenochtitlán. Indianische Darstellung von 1585

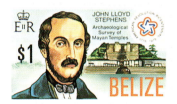
John Lloyd Stephens (Belize 1976)

Vasco Nuñez de Balboa (Cook Islands)

Vasco Nuñez de Balboa (Panama 1964)

Es war eine Kette von Zufällen, die Pseudoheroen wie das Raubein Pizarro mit seinen Gefährten nicht ins Prärie- und Waldland von Südamerika führte, sondern dorthin, wo der Subkontinent sich mit bis zu 7 000 Meter hohen Bergen, mit organisierten Armeen und befestigten Städten vor Invasionen sicher glaubte. Und es ist noch verblüffender, dass auch die Kette der archäologischen Fundstätten diesem schwierigen Weg an der bergigen Westseite Südamerikas nach Süden folgt. Die Unbezwingbarkeit der Berge brachte eine Aufspaltung der kulturellen Gesamtentwicklung in viele kleine Zentren mit sich. Jede einzelne dieser Kulturen erwarb ein Profil, jede einzelne beschäftigt heute die verständnisvolle Forschung, die durch die Verheerungen und den Raubbau des Konquistadorenzeitalters hindurchstoßen muss.

Das übrige Südamerika wirkt gegenüber dieser dichten Abfolge der Kulturstätten und der Funde erstaunlich leer, frühe Zeugnisse tauchen nur vereinzelt auf am Rio Catalan, auf der Marajo-Insel im Amazonasdelta, am Paraná. Umso emsiger stieß Europa hier vor, als die Ausdehnung des Landes klar geworden war. Die tiefe Bucht der La Plata-Mündung öffnete sich den spanischen Flotten, an Paraná und Paraguay kämpften sich Desperados aus aller Herren Länder ins Herz des Kontinents, ehe 400 Jahre nach den erbitterten Eroberungskämpfen wilde und verzweifelte Bemühungen um Eigenstaatlichkeit einsetzten.

Sieht man von der Zufallsentdeckung Cabrals im Jahr 1500 ab, ist der Seefahrer, der sich als Erster ein Bild von Südamerikas nördlichen Küsten verschaffen konnte, der einstige Kolumbus-Gefährte Vicente Yanez Pinzón. Er stieß im Februar 1500 im Raum Trinidad/Tobago auf die Guayana-Küste und folgte, die Amazonasmündung passierend, der brasilianischen Küste bis zum heutigen Recife. 1515 beteiligte er sich an der de Solis-Expedition in die La Plata-Mündung. Dieser tiefe Einschnitt in den dort schon schmalen Subkontinent hat auch den jüngeren (Sebastiano) Caboto angezogen, Venezianer in spanischen Diensten, der 1526-30 im La Plata-Gebiet und im heutigen Paraguay bei seinen Expeditionen durch die Landesnatur und die Indianer große Schwierigkeiten hatte.

In späteren Zeiten weniger stolz, verpflichteten die Spanier zur wissenschaftlichen Erschließung ihres großen Kolonialreiches wiederholt auch ausländische Gelehrte oder gestatteten zumindest (wie im Fall Humboldts) den Aufenthalt ausländischer Expeditionen im spanischen Gebiet. Erfolgreich in spanischen Diensten stand beispielsweise der Österreicher Thaddäus Haenke aus Kreibitz in Nordböhmen. Von 1789 bis 1793 nahm er als Arzt und Botaniker an der Malaspina-Expedition teil und erforschte danach im Dienst der spanischen Kolonialregierung bis dahin unbekannte Gegenden von Peru, Chile und Bolivien. Seine Beschreibung dieser Länder zehn Jahre vor Alexander von Humboldt wird wegen ihrer vielseitigen Beobachtungen bis heute geschätzt.

Auf den Spuren der Konquistadoren

Die wichtigsten Forschungsreisen in Südamerika

133

Mittel- und Südamerika

Spix und Martius am Rio São Francisco

Der Norden Südamerikas bleibt in seiner West-Ost-Ausdehnung kaum hinter der von Nordamerika zurück, hat in seinem Kern aber nicht zugängliche Prärien oder Steppen, sondern das erstaunliche Phänomen des Regenwaldes am Amazonas mit seinen zahlreichen Nebenflüssen.

1540/41 hatte Orellana als erster Weißer den Strom von den Anden bis zur Mündung befahren; Gaspar de Carvajal hatte als schreibkundiger Mönch eine Chronik dieser denkwürdigen Fahrt verfasst und sich dabei eines Kampfes gegen kriegerische Indianerinnen erinnert; diese rothäutigen Amazonen waren es wohl, denen der Riesenstrom seinen graziösen Namen verdankt (obwohl auch andere Deutungen im Umlauf sind).

Francesco de Orellana (Spanien 1965)

Alexander von Humboldt (BRD 1959)

Walter Raleigh (Großbritannien 1973)

Die erste wissenschaftliche Erforschung ließ noch zwei Jahrhunderte auf sich warten, bis 1744 Charles Marie de La Condamine den Fluss von West nach Ost befuhr und geographisch aufnahm. Dass nicht alles so reibungslos verlief wie bei ihm, zeigen die unfreiwilligen Abenteuer der Isabella Godin des Odonais 1765 bei ihrer Fahrt auf dem gleichen Fluss. Ihre Leistung wurde noch übertroffen durch Alexander von Humboldt, der 1799 im Stromgebiet des Amazonas und des Orinoko durch seine Reisen und Forschungen eine der bedeutendsten wissenschaftlichen Großtaten in der Entdeckungsgeschichte erbrachte.

Eine merkwürdige Zwitterrolle zwischen Eroberern und Entdeckern spielten im Nordwesten des Kontinents jene deutschen Feldhauptleute und Glücksritter wie Ambrosius Dalfinger, Nikolaus Federmann oder Georg Hohermuth, die im Dienst des Augsburger Handelshauses der Welser in deren neu erworbene Besitzungen im heutigen Venezuela kamen und zwischen 1529 und 1546 auf der Suche nach dem Goldland El Dorado mehrere große Expeditionen in die Urwälder unternahmen.

Ein erstaunlich früher britischer Versuch, sich an der Eroberung Südamerikas zu beteiligen, wo die iberischen Mächte eifersüchtig ihre Interessen wahrten, verbindet sich mit dem Namen des Abenteurers Sir Walter Raleigh. Er bereiste 1595 die Guayana-Küste, über die der hochintelligente Mann einen ausgezeichneten Bericht verfasste, und beteiligte sich 1617 an der Suche nach dem Goldland El Dorado.

Eher friedlich nehmen im Vergleich dazu Forschungsreisen von Spix, Martius, Wallace und Bates teil an der gewaltigen Gelehrtenarbeit, zu der die Neue Welt Europas Fachleute herausforderte. Johann Baptist von Spix aus Höchstadt an der Aisch war Zoologe, sein Gefährte Carl Friedrich Philipp von Martius aus Erlangen Arzt und Botaniker. Auf Kosten der bayrischen Regierung bereisten die beiden bis 1820 das Innere von Brasilien und beschrieben in ihrem dreibändigen Bericht umfassend auch weniger bekannte Gebiete. Durch Darwin und Humboldt angeregt folgten ihnen 1848 Alfred Russel Wallace und Henry W. Bates und verzeichneten nicht weniger als 8 000 bis dahin unbekannte Insektenarten.

Abenteuerlich wird die Entdeckungsgeschichte des nördlichen Südamerika wieder durch das Fawcett-Rätsel: das nach wiederholten Reisen und hartnäckiger Suche nach Urwaldstädten 1925 aufhorchen lassende Verschwinden von Colonel Percy Harrisson Fawcett. Seit 1906 in Bolivien und Brasilien tätig, also erfahren und energisch, ist Fawcett seit April 1925 zwischen Mato Grosso und Goias verschollen, jede Suche nach ihm blieb erfolglos.

Pedro Alvarez Cabral (Portugal 1992)

Auf den Spuren der Konquistadoren

Forschungsreisen im nördlichen Südamerika

Mittel- und Südamerika

KORDILLEREN UND PAMPAS

Francisco Pizarro (Spanien 1964)

Amerigo Vespucci (Spanien 1987)

Diego de Almagro (Spanien 1964)

Der sich verjüngende Süden des Kontinents blieb lange vernachlässigt, man erwartete sich von dem schmalen, kargen Land, seinem Gebirgszug und seinen Prärien wenig, und die dürftigen Häfen retteten zwar so manchen Kap-Hoorn-Fahrer, konnten aber mangels Hinterland nicht aufblühen. Drei Jahrzehnte vor Alexander von Humboldt, dem Südamerika wohl am meisten verdankt, war es der britische Marineoffizier George Chatworth Musters, der den Dienst quittierte, als Schaffarmer bei Montevideo lebte und 1869/70 eine damals sensationelle, heute so gut wie vergessene Südreise antrat: 2 200 Kilometer durch unbekanntes Gebiet zu den Tehueltsche-Indianern Patagoniens. Das solchermaßen geweckte Interesse rief auch Territorialansprüche angrenzender, eben erst in der Staatenbildung begriffener Interessenten auf den Plan, ein Konflikt, der 1899 bis 1902 nach gefährlicher Zuspitzung schließlich durch einen britischen Schiedsspruch beendet wurde.

So mancher Abenteurer erlangte damals über Nacht Macht und Einfluss, was nur in einem Fall bis heute nachwirkte: Im argentinisch-britischen Konflikt um die Falklandinseln, die 1832 eine Banditenrepublik rund um Buenos Aires (nicht der Staat Argentinien) für sich beanspruchte, 1833 aber einem britischen Kriegsschiff weichen musste. Erst als der Gauchohäuptling Rosas nach Niederlagen ins europäische Exil gegangen war und General Mitre 1862 zum Präsidenten der jungen argentinischen Konföderation gewählt worden war, wurde der Weg zur Erschließung des südamerikanischen Südens frei, wenn auch in andauernden Rivalitäten mit dem Nachbarn Chile.

Die Eroberung von Chile begann 1536/37 unter Diego de Almagro in der Hoffnung, »ein anderes Peru« zu finden. Nach der Ermordung Almagros durch Pizarro erhielt Pedro de Valdivia die Lizenz für den Vorstoß nach Süden. Mit seiner spanischen Geliebten Inez Suarez und 150 Gefährten drang Valdivia 1540 nach Süden vor und gründete in einer kombinierten See- und Landexpedition am 12. Februar 1541 Santiago de Chile. Wegen ständiger Indianerkämpfe konnten die Eroberungsunternehmungen erst 1550 wieder aufgenommen werden. Es gelang noch, La Frontera zu befestigen, dann siegten wieder die Araukaner und töteten Valdivia (um 1552). Sie eroberten auch wiederholt Santiago und blieben bis 1880 unruhig.

Diesen Schwierigkeiten entging Charles Darwin durch die Beschränkung auf See-Expeditionen. 1831–36 nahm er unter Fitzroy an der weltumspannenden Beagle-Expedition teil, ging aber meist seine eigenen Wege in Patagonien, in Chile, im südlichsten und mittleren Argentinien und vor allem auf den seit seinen Veröffentlichungen berühmten Galapagos-Inseln, wo er besondere Tierarten und zoologische Varianten entdeckte und seine bahnbrechenden naturphilosophischen Ideen exemplifizieren konnte.

Hängebrücke über einen Fluss in Peru. Aus Alexander von Humboldts Reisewerk

Kordilleren und Pampas

Forschungsreisen im Süden und Westen Südamerikas

Ozeanien und Australien

OZEANIEN UND AUSTRALIEN

Selten war die Bezeichnung für einen Teil unserer Erde so glücklich gewählt wie mit dem Wort Ozeanien, denn es sind nicht die nach Tausenden zählenden Inseln und Riffe, um die es geht, sondern das riesige Meer, aus dem sie aufgestiegen sind und das sie mit seinen Wogen umspült. Von allen Entdeckergeschichten entsprechen die Inselfahrten im Pazifischen Ozean, das Auftauchen unbekannter Eilande, am stärksten der allgemeinen Vorstellung vom Abenteuer der Welt-Entdeckung. Schon das Mittelalter, ja sogar die Schriftsteller der Antike nährten mit phantastischen Annahmen und Niederschriften die Überzeugung, dass die Erde von rätselhaften, aber verführerischen Eilanden übersät sei, und wer an all diese Schriften glaubte, begann im Geist oder vielleicht sogar zur See mit der Suche nach Atlantis oder nach Brendanus' Insel, nach Thule oder der Bernsteininsel des Pytheas von Massilia.

Es ist, als habe der Schöpfer uns nicht enttäuschen wollen, indem er anstelle eines geschlossenen Südkontinents, der sich von den anderen großen Erdteilen nicht sonderlich unterschied, die Inseln Ozeaniens in ein Meer streute, an dessen Größe die Menschen erst nach und nach zu glauben lernten. Dass beinahe drei Viertel der Erdoberfläche von Salzwasser bedeckt sein sollten, schien dem Sinn der Weltschöpfung zu widersprechen. Die alten Weltkarten setzen das Menschenland dicht an dicht und lassen nur auf vergleichsweise kleinen Wasserflächen Schiffe fahren und Segel flattern. Sebastian Münster spricht in seiner »Cosmographia« von 1538 zwar von einem »Mare pacificum«, also dem friedlichen Meer, rückt im Übrigen aber Amerika, Japan und Indien sehr eng zusammen, und ähnlich sieht es auch Lafreris Atlas von 1566 mit einem »Mare del Sur« (Südmeer), das Amerika und China eng umgibt, ein Inselchen namens Japan in der Mitte.

Heute wissen wir: Es war alles ganz anders, in einer für den Europäer zunächst unvorstellbaren Vielfalt. Dank ihrer unterschiedlichen Entstehungsgeschichten ragte ein Teil der Inseln aus Vulkangestein hoch über die Meeresoberfläche und bildete weithin sichtbare Gipfel, andere stiegen als Korallenbauten aus seichten Meeresgebieten an die Oberfläche, häuften wohl noch ein wenig Kalkschutt über der Wasserlinie an, blieben aber niedrige und gefährliche Bänke im blauen Meer, oft kreisrund um ein Inselchen herumgelegt.

Die »Discovery« landet in Australien (Nicaragua 1984)

Zwischen Magellan, der aus seiner Felsenpassage beglückt ins offene Meer hinaus und weiter nach Westen lief, und den wohlüberlegten und ausdauernden Kreuzfahrten eines James Cook, eines Bougainville, eines d'Entrecasteaux sind die Europäer in diese Inselwelt vorgestoßen. Sie musste ihnen, die das Nordseewetter gewöhnt waren, paradiesisch erscheinen, wozu die schönen, freimütigen, heidnisch-nackten Eingeborenen der Inseln gewiss das Ihre beigetragen haben, und man begann sich erst sehr spät zu fragen, woher diese Menschen denn gekommen seien, die nur über ein paar Auslegerboote verfügten und keine Sprache der entdeckten Länder in Afrika oder Asien verstanden.

138

Was sich als reizvoll und rätselhaft präsentiert, ist für die Wissenschaft eine bis heute übermächtige Herausforderung. Es fehlt uns an Ausgrabungen auf den Inseln, die uns über die dort lebenden Menschen eindeutig Auskunft geben würden. Wir müssen nach dem Erscheinungsbild und nach den Sprachen urteilen. Manches, woran vergangene Wissenschaftlergenerationen fest geglaubt hatten, lässt sich heute nur noch schwer mit dem erweiterten Faktenbestand vereinbaren. Wie kommt es, dass zwei große Auswanderungswellen aus dem madegassischen Raum relativ hellhäutige Menschen nach Polynesien brachten? Warum sind die Melanesier so dunkelhäutig mit bisweilen negroidem Einschlag, wenn sie zu Land aus dem südöstlichen Asien kamen?

Thor Heyerdahl und andere Forscher haben auf verschiedenen großen und kleinen Inseln Reste von Großsteinbauten festgestellt, selbst auf dem in den Weiten des Ostpazifik verlorenen winzigen Pitcairn. Welches Volk beherrschte die Meere in dem Maß, dass Tausende von Kilometern offener See zielsicher überwunden werden konnten, nicht zufällig, nicht von Einzelfahrzeugen, sondern von ganzen großen Flotten mit Tausenden von Menschen?

Australien ist geologisch sehr altes Land und im westlich vorgelagerten Indonesien liegen Fundstätten ältester Menschenformen. Anders als auf dem amerikanischen Kontinent befinden wir uns hier im Bereich linearer Entwicklungen der Menschheitsgeschichte seit Hunderttausenden von Jahren. Die populär Aborigines genannten Ureinwohner Australiens bezeichnet die Wissenschaft als Australide und sieht in ihnen »eine der urtümlichsten noch lebenden Menschenrassen ... in prähistorischer Zeit vom asiatischen Westland eingewandert« (Hirschberg).

Die Europäer stießen von Ost, Nord und West auf den Kontinent, konnten aber angesichts seiner Küstenlänge von 22 000 Kilometern lange Zeit nicht wissen, dass sie es stets mit demselben Erdteil zu tun hatten; auch die Meeresstraße zwischen Südostaustralien und Tasmanien blieb lange unentdeckt. Die Begegnung der Weißen mit den Einwohnern Australiens und Tasmaniens ist eines der düstersten Kapitel der Kolonialgeschichte. Auf Tasmanien wurde die eine besondere Spezies der Australiden bildende Vorbevölkerung in gnadenlosen Menschenjagden ausgerottet, auf dem Kontinent selbst ihrer Ländereien, ihrer Lebensgrundlage und ihrer Rechte beraubt, was eine Verminderung der Aborigines von vermuteten 300 000 auf wenig mehr als 50 000 zur Folge hatte, von denen nur noch einige Tausende als halbnomadische Wildbeuter durch ihre alten Stammesgebiete schweifen, während die meisten eine parasitäre Existenz im Weichbild der Städte führen. Reservate und ein langsam erstarkendes öffentliches Interesse an der Pflege dieser Minderheit haben erst in den letzten Jahren eine gewisse Stabilisierung zur Folge gehabt.

Weder Abel Janszoon Tasman, der entscheidende Informationen über Südostaustralien beibrachte, noch William Dampier, der Westaustralien entdeckte, noch der große James Cook brachten Siedler in das weite Südland. Dies regte erst Cooks Reisegefährte, der angesehene Joseph Banks, 1779 im britischen Parlament an; aber erst 1786/87 erreichten die ersten Flotten mit Sträflingen und freien Siedlern Australien, zunächst das spätere Sidney (früher Port Jackson) unter Captain Arthur Phillip. Da das in Europa engagierte Mutterland den Kolonisten nur sehr wenig Unterstützung zuteil werden ließ, brachten erst die Goldfunde von 1851 (Bathurst, Clunes, Anderson's Creek) einen verstärkten Zustrom von Einwanderern, Abenteurern und schließlich kundigen Siedlern und die entsprechende politische Organisation für Australien und Neuseeland.

La Pérouse 1786 auf der Osterinsel

Ozeanien und Australien

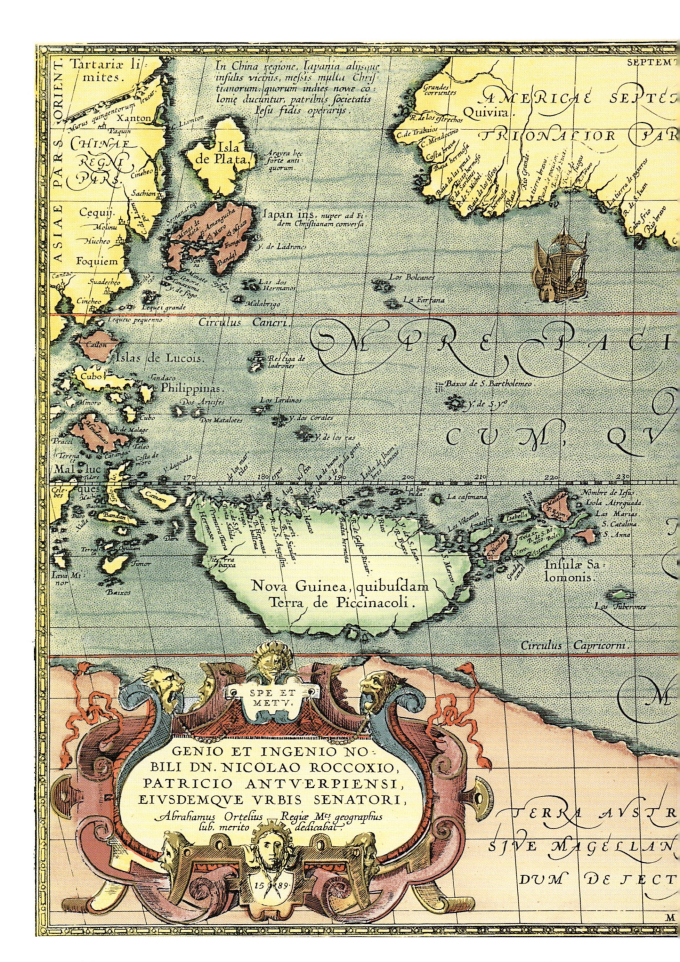

Der Pazifische Ozean. Aus dem Theatrum Orbis Terrarum von Abraham Ortelius, 1570

Ozeanien und Australien

Ozeanien und Australien

Ostindien. Aus dem Atlas maritimus von John Sellers, London 1670

Ozeanien und Australien

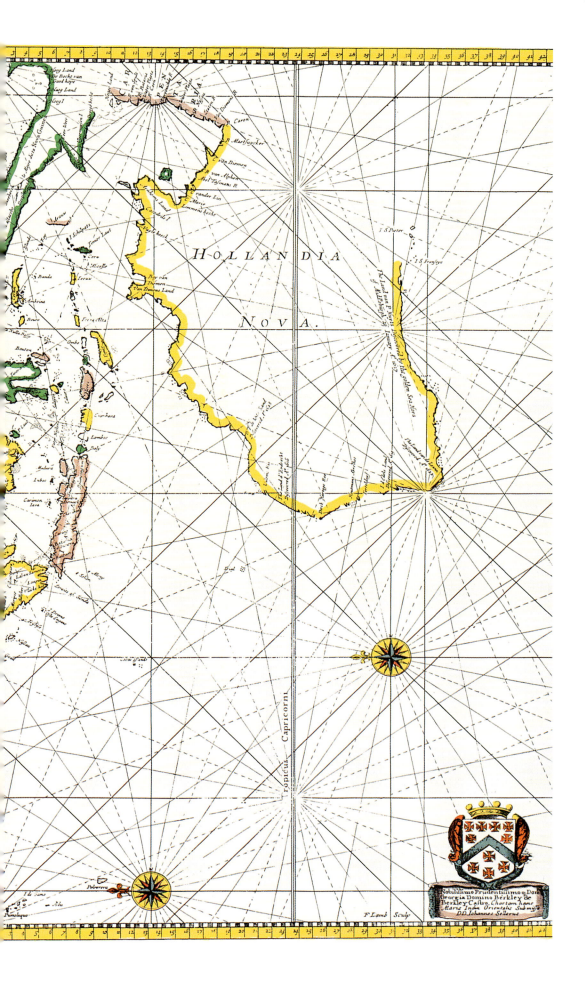

143

Ozeanien und Australien

DAS REICH DER INSELN

Abel Tasman und sein Schiff »Heemskerk« (Brit.-Salomon-Inseln)

Jean François La Pérouse und sein Schiff »La Boussole« (Brit.-Salomon-Inseln)

Im Herbst 1513 hatte der Spanier Vasco Nuñez de Balboa als erster Europäer das große Meer im Westen der Neuen Welt erblickt. Nur acht Jahre später durchquerte Fernando de Magellan zum ersten Mal diesen neuen Ozean von der Südspitze Südamerikas bis zur Ostküste Asiens. Damit waren zumindest einige Fixpunkte geschaffen, mit denen die Kartographen nun arbeiten konnten. Noch höchst ungenau in seinen Ausmaßen tauchte dieser Stille oder Ruhige Ozean, wie ihn Magellan genannt hatte, erstmals 1540 westlich von Amerika auf der Karte Sebastian Münsters auf (vgl. S. 92). Von da an ging es allmählich vorwärts. Als große offene Fläche begegnet der Ozean dem Betrachter noch auf der handgezeichneten Weltkarte im Atlas des Battista Agnes von 1579. Nur eine Linie durchzieht ihn: der Kurs von Magellans letztem Schiff (vgl. S. 174).

Jean François La Pérouse (Frankreich 1988)

Das ganze 16. und 17. Jahrhundert hindurch blieb der Pazifik ein Sorgenkind der Kartographen. Im 16. überwogen die Theorien, Vermutungen mussten Fakten ersetzen. Die seit der Antike vorherrschende Meinung, dass es als Gegenstück zur Nordhalbkugel auf der Südhalbkugel ein bis dahin unbekanntes Festland geben müsse (vgl. auch S. 152 ff.), beherrschte auch die wenigen Karten. Allmählich brachten portugiesische, später vor allem holländische und englische Seefahrer genauere Nachrichten insbesondere aus den westlichen Randgebieten des Ozeans, die rasch in die Karten eingearbeitet wurden. Schon 1526 entdeckten die Portugiesen eine große Insel, die sie wegen der angeblichen Ähnlichkeit der Küste mit ihren afrikanischen Besitzungen in Westafrika »Neuguinea« nannten. Die Inseln des malayischen Archipels wurden erkundet und 1606 erstmals die Nordküste Australiens angelaufen.

Die neuen Kenntnisse spiegeln sich schon auf der Karte des Pazifik von 1589 aus dem Atlas des Abraham Ortelius. Einigermaßen bekannt ist danach die Küstenlinie im Osten. Die Magellanstraße (Fretum Magellanicum) wird korrekt angegeben, Feuerland aber als Teil des »Südlandes« gesehen. Die ganze Osthälfte des Meeres ist mangels genauer Kenntnisse mit einem Bild der »Victoria« ausgefüllt, dem Flaggschiff der Magellan-Flotte, das als einziges die Erdumrundung vollendete und glücklich nach Spanien zurückkehrte. Von Australien besitzt der Kartograph noch keine Kenntnisse, dafür sind aber Neuguinea und die Salomoninseln eingezeichnet, Ersteres allerdings mit einer viel zu breiten Südausdehnung bis fast an den südlichen Wendekreis (Steinbock), der ja in Wirklichkeit schon Australien fast halbiert. Japan wird als Insel dargestellt, eine zweite »Isla de Plata« ist ohne nähere geographische Angaben als weißer Fleck eingezeichnet, wahrscheinlich ein Teil der um diese Zeit häufig noch als Insel dargestellten Halbinsel Korea. Von China ist gerade noch ein Küstenstück sogar mit der Großen Mauer zu sehen.

Wie verhältnismäßig rasch sich dank der verschiedenen Fahrten der Entdecker und Händler das Kartenbild wandelte, beweist eine Südasienkarte. Sie stammt aus dem »Atlas maritimus« von John Sellers, der 1670 in London erschien. Norden ist hier links; um das gewohnte Kartenbild zu erreichen, muss man das Blatt also um 90 Grad nach rechts drehen. Dann erkennt man deutlich Vorder- und Hinterindien. Auf den ersten Blick fallen die so genannten Kompasslinien ins Auge, letztes Überbleibsel der im Mittelalter und der frühen Neuzeit üblichen Portolan- oder Rumbenkarten, also Seekarten, bei denen die Windstrahlen ins Kartenbild eingetragen waren.

Dem Charakter der Seekarte entsprechend sind nur die Küstengebiete ausgeführt. Die Fortschritte der Erschließung erkennt man deutlich an der schon genaueren Küstenführung Hinterindiens, den Angaben bei den Sunda-Inseln und vor allem bei den Philippinen. Korea ist als Halbinsel gezeichnet, Japan erstreckt sich allerdings fälschlich in Ost-West-Richtung. Die schon 1643 entdeckte Insel Jeso (Hokkaido) fehlt noch. Neuguinea ist mit seiner Westhälfte eingezeichnet. Am interessantesten sind wohl die hier ausgeführten Küstenlinien von »Hollandia Nova«, dem späteren Australien. Der Vergleich mit einer modernen Karte zeigt die erstaunliche Sorgfalt, mit der die Küstenlinien ausgeführt sind, allerdings auch hier nur die Westseite. Der Carpentaria-Golf beweist, dass schon die Reisen Abel Tasmans berücksichtigt wurden, der ja 1644 dort die Küste umrundet hatte, im Osten aber nicht über die spätere Kap-York-Halbinsel hinausgekommen war.

Das Problem der Kartographen in den nächsten hundert Jahren blieb die fehlende Ostseite von Hollandia Nova. Das Verdienst, hier endlich Klarheit geschaffen zu haben, kommt den Engländern zu. Cook umsegelte auf seiner ersten Reise schon Neuseeland und kartierte die Küste, auf der zweiten erforschte er Teile der australischen Ostküste. Seine Arbeit wurde fortgesetzt und abgeschlossen 1801–03 von Matthew Flinders. Damit war auch der Osten Australiens vollständig erfasst.

Inzwischen hatte sich dank der großen Seereisen auch der Pazifik bzw. dessen Karte mit Inseln gefüllt. Wie selbstverständlich das innerhalb weniger Jahre wurde, beweist die kleine Karte des »Südlandes« aus einem populären Reisewerk von 1830. Die Australienkarte aus Stielers »Weltatlas« ist nur zwanzig Jahre jünger und erhebt für die damalige Zeit den Anspruch größter Aktualität. Trotzdem sind nur die Umrisse, die Siedlungen in den Randgebieten sowie die umliegenden Inseln sorgfältig ausgeführt, während Inneraustralien als riesiger weißer Fleck noch der Erkundung harrt. Im Südteil sind aber ganz offensichtlich die Ergebnisse von Charles Sturts Reisen in das Innere des Kontinents und im Nordosten die von Ludwig Leichhardts Expeditionen (vgl. Karte S. 155) schon eingearbeitet, was für die Schnelligkeit der Kartographen spricht.

Das Südland. Karte aus W. Harnischs »Die wichtigsten Land- und Seereisen«, 1830

Ozeanien und Australien

Australien. Aus dem Weltatlas von Adolf Stieler, Gotha 1850

Ozeanien und Australien

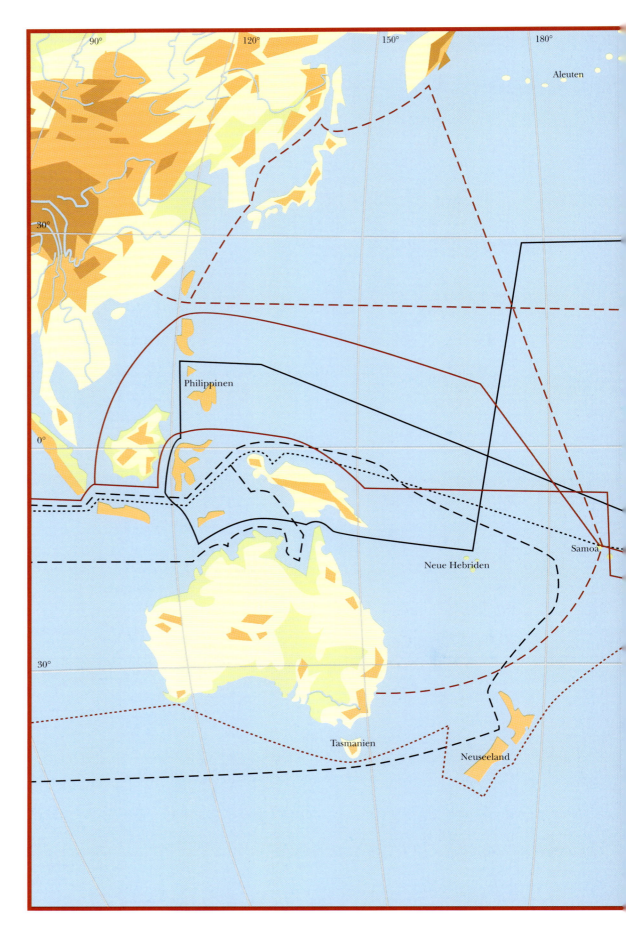

Die Erschließung des Pazifik

Das Reich der Inseln

Ozeanien und Australien

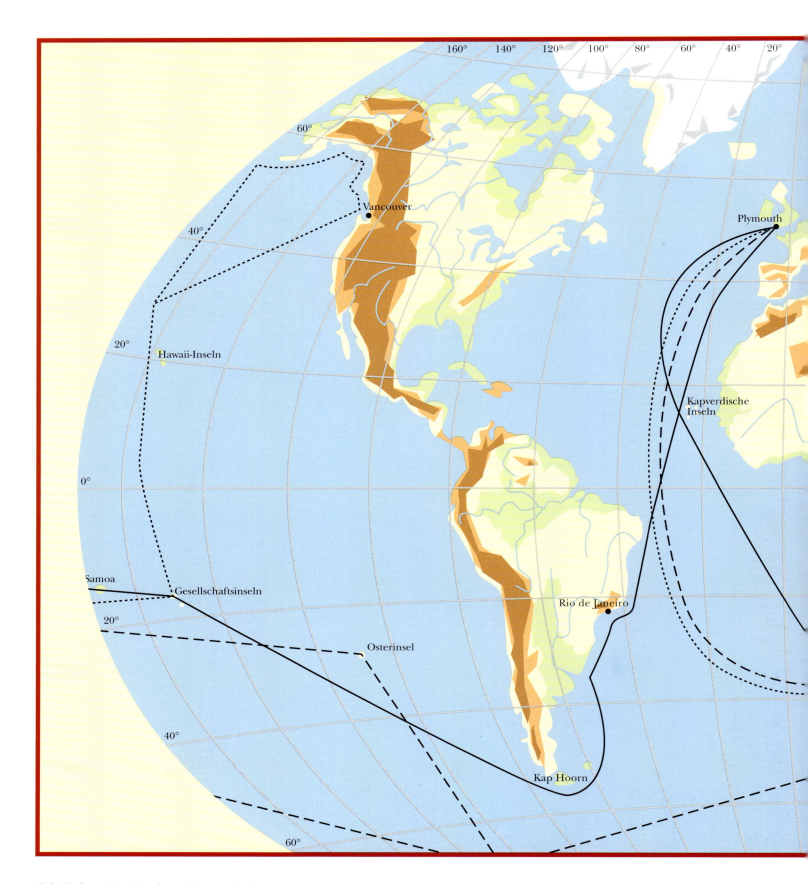

Die Reisen des Kapitäns James Cook

Das Reich der Inseln

151

Ozeanien und Australien

AUF DER SUCHE NACH DEM SÜDLAND

Van Diemens-Land um 1830. Nach dem Reisebericht Perons

Der Äquator, also die längste Strecke auf der kugelförmigen Erdoberfläche, durchzieht den Pazifik als eine bei Borneo beginnende Linie geht hart nördlich an Neuguinea vorbei über die Gilbert- und die Christmas-Inseln hin zu den Galapagos. Die dichten Inselschwärme finden sich nördlich und südlich des Äquators, wobei nördlich im Wesentlichen die Hawaii-Gruppe zu nennen ist, während südlich des Äquators, also auf der Südhälfte der Erdkugel, östlich von Australien, nördlich von Neuseeland und weiter nach Osten über Pitcairn und die Osterinsel das Weltmeer von Tausenden von Inseln durchsetzt ist. Alle Denkmodelle, die von gleichmäßigen Verteilungen ausgegangen waren, alle der christlichen Seefahrt zugrunde liegenden frommen Erwartungen, ein weltweiser Schöpfer habe wohl geordnet Land und Wasser verteilt, wurden von der wilden und bunten Natur Ozeaniens übertroffen, die anstelle erwarteter Ordnungen Überraschung, Bestürzung, Entzücken und irdische Träume setzte.

Schließlich blieb, nach den großen Enttäuschungen, die ein weitgehend leeres Weltmeer für Magellan, Mendaña, Dampier und andere mit sich gebracht hatte, doch noch ein verheißungsvolles Ziel in jenem ausgedehnten Südkontinent, von dem gerüchteweise auch die Seefahrer der Inseln sprachen. Denn so viel hatten die europäischen Entdecker trotz zuweilen recht begrenzter Bildung und trotz des Obwaltens der Handelsinteressen bald herausgefunden: Die Polynesier kannten ihr Meer, sie brachten ihm Opfer, sie feierten es mit großen geschmückten Booten, sie erkannten an Wolkenbildern, wo Inseln lagen, und sie fanden nichts dabei, in ihren kleinen Booten tagelang zu anderen Inseln zu segeln, wo sie Verwandte hatten, zu Inseln, die auf keiner Karte verzeichnet waren und die sie in der Unendlichkeit des Stillen Ozeans dennoch aufzufinden wussten. Sprachen diese Menschen von Ländern im Meer, so war dies ernst zu nehmen, und was sie intuitiv, aus ihrem angestammten und ererbten Wissen zu leisten imstande waren, das musste einem gebildeten und durchsetzungsfähigen britischen Seefahrer, der schwierigste Küsten vermessen hatte, doch erst recht gelingen: Keiner hat es so konsequent durchgeführt wie James Cook.

Cook war ein Seefahrer einer neuen Generation, und auch das Verhältnis der Krone zu Aufgaben und Chancen der Entdeckungsfahrten hatte sich gewandelt. An die Stelle adeliger Geldgeberkreise, wie sie den Korsaren Drake, Cavendish oder Dampier Unterstützung gewährt hatten, waren offizielle Regierungsstellen, das Marineministerium und gelehrte Gesellschaften getreten, und die Auswahl der Kapitäne zeigt denn auch, dass sachliche Gesichtspunkte Relationen und Protektionen überwogen: Wallis, Carteret, Bligh, Cook und andere zählten zweifellos zur tüchtigsten Gruppe unter den Offizieren, die Englands Admiralität zur Verfügung hatte.

In seinen schweren Anfängen hatte Cook erkannt, dass die robusten Kohlefrachter, die durch Jahre hindurch den schweren Nordseestürmen trotzten, für Fernfahrten geeigneter waren als so mancher elegante Expeditionssegler. So vertraute er auf drei Reisen seine Mannschaften, die mitreisenden Gelehrten und damit die große Aufgabe solchen nicht besonders schönen, dafür aber gleichsam unverwundbaren Kohlepötten an. Und danach war der Pazifik um viele seiner Geheimnisse ärmer.

Cook landet in Australien (Australien 1970)

Die erste Reise (1768–71) näherte sich von Osten her (also nach der Umrundung von Südamerika) den Gesellschaftsinseln, vollzog in den Neuen Hebriden eine Schleife und konzentrierte sich dann auf Neuseeland, mit Erholungspausen auf Tahiti. Die zweite Reise (1771–75) führte Cook so tief in den Südpazifik wie vor ihm noch keinen anderen Seefahrer; er kreuzte mit verbissener Ausdauer hart am Polarkreis und brachte immerhin die Erkenntnis heim, dass es den viel umraunten Südkontinent, an den man mehr glaubte als je zuvor, doch nicht gebe. Die dritte Reise schließlich (1776–80) führte etwa so weit nach Norden, wie die zweite sich nach Süden vorgewagt hatte; Cook hielt sich von der Vancouver-Insel hart an der amerikanischen Westküste, bis zur Beringstraße und durch diese hindurch. Auf der Rückreise in genau südlicher Richtung wurde die Rast in der Hawaii-Gruppe James Cook zum Verhängnis; er verlor am 14. Februar 1779 in einem Scharmützel mit Eingeborenen, die ein Beiboot gestohlen hatten, sein Leben. Seine Offiziere Clerke und nach dessen Tod Gore versuchten auch aus der dritten Reise einen Erfolg zu machen und stießen noch einmal nach Norden vor, in der Hoffnung, sich die hohe Belohnung zu verdienen, die für die Auffindung einer Nordwest-Passage ausgesetzt worden war. Clerke wählte jedoch die ostsibirische Küste, wo mit mehr Unterstützung zu rechnen war als im unwirtlichen Kanada und Alaska. Erst am 27. Juli 1779 gab der schon schwer kranke Offizier an der festen Eisgrenze des nördlichen Polarmeeres auf und die Expedition nahm über Kamtschatka wieder Südkurs.

Vergleicht man Cooks Reisen mit den nicht selten zufällig wirkenden Kreuzfahrten anderer Südsee-Entdecker, so fällt die schlichte, aber konsequente Beschränkung auf den Reisezweck und die konkrete Aufgabe auf; jede zurückgelegte Seemeile verrät gleichsam sein kompromissloses Pflichtbewusstsein im Dienst des großen Seefahrerlandes. Neuseeland wird 1769 so hartnäckig abgefahren, dass nach der Reise keine Zweifel über die komplizierte Gestalt der Doppelinsel mehr übrig bleiben, und an Australiens Ostküste, dem Großen Barriere-Riff, riskiert Cook Kopf und Kragen in besonders gefährlichem Fahrwasser, weil er endlich wissen wollte, was es mit dem großen Land an Lee auf sich hat. Nur Tasman hatte schon 1644 die West- und die Nordküste mit ähnlicher Ausdauer befahren und auch die Küsten des gefährlichen Carpentaria-Golfes aufgenommen, der sich – vergleichbar der Hudson-Bai in Nordamerika – tief in den Kontinent hinein öffnet und dadurch die Seefahrer zu Irrtümern verleitete. Als Cook die Torres-Straße zwischen Neuguinea und Nordaustralien 1770 in Westrichtung durchfuhr, war die ungefähre Gestalt Australiens somit bekannt und vor allem die Erkenntnis gesichert, dass man es mit einem unermesslichen Landblock zu tun hatte, kompakt, schwer zu erschließen und anders als Amerika nicht durch große Flusssysteme für das Eindringen geöffnet. Diese Vorstöße ins Landesinnere sind denn auch ein Heldenlied für sich und gehören dem nächsten Jahrhundert an, denn Australien hat Zeit gebraucht, sich mit Einwanderern zu füllen, und die ersten waren nicht von der Art gewesen, die um der Wissenschaft willen große Entbehrungen auf sich nimmt. Ein halbes Jahrhundert nachdem die ersten freien Kolonisten zu den Verschickten gestoßen waren, führten weniger der Wissensdurst als praktische Notwendigkeiten zu den ersten großen Expeditionen ins Landesinnere: die Suche nach Weideflächen, weil Schafherden viel Land brauchen, die Hoffnung auf Wasserwege, die Prospektion nach Bodenschätzen und Vermessungsvorhaben für den Eisenbahnbau – denn Australien ist der einzige Kon-

153

Ozeanien und Australien

tinent, auf dem die Schienenwege den Straßen zuvorkamen. Auch der Überland-Telegraf, weit schneller zu installieren als Straßen oder Schienen, spielte in der Entdeckungsgeschichte Australiens eine große Rolle, weil er die Weiten des Landes zumindest dem Nachrichtenverkehr öffnete, wenn schon nicht dem Güteraustausch.

Das große Risiko, aber auch die große Enttäuschung der inneraustralischen Expeditionen bestand darin, dass man nicht wie in Nordamerika auf weite Prärien stieß oder fruchtbaren Flussufern folgen konnte, sondern einen unerwartet hohen Anteil von Wüsten vorfand, Trockenland zwischen den Randgebirgen, die den Regen abhielten, der auf Tasmanien oder in Neuseeland so überreichlich fiel. Und stieß man auf Wasser, so erinnerten die im kargen Boden verzweigten Wasserstellen, Creeks genannt, bedenklich an die Waadis Afrikas, weswegen in der Zeit vor den Kraftfahrzeugen auch Kamele in Australien zum Einsatz kamen.

Charles Sturt (Großbritannien 1973)

Nach den kühnsten frühen Unternehmungen von Ch. Sturt (1844-45) und dem Deutschen Ludwig Leichhardt, der seit 1848 als verschollen galt, erreichte John MacDouall Stuart 1860–62 in mehreren Ansätzen von Süden kommend den Raum von Port Darwin, eine Stadt, die heute nördlicher Endpunkt des Stuart-Highway (von Adelaide kommend) ist. Sie hatte im Zweiten Weltkrieg und im Bürgerkrieg auf Timor ungeahnt an Bedeutung gewonnen. Erst Jahrzehnte später gelang die West-Ost-Durchquerung in der imposanten Doppelleistung von Ernest Giles (1835–97), dem letzten der großen Australienexplorer. Er durchquerte die große südliche (Victoria-)Wüste 1875 in Westrichtung und nahm im Jahr darauf von Perth aus einen nördlichen Rückweg durch die völlig unbekannte Gibson-Wüste, wonach als klassischer weißer Fleck eigentlich nur noch die Große Sandwüste südlich von Broome und Derby übrig blieb, von insgesamt 7,9 Millionen Quadratkilometern (mit Tasmanien).

Robert O'Hara Burke (Irland 1988)

Anders als in Südamerika haben sich in Australien nur wenige ausländische Forscher an der Erschließung des spröden Kontinents beteiligt. Eine bis heute in Erinnerung gebliebene Ausnahme ist Ludwig Leichhardt aus Trebatsch in Brandenburg, 1841 nach Australien gekommen und mit einer ersten Expedition 1844–46 von der Moreton-Bai zum Carpentaria-Golf erfolgreich. Die Regierungsprämie von 1 400 Pfund für diese Leistung investierte Leichhardt in den Versuch einer Ost-West-Durchquerung Australiens, blieb aber nach einer letzten Nachricht vom 3. April 1848, Standort Cogun-Fluss, verschollen, trotz einiger Suchexpeditionen.

Bescheidener in seinen Zielen und darum erfolgreicher war Sir Thomas Mitchell, ein Schotte, auf der Suche nach schiffbaren Wasserläufen im trockenen Australien. In verschiedenen Expeditionen zwischen 1831 und 1845 stieß er zum Oberlauf des Darling-River vor, erreichte aber den Condamine-River und folgte dem Glenelg bis zur Mündung.

Peter Egerton Warburton war Polizeipräsident der Stadt Adelaide, als er sich zu seiner Entdeckerlaufbahn entschloss, und führte als 60-Jähriger eine mit Kamelen ausgerüstete Expedition von Adelaide in Richtung Perth, also quer durch Australien, erreichte wegen Versorgungsproblemen nach unsäglichen Strapazen aber nur Siedlungen in der Gegend des Nordwest-Kaps. Beinahe parallel, aber südlicher verlief die Route der Expeditionen, die 1870 und 1874 von den Brüdern John und Alexander Forrest durchgeführt wurden. Sie konnten sich auf verschiedene Vorarbeiten (unter anderem auf die Berichte von Edward John Eyre aus dem Jahr 1841) stützen und bewältigten mit den inzwischen verbesserten technischen Möglichkeiten die Strecke von Perth nach Adelaide in nur fünf Monaten.

Nach den Brüdern Forrest hatte nur noch Ernest Giles vergleichbare Erfolge aufzuweisen; dass er in ärmlichsten Verhältnissen als Wärter auf den Goldfeldern von Coolgarnie sein Alter zubrachte, ein Mann, der immerhin bis in die Gibson-Wüste vorgestoßen war, ist bezeichnend für die Verlagerung der Interessen der australischen Behörden nach dem Goldrausch.

Auf der Suche nach dem Südland

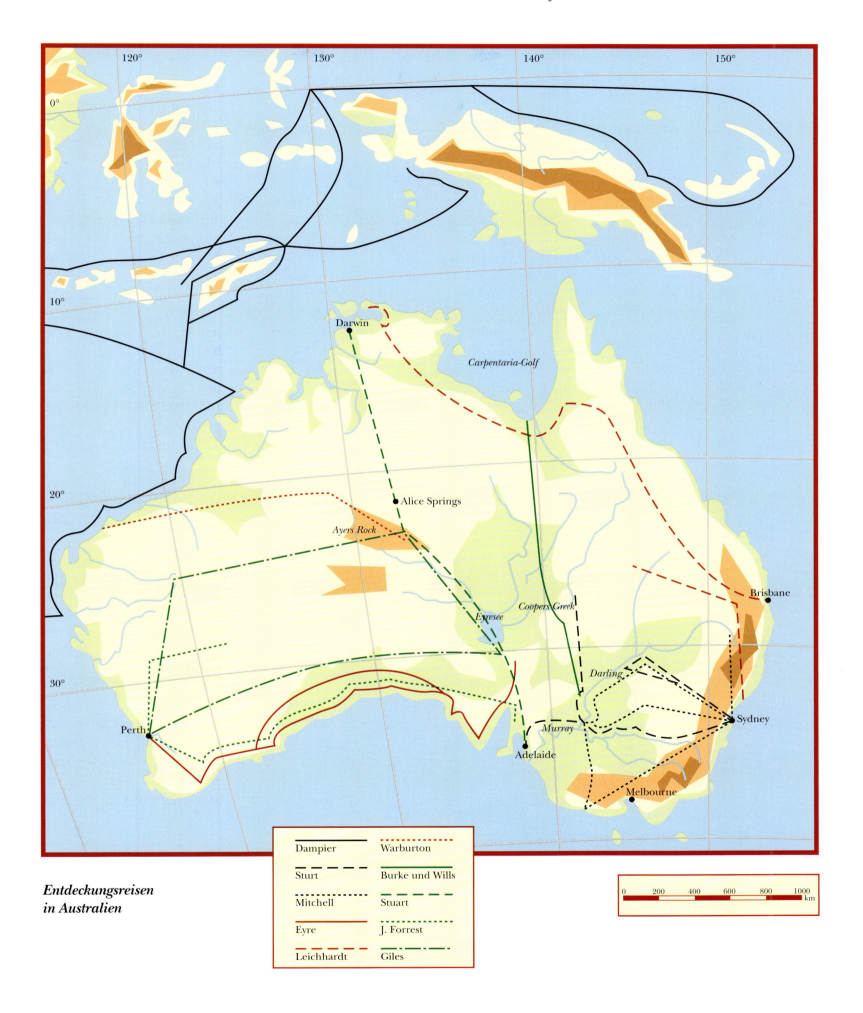

Entdeckungsreisen in Australien

Arktis und Antarktis

ARKTIS UND ANTARKTIS

Elisha Kent Kane (USA 1986)

Adolph W. Greely (USA 1986)

Bis weit über das Mittelalter hinaus herrschte auch unter Gebildeten noch die Überzeugung, die Erde sei nur in einem Gürtel gemäßigter Zonen für den Menschen nutzbar und zu bewohnen; nördlich und südlich davon machten Kälte und Stürme beziehungsweise Hitze und gnadenlose Dürre menschliches Leben nach unseren Vorstellungen unmöglich. Noch ehe die großen Seefahrervölker von der Iberischen Halbinsel durch ihre Entdeckungen im äquatorialen Bereich zur Revision dieser Überzeugung aufforderten, hatte die bitterste aller Notwendigkeiten, nämlich der Hunger, die Völker des europäischen Nordens gezwungen, sich bis an die Ränder der Treibeiszonen vorzuwagen: Fischer und Walfänger aus Skandinavien und von den friesischen Inseln befuhren mit Schiffen von Kuttergröße das europäische Nordmeer, die Grönlandsee, die Gewässer um Spitzbergen und Jan Meyen, eine Insel, die vermutlich schon Henry Hudson 1680 sichtete und die später zum Stützpunkt für Walfänger wurde. Und als Willem Barents auf der russischen Eismeer-Insel Nowaja Semlja landete, fand er dort deutliche Spuren früherer Besucher, Jägergruppen und Fischer, die wohl schon von Wikingerzeiten her die langen Küsten dieser Insel als Ausgangspunkte für Fangfahrten im Eismeer genutzt hatten.

In einer Weltgegend, in der die Länder nur schmale Küstenstriche hatten und in deren Landesinneren schneebedeckte Berge aufragten, in der die Winter lang und die freundlichen Jahreszeiten nur kurz waren, entschädigte das Meer die Menschen durch besonderen Fischreichtum und machte das Überleben erst möglich, nicht nur für die besonders angepassten Eskimobevölkerungen von Alaska und Kanada, sondern auch für die höher organisierten Skandinavier und für die mit einfachsten Mitteln fischenden und jagenden Küstenvölker des nördlichen und nordöstlichen Sibirien. Die Polarkappe mit ihrem nördlichen Eismeer war also von einem beinahe geschlossenen Kreis bevölkerter Landschaften und Inseln umgeben, sodass es nur eine Frage der Zeit war, wann sich dieser Kreis verengen und schließlich zu Vorstößen zum Mittelpunkt, also dem Nordpol, führen würde.

Diese Vorstöße begannen so erstaunlich früh, dass sie neben der entdeckungsgeschichtlichen auch eine wirtschaftsgeschichtliche Bedeutung beanspruchen können. Im Unterschied zu den Meeren nahe der südlichen Polkappe, in die nur vergleichsweise schmale Landmassen hineinragen, war und ist die von Wasser bedeckte nördliche Polkappe in den Lebensraum von Eskimos, Skandinaviern, Samojeden und Sibirjaken untrennbar einbezogen; die außerordentliche Vertrautheit all dieser Völker mit dem Meer entsprang einer einzigartigen Anpassungsleistung ebenso wie dem Selbsterhaltungstrieb in einer unwirtlichen Natur.

Nach den heute längst als verlässlich eingestuften isländischen Annalen wurde Spitzbergen, das die Isländer Svalbard nannten, bereits 1194 aufgefunden und danach immer wieder von Wikingerschiffen angelaufen; das berühmte Landnamabok über die Besiedlung Islands und die Verteilung der Grundstücke nennt sogar eine präzise Segelentfernung von vier Tagen zwischen Langanes an der isländischen Nordküste und Svalbard. In der Saga von Samson dem Schönen aus dem 14. Jahrhundert wird die Spitzbergen-Gruppe als »von verschiedenen Völkern bewohnt« erwähnt, eine Mitteilung, die der belesene, nicht nur des Isländischen kundige Verfasser aus lateinischen Quellen oder auch dem Hauksbok von 1306–08 bezogen haben kann. Spitzbergen war somit schon im frühen 14. Jahrhundert keine Terra incognita mehr.

Auf etwa die gleiche Zeit wird ein Runenstein datiert, den die dänische Polarexpedition von Graah und Pelinut im Sommer 1842 entdeckte. Er erhob sich etwa fünf Kilometer nördlich von Upernavik auf der kahlen Insel Kingigtorsuak zwischen zwei schriftlosen Steinen auf 72,55 Grad nördlicher Breite und nennt drei Wikingernamen als Urheber der Steinmale zur Beschwörung eines schweren Eissturms. Wilhelm August Graah glaubte aufgrund verschiedener Anzeichen die Steinsetzung auf das 11. oder 12. Jahrhundert datieren zu müssen, die Runenforschung setzte die Zeichen jedoch ins 13. Jahrhundert; jedenfalls waren die Wikinger damit tief in die Baffin-Bai vorgedrungen, während eine andere Expedition friesischer Edelleute (also erfahrene Walfang-Unternehmer) nach Hennig sogar in den Lancaster-Sund eingefahren waren. Baffin-Bai und Spitzbergen ragen über den 80. Breitengrad hinaus und damit in die engste Polarzone hinein. Seit wir aus leider noch vereinzelten Funden die Kultur der Alaska-Eskimos und ihrer Nachbarn in Nordkanada und von Baffin-Land ein wenig näher kennen, müssen wir uns sagen, dass das Nordpolarmeer zwischen asiatischen, amerikanischen und nordeuropäischen Völkern ein Binnenmeer, ein oft von Eis bedecktes Mittelmeer, aber dennoch emsig befahren war und als hervorragende Nahrungsquelle seinen Platz in der Existenz dieser Völker hatte. Willem Barents und Vitus Bering stießen mit ihren Forschungsfahrten also nicht ins wirklich Unbekannte vor, sondern in einen von alten Aktivitäten erfüllten Lebensraum.

Das mindert freilich nicht Verdienst, ja Heldentum der frühen Forscher. Barents erreichte 1594 Nowaja Semlja, zwei Jahre später die Bäreninsel und starb 1597 nach Überwinterung auf einer der Oranjeinseln an Erschöpfung, während der Rest seiner Expedition an der Kolamündung von einem holländischen (!) Seefahrer gerettet wurde. Bering begann seine Nachforschungen und Vermessungen auf Kamtschatka (1728), erkundete dann die nach ihm benannte Meeresstraße zwischen Sibirien und Alaska, ging aber auf einer weiteren Großexpedition 1741 an Skorbut zugrunde.

Auf der Südhalbkugel mit ihrer Armut an kontinentalen Landmassen herrschten völlig andere Bedingungen für Seefahrt, Forschung und Siedlung, und die an Gottes unfehlbare und gleichförmige Weltordnung glaubenden Gelehrten brauchten Jahrhunderte, um sich mit dieser gewaltigen Inkonsequenz abzufinden, die unserem Planeten doch eine besondere und reizvolle Vielgestalt verleiht. Anders als die Nordpolarregion bildet die Südpolkappe eine große Landmasse, in der sich nach einer relativ schmalen Meeresstraße südlich von Feuerland die großen, unendlich langen amerikanischen Kordilleren mit eindrucksvollen Viertausendern fortsetzen.

Rund um dieses lang gestreckte Gebirge, das in seiner geologischen Zusammensetzung den patagonischen Kordilleren gleicht, liegt der antarktische Kontinent, jedoch vielfach knapp unter der Meeresoberfläche und ragt über diese nur dadurch hinaus, dass sich auf ihm eine bis zu 4 200 Meter dicke Eisschicht abgelagert hat. An diesem Inlandeis und in flachen Meeresbuchten hat sich als arktische Besonderheit das Schelfeis herausgebildet, schwimmende ebene Eisflächen, von denen zuweilen riesige Eisberge in die Ozeane hinaus wegtreiben (bis 100 Kilometer breit und über 300 Kilometer lang).

Dieser besondere Charakter eines Kontinents, auf dem sich bis heute Land, Wasser und Eis schwer von einander unterscheiden lassen, hat die innerarktische Forschung sehr verzögert. Von der sensationellen Umrundung des ganzen Kontinents durch James Cook 1772–75 an vergingen Jahrzehnte, ehe Dumont d'Urville (1840), James Clarke Ross (1841) und der energische Amateurforscher John Biscoe (1831) den Hinweisen von Walfängern nachgehend näher an die eigentliche Antarktis heranfuhren. Die erste Landung mit wissenschaftlichen Zielen können die Norweger für sich verbuchen (am 1. Januar 1895 nahe Kap Adare).

Julius Payers Rückreise von Franz-Joseph-Land

Arktis und Antarktis

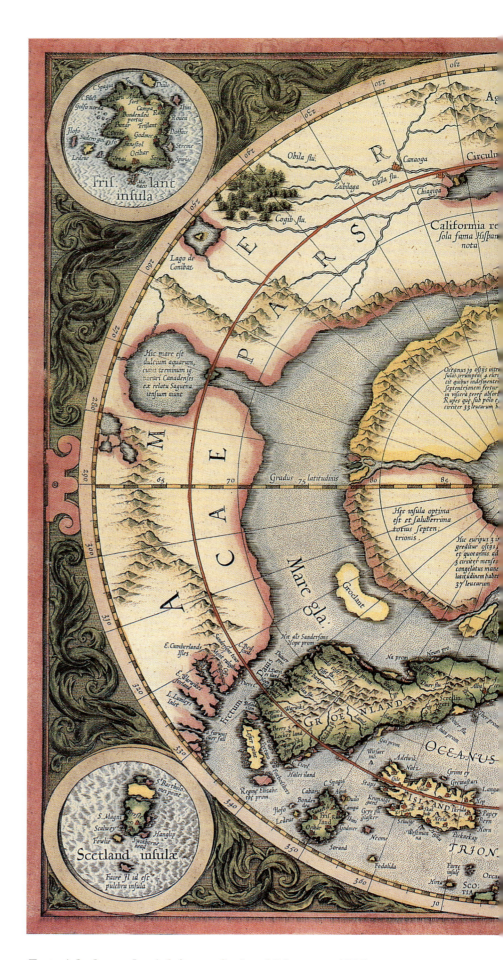

Erste Atlaskarte der Arktis von Gerhard Mercator, 1595

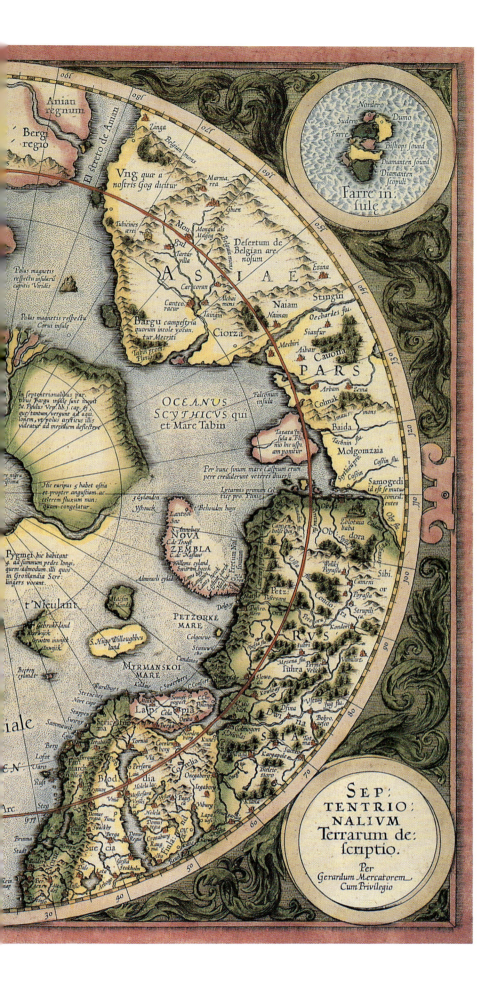

Arktis und Antarktis

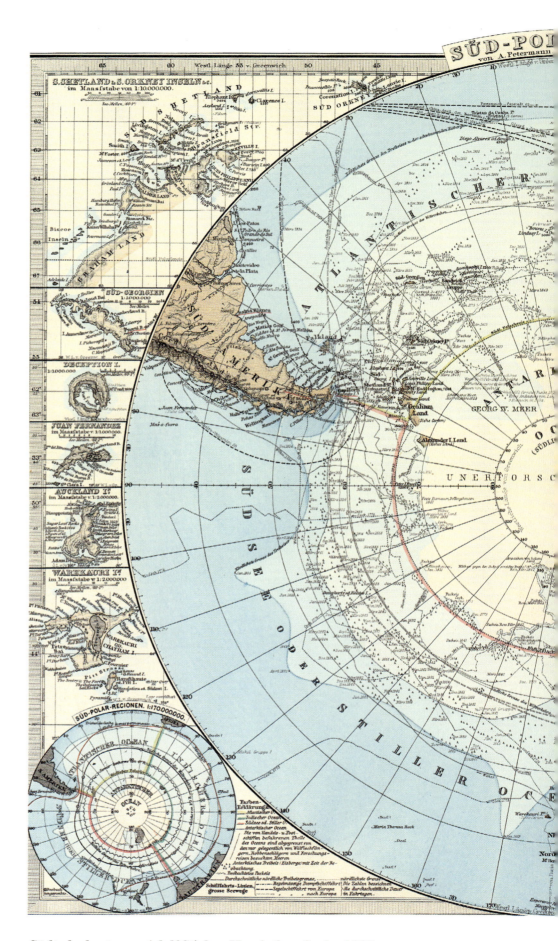

Südpolarkarte aus Adolf Stielers Handatlas, Gotha 1888

Arktis und Antarktis

DIE POLE DER ERDE

Vilhjalmur Stefansson (USA 1986)

Robert E. Peary und Matthew Henson (USA 1986)

A.E. Nordenskjöld (Schweden 1973)

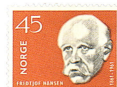
S.A. Andrée (Schweden 1973)

Fridtjof Nansen (Norwegen 1961)

Julius Payer entdeckt Franz-Joseph-Land (Österreich 1973)

Fridtjof Nansens Werk »Nebelheim. Entdeckung und Erforschung der nördlichen Länder und Meere« ist zwar in seinen entdeckungsgeschichtlichen Hypothesen überholt, als Materialsammlung aber immer noch beachtenswert. Nansen hat darin der Darstellung des Nordens auf den mittelalterlichen Karten ein ausführliches Kapitel gewidmet. Es ist schon merkwürdig, welche Mischung aus Fakten und Fabeln dort zusammengetragen wurde und wie Realität und Fiktion gleichsam verschwimmen. Einen gewissen Abschluss bildet dabei die Zeichnung des nördlichen Europa und des Gebietes um das Nordkap, wie sie Martin Behaim 1492 auf seinem Erdapfel darstellt. Hier findet sich rund um den Pol herum ein Kranz aus Ländern und Inseln, ausgehend von Grönland–Lappland, das mit Skandinavien eine zusammenhängende Landmasse bildet und das Eismeer (»das gefrorn mer septentrional«) zu einem Binnenmeer werden lässt. Auf der gegenüberliegenden Seite des Pols sind zwei namenlose große Inseln eingezeichnet. Auf der einen der beiden Inseln kämpft ein kleines Männchen mit Pfeil und Bogen gegen einen Eisbär.

Fast genau hundert Jahre später entstand unter der Bezeichnung »Septentrionalium Terrarum descriptio« 1595 die erste Atlaskarte, die speziell der Arktis gewidmet war. Der Kartograph Gerhard Mercator verarbeitete auch hier das geographische Wissen seiner Zeit. Grönland und Island sind schon korrekt als Inseln eingezeichnet, ihnen zur Seite ist aber eine eigene Insel »Frisland« angegeben, die auch in dem Medaillon links oben auf der Karte auftaucht, in Wirklichkeit aber gar nicht existiert. Spitzbergen ist in seinen Umrissen nur angedeutet, ebenso die Insel Nowaja Semlja. Zwischen diesen beiden ist eine weitere Fabelinsel mit der Bezeichnung »S. Hugo Willoughbes« gesetzt, die an den englischen Seefahrer Willoughby erinnern will, der als Erster Nowaja Semlja erreichte, unterwegs aber umkam. Eingezeichnet ist auch bereits die Meeresstraße zwischen Asien und Amerika, die auf manchen späteren Karten wieder verschwindet und erstmals von Bering durchfahren wurde. Um den Pol herum sind drei – auf späteren Ausgaben der Karte von Rumold Mercator sogar vier – große Inseln gelagert, die durch Kanäle voneinander getrennt werden. Auch alte phantastische Vorstellungen werden übernommen und weiter überliefert. So wird der Nordpol als »Schwarzer Fels« dargestellt, in dem wohl die Vorstellung vom Magnetberg weiterlebt, obzwar Mercator einen eigenen magnetischen Pol als Fels zwischen Asien und Amerika eingezeichnet hat. Auch auf Pygmäen wird nördlich von Spitzbergen hingewiesen. Sie sind die letzten Überbleibsel der zahlreichen Fabelwesen, die im Mittelalter noch die Karten von Nordeuropa bevölkerten, und tauchen meistens in alten Beschreibungen Grönlands auf, wo möglicherweise kleinwüchsige Eskimos den Anlass für derartige Darstellungen bildeten.

Wie rasch die neuesten Erkenntnisse der Forschungsreisen auch für den Norden ausgewertet wurden, beweist die Polarkarte von Willem

Barents in Jan van Linschotens »Itinerario« von 1599. Sie zeigt die Route der dritten Reise von Barents in das nördliche Eismeer und bis an die Ostküste von Nowaja Semlja (vgl. Karte). Während im Gegensatz zu Mercator das eigentliche Polargebiet ohne Inseln eingezeichnet ist, wird auch bei ihm der Magnetpol als Magnetberg oder Felsen in der Meeresstraße zwischen Asien und Amerika aufgeführt. An diesem Kartenbild änderte sich in den Grundzügen bis zum Ende des 18. Jahrhunderts nur wenig. Lediglich die russischen Karten wurden nach den Expeditionen von Vitus Bering im Bereich der Nordostküste verbessert. Lückenhaft blieb bis zur Mitte des 19. Jahrhunderts vor allem die Kenntnis der amerikanischen Nordküste. Dort wurden die Unklarheiten erst nach 1850 beseitigt.

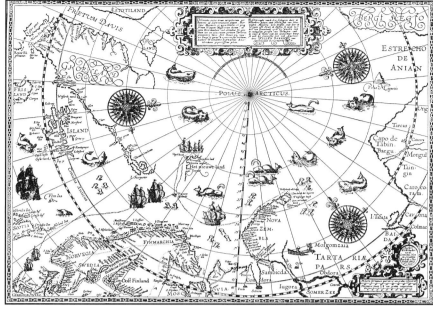

Willem Barents' Polarkarte, 1599

Trotz offenkundiger Schwächen waren die Karten der nördlichen Polargebiete denen des Südens erheblich überlegen, eigentlich gab es diese bis ins 18. Jahrhundert hinein überhaupt nicht. Dabei glaubten Seefahrer und Gelehrte felsenfest an das Vorhandensein eines »Südkontinents«, einer Terra Australis, ohne jedoch jemals davon auch nur die geringste Spur entdeckt zu haben. Man muss nur einmal die Polarkarte Mercators mit der fast gleichzeitig entstandenen Pazifikkarte auf Seite 140 vergleichen: schon ins Detail gehende Einzelheiten hier, ein durchgehend ungegliederter Küstenstreifen vom südlichen Wendekreis bis nach Feuerland dort. Noch um die Mitte des 18. Jahrhunderts zeichneten Kartographen »genaue« Karten der Terra Australis, die sich südlich des 60. Breitengrades über die ganze Polarkappe erstrecken sollte. Dieser Breitengrad blieb sozusagen eine magische Grenze. Erst 1773 überquerte James Cook bei seiner zweiten Reise erstmals den südlichen Polarkreis. Das war der Anfang vom Ende des fabelhaften Südkontinents, der jetzt rasch von der Karte verschwand. Welcher ungeheure Wandel sich hier innerhalb eines Jahrhunderts vollzog, beweist die Südpolarkarte von 1888 aus dem »Handatlas« von Stieler.

Auf den ersten Blick fällt dabei der große weiße Fleck südlich des Polarkreises auf. Noch ist der eigentliche Südpol unerforschtes Gebiet. Kein Wunder, dass um diese Zeit noch der französische Schriftsteller Jules Verne unter dem Titel »Die Eissphinx« einen Abenteuerroman schreiben konnte, in dem seine Helden den geheimnisvollen Südpol erreichten, eine Fortsetzung übrigens zu dem Roman »Gordon Pym« des Amerikaners Edgar Allan Poe. Wichtig sind auf der Karte die sorgfältig eingezeichneten Reiserouten mit den zugehörigen Daten, eine Meisterleistung kundiger Kartographie. Wer genau hinsieht, wird die Reiserouten von Cook, Bellingshausen, Weddel, Kemp, d'Urville, Wilkes und Ross entdecken und mithilfe einer Lupe verfolgen können. Der letzte größere weiße Fleck am Pol konnte erst 1910–12 durch die Expeditionen Scotts und Amundsens getilgt werden.

Pygmäen auf Grönland, Holzschnitt von 1557

Arktis und Antarktis

MIT HUNDESCHLITTEN UND ZEPPELIN

Wo Barents und Bering nach hartnäckigen Kreuzfahrten heldenhaft gescheitert waren, errang der Schwede Adolf Erik von Nordenskjöld in den Jahren 1878/79 einen schier unglaublichen Triumph und bewältigte die Nordost-Passage, noch ehe die im Allgemeinen als einfacher eingestufte Nordwest-Passage bezwungen worden war. Im Juli 1878 lief Nordenskjöld mit zwei Schiffen ins Barents-Meer aus, setzte bei günstigen Eisverhältnissen die Fahrt längs der Nordküste des Zarenreiches nach Osten fort und erreichte schon am 27. August das Mündungsdelta der Lena. Dort ordnete Nordenskjöld einen seiner Dampfer zur Flussfahrt auf diesem Strom ab und fuhr selbst mit der zur Legende gewordenen Vega bis zur Koljutschin-Bai weiter. Kurz vor dem Erreichen der Beringstraße, also dem Nordtor zum Pazifischen Ozean, blieb die Vega im Eis stecken, sodass die sensationelle Fahrt erst 1879 erfolgreich abgeschlossen werden konnte.

Der amerikanische Marine-Ingenieur Robert Peary erreichte am 6. April 1909 den Nordpol oder jedenfalls dessen nächste Umgebung (der bedeckte Himmel erschwerte eine exakte Ortsbestimmung). Es war die Krönung eines mit zäher Energie verfolgten Lebenswerkes. Einer seiner unerbittlichsten Kritiker war der Norweger Fridtjof Nansen, der nach einer heroischen Durchquerung Grönlands zu Fuß (1888/89) mit dem Spezialschiff Fram die Eisdrift ausnützte und 86,14 Grad erreichte. Der Rückmarsch über Packeis, Eisschollen und offenes Meer wurde ein gefährliches Abenteuer, bis Nansen und seine Crew am 17. Juni 1896 auf eine amerikanische Expedition trafen. Auch die Fram, die dank einer besonderen Konstruktion ihres Rumpfes von andrängendem Eis nur gehoben, nicht zerdrückt wurde, kehrte nach langer Eisdrift heim.

Da die Ballonfahrt schon seit dem späten 18. Jahrhundert bekannt war, lag der Gedanke nahe, sich dem Nordpol mit einem vom Treibstoff weitgehend unabhängigen Ballon zu nähern, nicht zuletzt, weil Ballone leichter landen und wieder aufsteigen konnten als Motorflugzeuge. Salomon August Andrée war Ingenieur, nicht Geograph, und startete nach schwieriger Geldbeschaffung mit einem in Frankreich gefertigten Ballon 1896, gab 1897 noch Nachrichten von Spitzbergen, blieb seither aber verschollen, bis 1930 Robbenjäger auf der Insel Vitö Reste der Expedition und Aufzeichnungen über das Scheitern des Unternehmens fanden. Zu diesem Zeitpunkt hatte der Norweger Roald Amundsen bereits drei Versuche hinter sich, den Nordpol zu überfliegen. 1923 war der Pol nicht erreicht worden, 1925 war Amundsen wieder gescheitert, 1926 aber hatten Amundsen, Ellsworth und der Italiener Nobile tatsächlich den Nordpol überflogen, und zwar in einem jener halbstarren Luftschiffe, die seither vom Himmel verschwunden sind.

Umberto Nobile war durch den Erfolg des Flugschiffs Norge ermutigt, das die über den Nordpol führende Route von Spitzbergen nach Nome in Alaska ohne Fährnisse bewältigt hatte. Diesen Ruhm aber hatte der ehrgeizige Italiener mit zwei berühmten anderen Forschern teilen müssen, weswegen er eine rein italienische Expedition mit dem Luftschiff Italia ausrüstete. Obwohl Fachleute dem Unternehmen keine großen Chancen gaben, gelangen Nobile erste Versuchsflüge über unbekannte Zonen des Polarmeeres, dann aber stürzte die Italia 1928 nördlich von Spitzbergen ab. Ein sowjetischer Eisbrecher rettete Nobile und sieben seiner Gefährten, doch gab es siebzehn Tote.

Einen völlig neuen Weg zum Pol fand das 1954 in den USA vom Stapel gelaufene große Atom-Unterseeboot Nautilus, das unter dem schwimmenden Polareis den geografischen Nordpol unterquerte und bewies, dass die Arktis kein Festland ist.

Mit Hundeschlitten und Zeppelin

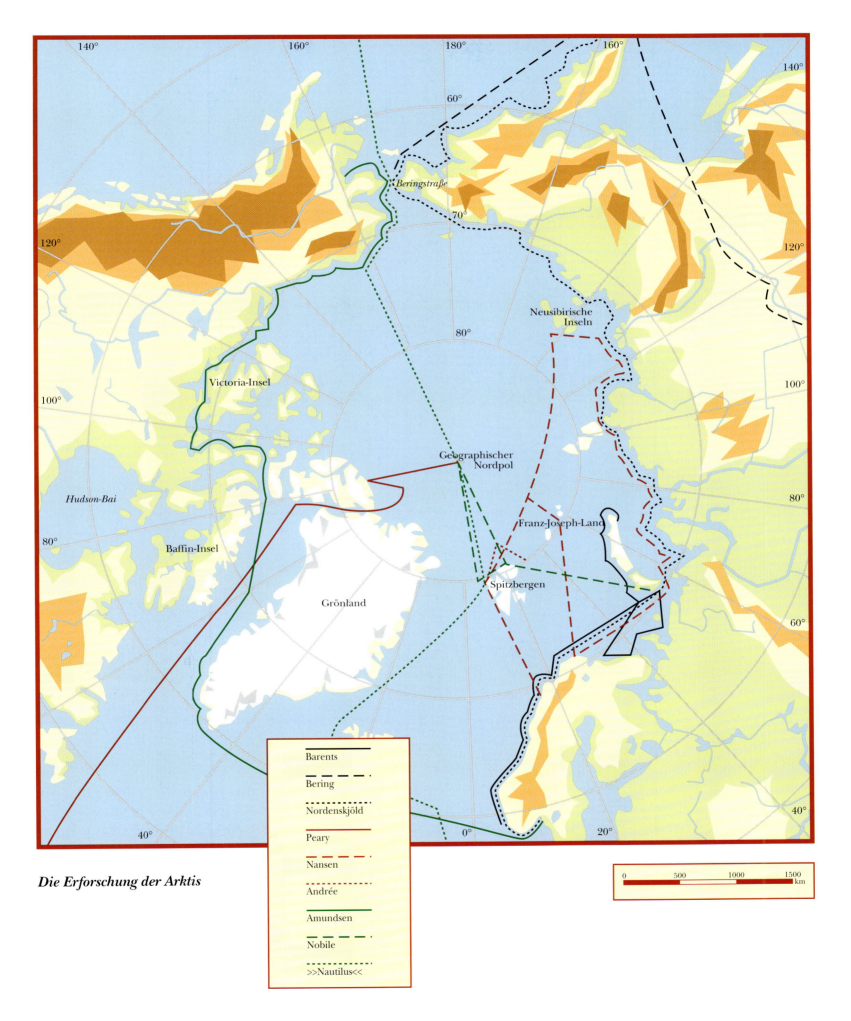

Die Erforschung der Arktis

Arktis und Antarktis

VERSCHOLLEN IM NORDEN

Suche nach Franklin (Kanada 1989)

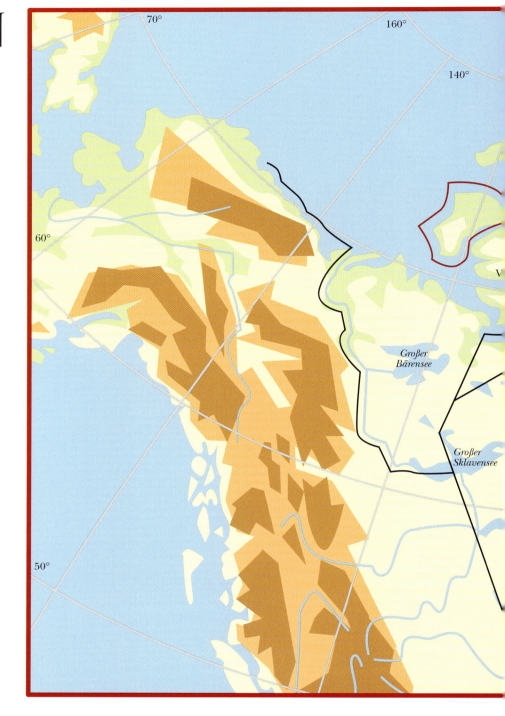

Sir John Franklin, einer der bedeutendsten Entdecker des 19. Jahrhunderts, erwarb sich seinen ersten Ruhm durch eine Landexpedition vom kanadischen Fort York zum Coppermine-River (1819–21). Er wusste also, worauf er sich einließ, als er 1845 mit zwei Schiffen, der Erebus und der Terror, auf die Suche nach einer Nordwest-Passage ging; in der grönländischen Melville-Bai auf etwa 75 Grad nördlicher Breite übernahm der Walfänger Danner Post von der Expedition. Seither, seit dem 26. Juli 1845, hörte man nichts mehr von den beiden Schiffen.

Angesichts der technischen Unmöglichkeit einer Fernverständigung und der häufigen Überwinterungen von Arktis-Expeditionen begann die Suche nach den Verschollenen erst 1848, finanziert von Regierungsstellen, vor allem aber von Lady Franklin, die für die Auffindung und später für Nachrichten von Franklin ihr Vermögen opferte. Nur wenige der etwa vierzig Suchexpeditionen erbrachten Franklins Schicksal unmittelbar betreffende Nachrichten, doch förderten beinahe alle in ungeahntem Maß die Kenntnis der arktischen Inselwelt nördlich von Kanada und an den Wasserstraßen, die für eine Nordwest-Durchfahrt vom Atlantik zum Pazifik in Frage kamen.

Für die Erfolglosigkeit der Rettungsexpeditionen wird verantwortlich gemacht, dass man Franklin viel zu weit nördlich suchte, doch hatte William Penny, ein Walfänger aus Aberdeen, 1851, also ziemlich früh, auf Devon-Island Funde gemacht, die auf eine Passage der Franklin-Expedition hindeuteten, die hier offenbar ihren nördlichsten Punkt erreicht hatte.

Verschollen im Norden

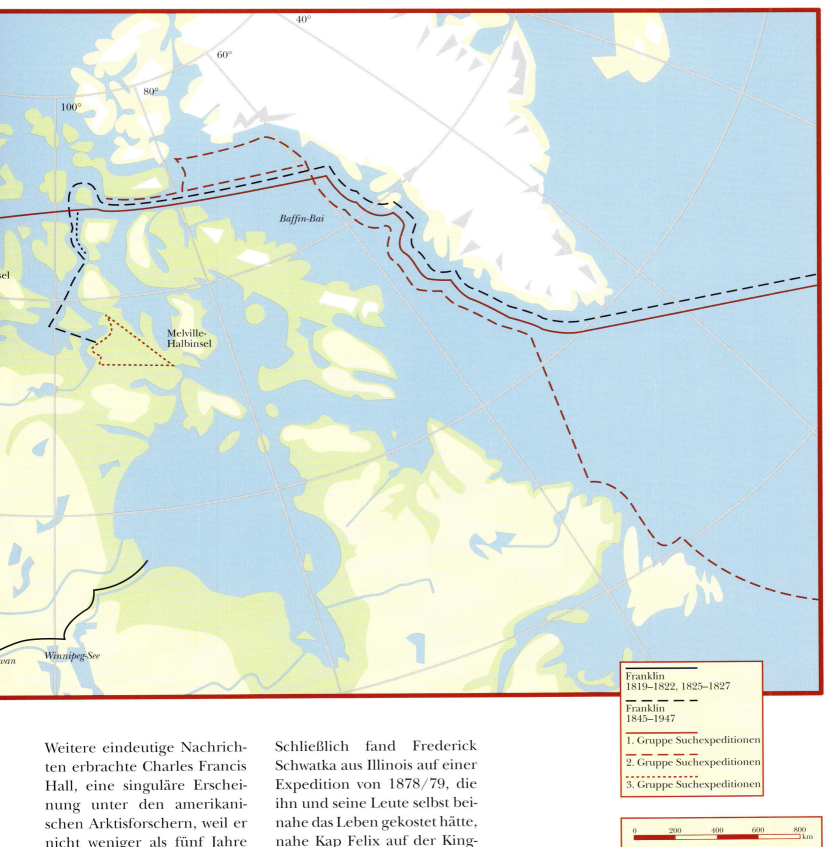

——————	Franklin 1819–1822, 1825–1827
– – – – –	Franklin 1845–1947
——————	1. Gruppe Suchexpeditionen
– – – – –	2. Gruppe Suchexpeditionen
··········	3. Gruppe Suchexpeditionen

Suche nach Franklin

Weitere eindeutige Nachrichten erbrachte Charles Francis Hall, eine singuläre Erscheinung unter den amerikanischen Arktisforschern, weil er nicht weniger als fünf Jahre (1864–69) bei den nordkanadischen Inuit lebte und, als sie ihm schließlich vertrauten, Gegenstände erwerben konnte, die unstreitig auf die Franklin-Expedition hinwiesen.

Schließlich fand Frederick Schwatka aus Illinois auf einer Expedition von 1878/79, die ihn und seine Leute selbst beinahe das Leben gekostet hätte, nahe Kap Felix auf der King-Williams-Insel Ausrüstungsstücke der Franklin-Expedition und Skelette.

167

Arktis und Antarktis

EISLAND DES SÜDENS

Dumont d'Urvilles Schiffe 1839 in der Antarktis

James Clarke Ross (Großbritannien 1972)

Jules S. Dumont d'Urville (Frankreich 1988)

So schwer es auch ist, Entdeckungsreisen gegeneinander abzuwägen und vergleichend zu bewerten: Die hartnäckigen Schlangenlinien, die James Cook auf seiner zweiten Reise bei der Umfahrung des antarktischen Kontinents beschrieb, sind in ihrer heroischen Konsequenz und beinahe selbstquälerischen Ausdauer ein Höhepunkt in dem ganzen wissensdurstigen Jahrhundert. Durch die Aufzeichnungen von Vater und Sohn Forster und die Zeichnungen und Gemälde des mitreisenden William Hodges ist diese Reise besser dokumentiert als manch anderer Großversuch und zeigt uns Cook von 1772 bis 1775 erfolgreich bemüht, den insularen Charakter der Polregion nachzuweisen und die Nichtexistenz eines in bewohnte Regionen hereinreichenden Südkontinents. Am 30. Januar 1774 erreichte Cook noch einmal besondere Südpol-Nähe.

Der erste Seefahrer, der das antarktische Festland sichtete, war Baron Fabian von Bellingshausen, der 1819–21 zwischen Grahamland und Feuerland ins südliche Eismeer einlief und einen Kreis auf den Spuren Cooks schlug. Auf 68 Grad südlicher Breite entdeckte Bellingshausen eine 1 270 Meter hoch aufragende Insel, 18 Kilometer lang und acht Kilometer breit, die er nach Peter dem Großen benannte. Bellingshausen war mit dieser Entdeckung in die Schelfeiszone vorgedrungen.

Dies gelang 1841 auch Sir James Clarke Ross, der mit den Expeditionsschiffen Erebus und Terror 1839 von Australien aus in die Antarktis vorgestoßen war. Nach ihm heißen in der neuseeländischen Antarktis-Zone bis heute Inseln, eine Schelfeis-Bucht und die Ross-Barriere.

Mit James Weddel ergänzt ein engagierter Laie die Reihe der Wissenschaftler, der sogleich einen spektakulären Erfolg errang. Als Walfang-Unternehmer auf der Suche nach neuen ergiebigen Jagdgründen traf er 1822/23 auf eisfreies Wasser im Südpolargebiet und konnte bis auf 74,15 Grad südlicher Breite vorstoßen, für jene Zeit ein Rekord. Die 1821 zum ersten Mal gesichteten Süd-Orkney-Inseln wurden von Weddel genauer erforscht, auch über die Falklandgruppe brachte er neue Berichte. Heute heißt die große Eismeerbucht zwischen den Süd-Orkneys und dem antarktischen Festland Weddel-Meer.

Der gleichen Generation wie der kühne Walfänger gehörten der Entdecker Dumont d'Urville und der Amerikaner Charles Wilkes an. Mit dem Normannen d'Urville hatte sich Frankreich zunächst an der Suche nach dem verschollenen Grafen La Pérouse beteiligt, die Hauptverdienste erwarb sich der ausdauernde Marineoffizier jedoch in der Antarktis, deren Herzraum er sich 1840 von zwei Seiten her näherte, durch das Bellingshausen-Meer und in kühner Schleife auf Adélie-Land zuhaltend, das als d'Urvilles eigentliche Entdeckung gilt. Einen weiteren Teil des antarktischen Festlandsockels benannte der Franzose nach seinem König Louis Philippe I.

Der New Yorker Charles Wilkes schließlich begann mit wissenschaftlichen Expeditionen im südlichen Südamerika und rüstete 1839 in Sidney eine Antarktis-Expedition aus. In hartnäckigen Kreuzfahrten kam er zu nahe an die Eisküste und musste mit dem havarierten Schiff 1840 nach Sidney zurückkehren.

Eisland des Südens

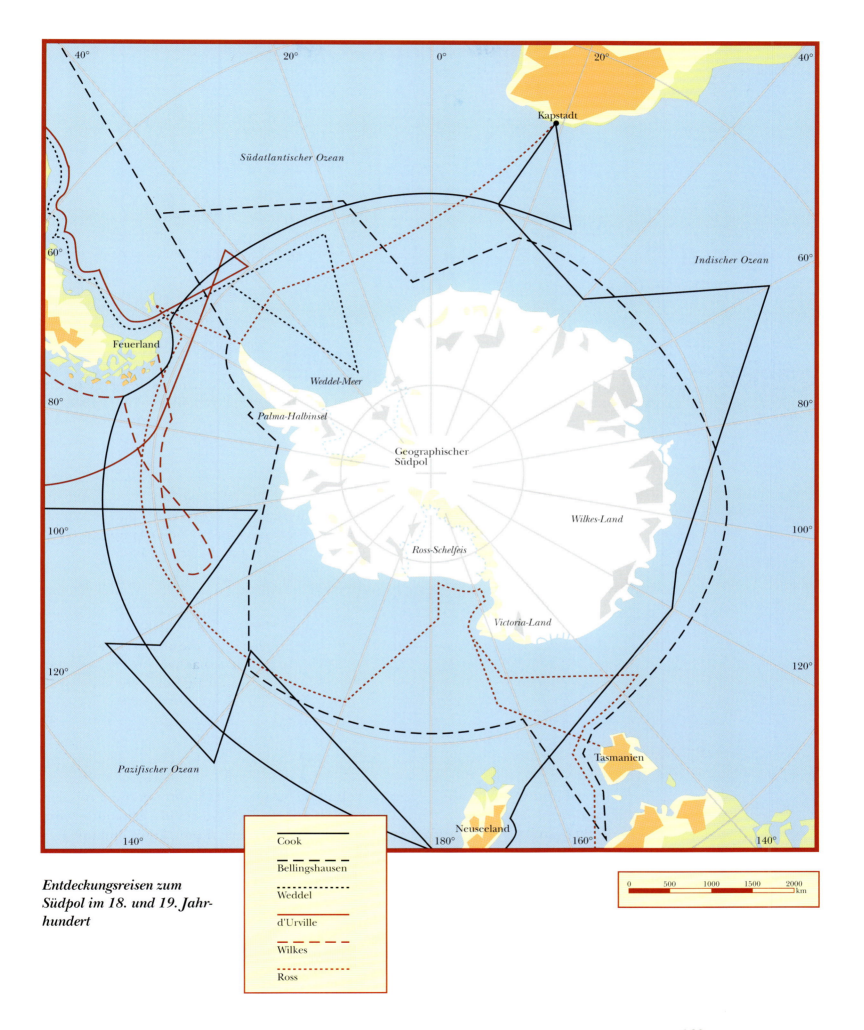

Entdeckungsreisen zum Südpol im 18. und 19. Jahrhundert

Arktis und Antarktis

WETTLAUF ZUM POL

*Roald Amundsen
(Sowjetunion 1972)*

*Amundsen am Südpol
(Norwegen 1961)*

*Robert F. Scott
(Großbritannien 1972)*

Noch vor dem Ersten Weltkrieg wurde die Antarktis Schauplatz dramatischer Ereignisse, in deren Verlauf sich Gefährten in Rivalen verwandelten. An der Discovery-Expedition von 1901–04 nahmen Robert Falcon Scott und Ernest Henry Shackleton gemeinsam teil und erreichten nach der Überquerung des Schelfeises in der Ross Bai 82,16 Grad südlicher Breite. Aber schon 1907 startete Shackleton seine eigene Südpolexpedition auf dem Schiff Nimrud und gelangte im Landmarsch bis auf 88,23 Grad heran. Da 1911/12 Amundsen und Scott den Südpol erreicht hatten, blieb Shackleton, wenn er diese Leistungen übertreffen wollte, nur die Durchquerung der Antarktis, was er 1914–16, also bereits im Krieg, mit dem Schiff Endurance versuchte. Die geplante Route verlief vom Weddel-Meer über den Pol zum McMurdo-Sund am Ross-Meer, aber das Packeis gab Shackletons Schiff nicht frei und die Männer mussten sich in offenen Booten auf die South-Shetlands retten.

Im Juni 1910 begann Robert F. Scott seine Südpolexpedition, ohne zu wissen, dass Roald Amundsen gleichzeitig dem Pol zustrebte, von der westlichen Ross Bai aus auf einem etwas kürzeren und weniger bergigen Weg. Diese von dem erfahrenen Norweger technisch brillant durchgeführte Expedition erreichte den Pol am 16. Dezember 1911. Und die nach der Durchquerung der Alexandra-Kette völlig erschöpften Männer Scotts mussten am 17. Januar 1912 enttäuscht feststellen, dass Amundsen ihnen um beinahe fünf Wochen zuvorgekommen war. Entmutigt, erschöpft und nicht nur unzureichend, sondern wohl auch falsch ernährt gingen die Männer der Scott-Expedition auf dem Rückmarsch gegen Ende März 1912 zugrunde. Noch im selben Jahr im November fand ein Suchtrupp die Leichen, die Aufzeichnungen und Expeditionsgut.

Der erfolgreiche Ozeanflug von Charles Lindbergh hatte Pläne begünstigt, das neue Verkehrsmittel auch in der Polarforschung einzusetzen. Es war Richard Evelyn Byrd (1888–1957), der schon Lindbergh navigatorisch ausgebildet hatte, der im Mai 1926 den Nordpol im Flugzeug überquerte. Im Dezember 1928 errichtete er an der Walfisch-Bai (Eduard VII.-Land) eine amerikanische Basis, von der aus er im November 1929 mit drei Gefährten den Südpol überflog. Byrd überflog den Südpol noch zweimal, ehe er im März 1957 in Boston starb.

Byrd hatte unendlich viel für die Kenntnis der Antarktis getan. Rund um den Pol richteten interessierte Staaten Dauerbasen ein, und die rein geographische Entdeckung von Routen und Gipfeln trat gegenüber dieser internationalen Bemühung ein wenig zurück, bis dem britischen Geologen (Sir) Vivian Fuchs 1957/58 in nur 99 Tagen die erste Landüberquerung des antarktischen Kontinents gelang, vom Filchner-Schelfeis bis zum McMurdo-Sund. Eine selbstständig operierende neuseeländische Gruppe unter Sir Edmund Hillary erreichte am 4. Januar 1958 wenige Tage vor Fuchs den Südpol. Nahe verwandt mit dieser Strecke war die Durchquerungs-Route, die der Südtiroler Reinhold Messner (geb. 1944) und der acht Jahre jüngere Arved Fuchs wählten. Sie brachen am 13. November 1989 in den Thiel-Bergen auf, erreichten den Pol und wanderten von dort weiter in Richtung Ross-Meer, das sie ebenfalls an der McMurdo-Bucht des Ross-Schelfeises am 12. Februar 1990 erreichten.

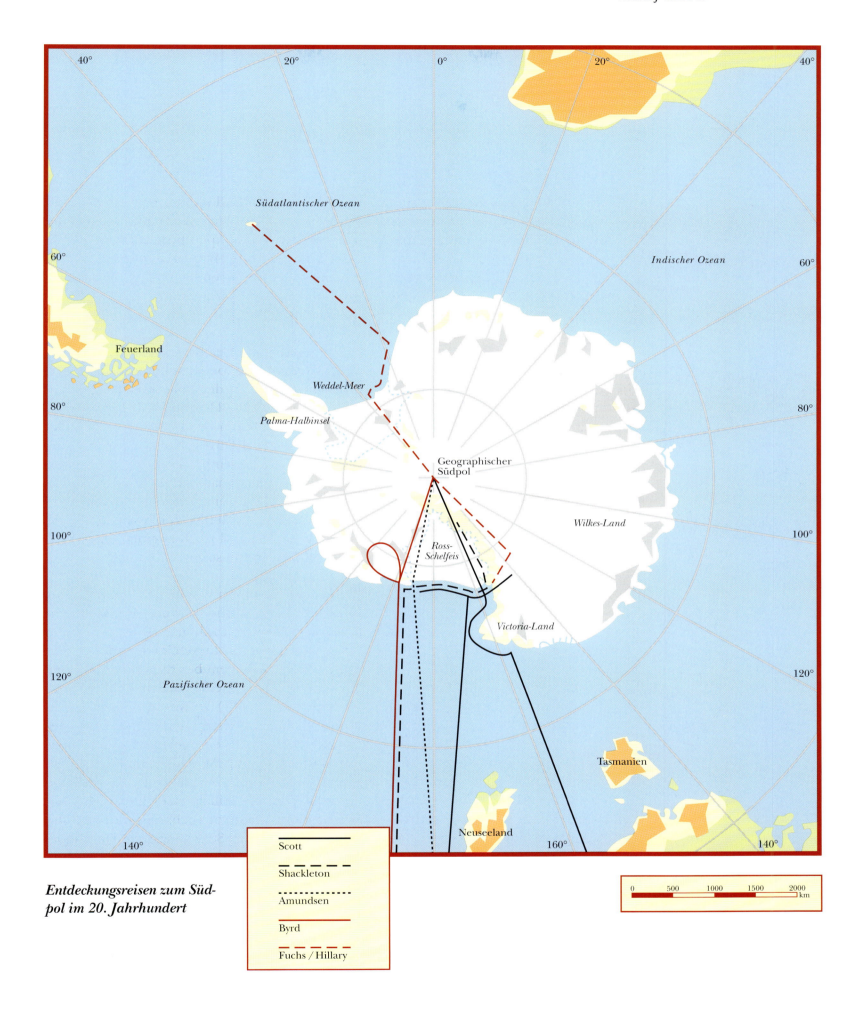

Wettlauf zum Pol

Entdeckungsreisen zum Südpol im 20. Jahrhundert

171

RUND UM DIE ERDE

Fernando de Magellan (Cook Inseln)

L.A. de Bougainville (Frankreich 1988)

Seite aus Pigafettas Reisebericht

Die erste Umseglung des Erdballs konnte erst gelingen, als die spanische Sphäre der atlantischen Eroberungen und die portugiesischen Fahrten zu den Gewürzinseln nur noch durch ein einziges, wenn auch sehr großes Meer voneinander getrennt waren. Papst Alexander VI. hatte bereits 1493 von Pol zu Pol eine Trennungslinie zwischen den Interessensgebieten der beiden großen Seefahrervölker gezogen, die dann 1494 im Vertrag von Tordesillas nochmals ausdrücklich bestätigt wurde. Aber wo getrennt worden war, dort konnte auch wieder vereint werden, und das geschah durch einen Mann, der erst die Molukkenfahrten kennen gelernt, dann aber seiner portugiesischen Heimat den Rücken gekehrt hatte: durch Fernando de Magalhaes, der sich in spanischen Diensten dann Magellan nannte.

Magellan wurde zwar von einem anderen Portugal-Emigranten, dem erfahrenen Astronomen Ruy Faleiro, beraten, aber auch dieser konnte für die Existenz einer Meeresöffnung im südamerikanischen Kontinent nur die Wahrscheinlichkeit eines Analogieschlusses anbieten: So wie Afrika mit dem Kap der Guten Hoffnung ins Weltmeer hineinragte, so musste nach dem christlichen Weltbild auch Südamerika, dessen Schmälerwerden bekannt geworden war, in einer Landspitze enden. Die vermutete Existenz eines großen Südkontinents machte einen Durchlass zwischen den Landmassen ebenfalls wahrscheinlich.

Dank des jungen italienischen Adeligen Francisco Antonio Pigafetta und vereinzelter anderer Aufzeichnungen sind wir über die Westfahrt, die Magellan 1519 begann, gut unterrichtet (vgl. Karte S. 174). Schon in der tiefen La Plata-Mündung glaubte Magellan an einen Erfolg, aber erst die nach ihm benannte Felsenpassage nördlich von Kap Hoorn ermöglichte es, den Pazifischen Ozean zu erreichen, den Magellans zusammengeschmolzene Flotte unter Entbehrungen durchquerte. Im März 1521 wurde Magellan auf einer Philippinen-Insel im Kampf mit Eingeborenen tödlich verwundet. Das einzige noch seetaugliche Schiff, die Victoria, kehrte 1522 unter Juan Sebastian del Cano, einem tüchtigen baskischen Piloten, nach Spanien zurück.

Die Portugiesen glaubten zunächst nicht an die neue Wasserstraße oder taten zumindest so, um beim Papst Klage dagegen führen zu können, dass nun Schiffe anderer Nationen im Bereich des ertragreichsten Handels, im Raum der Gewürzinseln, auftauchten; die Spanier aber hatten mit der Magellanstraße und der Fahrt an die südlichen Westküsten ihres Kolonialgebietes eine Möglichkeit, die mühsamen Landtransporte peruanischer Waren quer über den Isthmus von Panama durch Schiffsfrachten zu ersetzen. Die britischen Korsaren, die bislang die spanischen Silberflotten in der Karibik abgefangen hatten, mussten umdenken und hinter ihrer Beute her in den fernen Süden segeln, allen voran wie immer ein inzwischen beinahe berühmter Kaperfahrer namens Francis Drake.

Nach Beutezügen in der Karibik mit dem Atlantik vertraut, lief Drake am 13. Dezember 1577 mit fünf Schiffen quer über den Ozean auf die Magellanstraße zu und durchfuhr sie in nur sechzehn Tagen, wurde danach aber von schweren Stürmen weit nach Süden zurückgeworfen und stellte dabei fest, dass die magellansche Entdeckung nur eine Abkürzung darstellte: Der

Kontinent endete weiter südlich in einem Gewirr felsiger Inseln, deren südlichste das Kap Hoorn bildete. Drake bestieg den Felsen und darf als sein Entdecker gelten; der große Südkontinent, der sich auf der zehn Jahre später entstandenen Weltkarte des Mercator bis an die Magellanpassage heranschiebt, existierte nicht – auch die Briten hatten also ihre Entdeckungen geheim gehalten.

An der von den Spaniern als sicher eingeschätzten südamerikanischen Westküste machte Drake überreiche Beute, vernachlässigte aber auch die geographischen Interessen nicht, sondern lief bis an die Küsten des heutigen Oregon nach Norden, ehe er sich der Pazifik-Überquerung zuwandte und diese bis Palau in zehn Wochen bewältigte. Das Flaggschiff Golden Hind erreichte mit Beute schwer beladen 1580 England.

Neun Jahre nach Drake wiederholte sein Landsmann Cavendish die große Fahrt; Briten wie Holländer traten auf allen Meeren der Welt in Wettbewerb mit Spaniern und Portugiesen, aber da diese frühen Weltreisen überwiegend dem Beutemachen und wirtschaftlichen Erkundungen dienten, blieb ihr Gewinn für die geographische Wissenschaft lange Zeit ziemlich bescheiden.

Die wissenschaftlichen Expeditionen hatten mehr Zeit als die Seefahrer des 16. Jahrhunderts in ihren winzigen Schiffen. Sie konnten zwischen jenen Inseln kreuzen und sie geruhsam besuchen, die sowohl Magellan als auch Drake verfehlt oder nicht beachtet hatten, und so entstand nach und nach die Karte von Ozeanien, geziert von viel zu vielen Inselnamen, weil jede Expedition fröhlich benannt hatte, ohne sich zu fragen, ob die Gelehrten eines anderen Landes schon hier gewesen waren und die Insel verzeichnet hatten – weshalb man heute in internationaler Übereinkunft weitgehend zu den Namen zurückgekehrt ist, die von den Eingeborenen ihren Inseln verliehen wurden.

Von Dezember 1766 bis März 1768 war der französische Seeoffizier Louis-Antoine de Bougainville mit den Schiffen Boudeuse und Etoile und einer kleinen, erlesenen Gelehrtengruppe quer durch den Pazifik unterwegs. Sehr viel länger, nämlich von 1828 bis 1836, währte die Weltkreuzfahrt der Beagle unter dem Meteorologen und Seemann Robert Fitzroy, der dabei keinen Geringeren als den genialen Naturwissenschaftler Charles Darwin mit

Die »Challenger« auf Erkundungsfahrt

an Bord hatte. Auf dieser langen, wiederholt unterbrochenen Weltreise legte Darwin den Erfahrungsgrund seiner umwälzenden Theorien, vor allem in Feuerland, in Chile und auf den Galapagos-Inseln.

Als die Expeditionen häufiger und die beteiligten Gelehrten zahlreicher wurden, begann man die Unternehmungen nach den Forschungsschiffen zu benennen. So wird die österreichische Weltumseglung (1857–59) meist nach der Fregatte Novara benannt, während die Großunternehmung der britischen Admiralität der Jahre 1872–76 nach der gleichnamigen Corvette Challenger heißt.

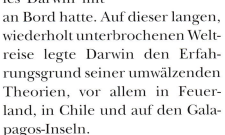
Juan Sebastian del Cano (Cook Inseln)

Francis Drake (Großbritannien 1973)

Die wohl letzte wissenschaftlich bedeutsame und zugleich auch spektakuläre Weltumrundung unternahm 1999 der Schweizer Bertrand Piccard, ein Enkel des berühmten Stratosphärenforschers Auguste Piccard, in dem Ballon Breitling Orbiter 3. Es war die erste Erdumrundung dieser Art. Nach mehreren vergeblichen Versuchen startete Piccard zusammen mit seinem Copiloten Brian Jones am 1. März 1999 in den Schweizer Alpen. Der Flug führte ihn zuerst südwestwärts bis Marokko, dann ostwärts über Nordafrika, Südarabien, Nordindien, China und quer über den Pazifik, Mittelamerika, den Atlantik und Nordafrika bis nach Ägypten, wo der Ballon nach 20 Tagen Flug am 21. März landete. Damit war nach Jahrhunderten einer der letzten großen Menschheitsträume erfüllt.

Rund um die Erde

Erdkarte von 1579 mit dem Reiseweg Magellans

Rund um die Erde

Rund um die Erde

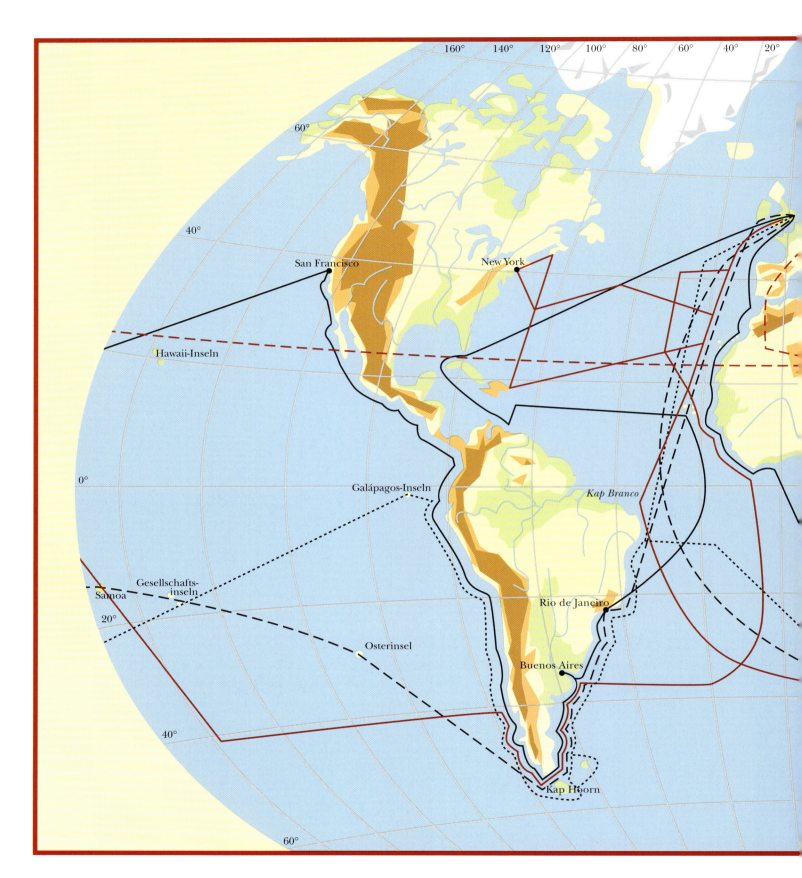

Erdumrundungen

Rund um die Erde

177

Philatelie

PHILATELIE

UND ENTDECKUNGSGESCHICHTE

Diego Gomes

Gil Eannes

Nuno Tristão

Vasco da Gama

Diego Cao

Auf dem Weg nach Indien (Portugal 1991/92)

Kolumbus (Spanien 1987)

Reyes Católicos

Cristóbal Colón

Fray Juan Perez

Juan de la Cosa

Hermanos Pinzón

Eigentlich gehören sie irgendwie zusammen, Entdecker, Entdeckungsreisen und Briefmarken. Zwar hatten nur die allerwenigsten jener Entdecker, die heute auf Briefmarken abgebildet sind, auch schon persönlich mit Postwertzeichen zu tun, aber es ist eben der Zauber der Ferne, der von beiden ausgeht, der den Reiz des Sammelns ausmacht und der oft genug die Entdecker zu ihren Reisen anregte. Christoph Kolumbus hätte wohl ungläubig den Kopf geschüttelt und gelacht, hätte man ihm vorausgesagt, sein Porträt werde einmal auf Millionen kleiner Bildchen in wenigen Stunden jenen Ozean überqueren, den er in wochenlangen Fahrten bezwingen musste!

Die Staaten der Erde haben die Chance, durch Briefmarkenmotive an große Entdecker und ihre Reisen zu erinnern, bedauerlicherweise noch recht wenig genutzt. Das zeigt schon die Marken- und Motivauswahl dieses Buches. Sie wurde, wie von vornherein betont werden muss, nicht unter philatelistischen Gesichtspunkten getroffen. Mit anderen Worten: Es kam auf die Bildmotive und nicht etwa auf die Selten- und Besonderheiten der Marken an. Sie erhebt auch keineswegs Anspruch auf Vollständigkeit, aber man darf sagen, dass die abgebildeten Marken schon repräsentativ für die Behandlung des Themas sind.

Dieser Atlas bringt die Abbildungen von rund 110 Briefmarken. Wer eine vollständige Sammlung mit Motiven zur Entdeckungsgeschichte anlegen möchte, dürfte etwa auf die doppelte Anzahl kommen, und etwa ein Drittel davon tauchen auch noch mit anderen Wertangaben auf. Das ist bei der Fülle von Marken und Motiven auf der ganzen Welt nicht viel, wie man mit Bedauern feststellen wird. Nehmen wir nur einmal Deutschland, das doch immerhin eine ganze Anzahl bedeutender Beiträge zur Erschließung der Erde geliefert und damit auch eine Reihe bedeutender Entdecker hervorgebracht hat. Bis

1945 erschienen gerade drei Briefmarken mit den Porträts von Gustav Nachtigal, Hermann von Wißmann und Carl Peters (1934), wobei diese zusammen mit Franz Lüderitz als »Kolonialforscher« vorgestellt wurden. Nicht einmal bei den Briefmarken für die Kolonien wurde einer der Männer gewürdigt, die oft unter dem Einsatz ihres Lebens die Länder erforscht hatten, da genügte schon des Kaisers Jacht! 1953 wurde Nansen wegen seiner humanitären Leistungen vorgestellt, 1959 endlich Alexander von Humboldt anlässlich seines 100. Todestages. 1992 brachten die beiden Europa-Marken Motive aus alten Reisewerken zur Erinnerung an die Entdeckung Amerikas, außerdem erschien zum ebenfalls 500-jährigen Jubiläum von Behaims »Erdapfel« eine Sondermarke. Die DDR druckte 1979 eine Marke mit dem Bild des Schriftstellers und Forschungsreisenden Georg Forster und 1980 eine mit dem Polarforscher Alfred Wegener.

Entdeckungsgeschichte auf der Briefmarke begann 1893 mit Kolumbus, als die USA anlässlich des 400-jährigen Jubiläums der Entdeckung Amerikas einen aufwändig gestalteten Satz von 16 Marken mit historischen Genre-Szenen aus dem Leben des Seefahrers brachten. Die heute sehr seltenen und entsprechend kostbaren Marken dienten ihrerseits als Vorlagen für Jubiläums-Blocks der USA, Italiens und Spaniens 1992. Merkwürdigerweise wuchs das Interesse an Entdecker-Motiven erst nach dem Zweiten Weltkrieg. Häufig waren dabei Gedenktage der Anlass für Editionen, allerdings lässt sich auch dafür keine Regel aufstellen. Im Kolumbus-Jahr 1992 erschien geradezu eine Fülle von Gedenkmarken von Staaten der Erde. Hier würde sich eine eigene kleine Motivsammlung durchaus lohnen. Sonst aber gilt für den Sammler, der sich selbst als Entdecker betätigt, das alte Goethe-Wort: »Man sieht nur, was man kennt.« Wer würde schon unter den Briefmarken Monacos eine mit dem Motiv der Entdeckung Grönlands durch die Wikinger oder J. L. Stephens auf einer Marke von Belize suchen? Am ehesten sind sich die alten großen Entdeckernationen wie Spanien und Portugal ihrer Tradition bewusst. Deshalb begegnen wir dort auch den meisten bedeutenden Seefahrern auf Briefmarken. Dabei war es ein glücklicher Einfall Portugals, nicht nur die großen Kapitäne, sondern auch die von ihnen benutzten Schiffstypen vorzustellen. Norwegen stellt Nansen und Amundsen heraus, Schweden Nordenskjöld, Andrée und Hedin, die Tschechoslowakei erinnerte an ihren bedeutenden Südafrika-Reisenden Holub, Marokko an Ibn Batutah, der Vatikan gleich zweimal an Marco Polo. Großbritannien brachte zwei Serien mit Polarforschern und mit Reisenden und Seefahrern, Frankreich ehrte 1988 La Pérouse, Bougainville und d'Urville.

Die Aufzählung ließe sich natürlich noch erweitern. Wollte man eine Art Rangliste nach der Häufigkeit der Motive aufstellen, kämen an erster Stelle die Seefahrer, allen voran Kolumbus, es folgten die Entdecker der Polargebiete und Nordamerikas, ein paar Konquistadoren und erst ganz am Schluss die Reisenden aus Afrika.

Entdeckung Amerikas (Deutschland 1992)

Santa Maria

Pinta   *Nina*

Die Schiffe des Kolumbus (Nicaragua 1982)

Zeittafel

ZEITTAFEL

ZUR ENTDECKUNGSGESCHICHTE

Einzelne zeitliche Ansätze, vor allem in vorchristlicher Zeit, sind strittig, ohne dass dies jedes Mal vermerkt wäre.

Vor Christus
4800
Gesicherte Datierung des ältesten Großstein(Megalith)baus an der bretonischen Küste.

3200–1400
Ein unbekanntes Seefahrervolk errichtet an europäischen Küsten und Flussmündungen Großgräber in zyklopischer Bauweise.

2420–2150
Ägyptische Handelsfahrten in das Gold- und Weihrauchland Punt. Namentlich bekannt: ein Kapitän Hwj und ein Steuermann Khnemhotep.

1493/92
Aus Tempelinschriften gut bekannte Punt-Fahrt im Auftrag der Pharaonin Hatschepsut (etwa 1501–1482).

1000–975
In chinesischen Annalen belegte Forschungsexpeditionen aus dem Reich der Mitte nach Westen und Norden.

960–925
König Salomo von Israel beauftragt den mit ihm verbündeten Phönikerkönig Hiram von Tyrus mit einer Expedition in das Goldland Ophir (heute Simbabwe).

um 800
Phöniker und Karthager erreichen die Kanarischen Inseln, Madeira und (vermutlich unfreiwillig) die Azoren.

610 (oder 609)–595
Necho, Pharao, beauftragt eine kleine phönikische Flotte mit einer Gesamtumrundung Afrikas, ausgehend von einem Hafen am Roten Meer; Rückkehr durch die Meerenge von Gibraltar (Beweis: Herodot und verschiedene alte Seefahrtshandbücher).

um 525
Phönikische Seefahrt im Atlantik: Belegt Hannos Fahrt zum Kamerunberg und Himilkos Fahrt zu den Zinn-Inseln (Scilly-Inseln, Cornwall).

um 350
Der Grieche Pytheas segelt im Auftrag der Kaufleute von Massilia (Marseille) von der Gironde rund um England nach Südnorwegen und kehrt durch den Ärmelkanal zurück. Er berichtet darüber in dem Buch »Über das Weltmeer«.

330–325
Alexanders des Großen Feldzüge in Mittelasien mit dem Vordringen bis zum Hindukusch und ins Pandschab schaffen das eurasische Weltbild und bewirken kulturelle Einflüsse auf Zentralasien.

138–115
Chinas Kaiser entsenden Kundschafter bis an den Persischen Golf im Westen und nach Birma im Süden.

95 vor bis 85 n. Chr.
Erkundungsunternehmen der Römer zur See und zu Lande in Richtung der Sahara, zum oberen Nil, längs der Weihrauchstraße in Arabien, nach Helgoland und an die Ostseeküsten. 84 n. Chr. umsegelt der Feldherr Agricola die Nordregionen der britischen Hauptinsel.

Nach Christus
um 100
Der Karawanenweg durch Afghanistan und die zentralasiatischen Wüsten nach China ist bekannt und regelmäßig begangen. Seefahrtshandbücher beschreiben richtig die gesamte Gestalt Afrikas.

399–414
Der Chinese Fa-Hsien wandert aus religiösen Gründen durch Zentralasien nach Indien und Ceylon und kehrt zur See über Indonesien nach China zurück; sein unschätzbarer Reisebericht wurde 1837 publiziert.

629–645
Hsüan-Tsang reist, emsig berichtend, in Zentral- und Mittelasien, dazu im westlichen Indien, und kehrt auf dem Landweg durch die Takla-Makan-Wüste zurück.

im 8. Jh.
Irische Einsiedler-Mönche, unterwegs in der Nordsee, begründen u.a. eine Gemeinschaft auf Island und ziehen sich beim Eintreffen heidnischer Wikinger auf die Westmänner-Inseln zurück.

850–1000
Skandinavische Seefahrer vollführen Raubzüge vor der westafrikanischen und allen westeuropäischen Küsten, erreichen kurz nach britischen Kolonisten Island, besiedeln ab 981 Grönland und zwischen 985 und 1000 Neufundland.

922
Ibn Fadhlan erreicht im Auftrag des Kalifen Al Muktadir die Residenz Bolgar (nahe dem heutigen Kasan).

1150–1350
Massenwanderung der Maori aus der Hawaii-Gruppe nach Neuseeland, in Hunderten von offenen Booten (nur ein Stamm kehrte zurück).

1166–1173
Rabbi Benjamin aus Tudela bereist Vorderasien und Nordafrika.

um 1190
Skandinavische Walfänger und Pelztierjäger auf Spitzbergen, Nowaja Semlja und Jan Meyen. Spitzbergen heißt seither Svalbard.

im 13. Jh.
Die Kreuzzüge beleben die Gerüchte von einem christlichen Reich unter dem Priesterkönig Johannes in Indien.

1246
Mit der Zentralasienreise des Mönchs Carpine beginnen die Versuche, mit dem Großkhan in seinen verschiedenen Residenzen Verbindung aufzunehmen. Sie gipfeln in

Zeittafel

der Reise des Venezianers Marco Polo und seiner Rückkehr durch südostasiatische Gewässer (1271–95).

1325–1353
Der Marokkaner Ibn Batutah bereist nach Pilgerfahrten Indien, die Malediven, Südostasien und schließlich Afrika und gilt aufgrund seines großen Reiseberichts als der bedeutendste aller frühen Reisenden.

1396–1427
Der Freisinger Hans Schiltberger absolviert als Sklave ausgedehnte Reisen zwischen Sibirien und den Schwarzmeerküsten (Schicksal von Tausenden Kriegsleuten jener Zeit, die nicht darüber berichteten).

1406–1542
Norwegische und hamburgische Versuche, mit den Siedlungen der Grönlandwikinger Verbindung aufzunehmen. Der Hamburger Gert Mestemaker findet keine Menschen mehr vor. Die Kolonie ist nach Überfällen britischer Piraten und Eskimos, aber auch an Skorbut zugrunde gegangen.

1416
Der durch Ordenseinkünfte reiche Prinz Heinrich von Portugal befiehlt und finanziert Entdeckungsfahrten längs der afrikanischen Westküsten, die zeit seines Lebens (er starb 1460) bis zum heutigen Sierra Leone gelangen.

1419–1444
Der Venezianer Niccolò di Conti erreicht auf dem Landweg Indien, reist auf die Gewürzinseln (Sunda-Inseln) weiter und kehrt nach 25 Jahren über Ceylon nach Europa zurück, wo er einem Sekretär von Papst Eugen IV. einen wertvollen Bericht darüber diktiert.

1466–1473
Reise des russischen Kaufmanns Athanasius Nikitin von Twer über Hormuz nach Bidar, einer damals bedeutenden Stadt im Raum Haiderabad; auf der Rückreise wurde Trapezunt berührt.

1470–1485
Portugiesische Seefahrer, darunter Fernando da Poo, erforschen den Guineagolf und entdecken die Inseln Fernando Poo, São Tomé del Principe und Annobón.

1473 (oder 1476?)
Der Hildesheimer Didrik Pining (gest. 1491) segelt mit seinem Landsmann Pothorst und dem polnischen Piloten Johannes Scolvus (Skolp) über Grönland nach Labrador, eine Entdeckungsreise, die Portugal und Dänemark gemeinsam finanziert haben.

1485/86
19-monatige Reise von Diego Cao, der Martin Behaim an Bord hat, bis zum Kap Cross (heute Namibia) auf 21,48 Grad südlicher Breite (etwa bis zur Swakop-Mündung).

1487/88
Bartolomeo Diaz wird im Januar 1488 von einem schweren Sturm weit nach Süden verschlagen und entdeckt auf der Rückfahrt ein halbes Jahr später das Kap der Guten Hoffnung.

3.8.1492
Kolumbus und die Pinzóns beginnen im Hafen von Palos ihre erste Amerikafahrt.

24.6.1494
Der venezianische Seefahrer Giovanni Caboto erreicht das nordamerikanische Festland (Labrador); es folgen weitere Reisen in englischem Auftrag.

1497–99
Erste Indienfahrt von da Gama.

1498
Kolumbus landet an der venezolanischen Küste.

22.–27.4.1500
Pedro Alvarez Cabral, auf der Südfahrt zu weit nach Westen geraten, landet an der brasilianischen Küste und nimmt das Land für Portugal in Besitz.

Frühjahr 1500
Vicente Yanez Pinzón und Diego de Lepe erreichen unabhängig voneinander die brasilianische Küste.

21.6.1506
Christoph Kolumbus stirbt in Valladolid.

1507
Martin Behaim, deutscher Seefahrer und Geograph, stirbt in Lissabon. Matthias Ringmann und Martin Waldseemüller beginnen mit den Arbeiten für jenen Globus, auf dem Südamerika erstmals als Amerika bezeichnet erscheint.

1509–1513
Erster Höhepunkt der portugiesischen Expansion: Seesieg vor Diu über die Moslems, Eroberung von Goa, Handelsfahrten nach China und den Molukken, Eroberung von Malakka.

1513
Nuñez de Balboa überquert den Isthmus von Panama und entdeckt den Pazifik, den er Südmeer nennt. Dank Amerigo Vespucci (gest. 1512) und anderer ist die Ostküste Nordamerikas inzwischen weitgehend bekannt.

1515/16
Juan Diaz de Solis versucht mit zwei Schiffen eine Umrundung von Südamerika, wird aber in der La Plata-Mündung von Indianern auf grausame Weise getötet. Johannes Schöner, Mathematikprofessor in Nürnberg, verzeichnet auf einem Erdglobus das noch unentdeckte Südland.

1519–1521
Der Portugiese Magellan findet, in spanischen Diensten segelnd, die nach ihm benannte Durchfahrt in den Pazifik, wird jedoch auf einer Philippinen-Insel von Eingeborenen erschlagen. Hernando Cortés erobert nach einem an Rückschlägen reichen Feldzug endgültig das Aztekenreich und dessen Hauptstadt.

1523/24
Giovanni di Verrazzano, florentinischer Seefahrer, erforscht für Frankreich die Hudson-Mündung und angrenzende Gebiete.

1526
Portugiesische Seefahrer (Antonio d'Abreu) und Spanier entdecken weitere Sunda-Inseln und Neuguinea.

1530–1532
Francisco Pizarro und Gefährten erobern das Inkareich und ermorden seine Herrscher. Pizarro selbst wird 1541 getötet.

1535
Jacques Cartier bereitet an den Ufern des Sankt-Lorenz-Stromes die Eroberung Kanadas durch Frankreich vor.

1538
Auf der Mercator-Karte wird die Bezeichnung »Amerika« auch auf Nordamerika ausgedehnt.

1539–1542
Hernando de Soto zieht von Florida aus ins Mississippi-Becken und stirbt

Zeittafel

1542 in der Nähe des von ihm entdeckten Flusses. 1540/41 folgte ihm Vazquez de Coronado, als er die legendären Silbernen Städte sucht, aber nur auf Pueblo-Indianer stößt.

1542
Ruy Lopez de Villalobos und sein Pilot Juan Gatena erreichen von Acapulco aus Mindanao, wobei sie (vielleicht) Hawaii berühren.

1549
Portugiesische Handelsfahrer erreichen Japan.

1553
Die Expedition von Sir Hugh Willoughby geht auf der Suche nach einer Nordost-Passage nördlich Lappland zugrunde. Ihr Pilot Richard Chancellor erreicht jedoch auf dem Landweg den Hof Iwans IV. (des Schrecklichen) und schließt einen Handelsvertrag.

1559–1565
Die Spanier Legaspi, Arellano und Urdaneta vollführen auf verschiedenen Schiffen die erste Fahrt von den Philippinen nach Südamerika und berühren dabei unterschiedliche Inselgruppen. 1567–69 folgt ihnen, von Callao aus erfolgreich auf Westfahrt, Alvaro de Mendāna (1541–95) und entdeckt die Salomonen.

1569
Gerhard Mercator (1512–94), Kartograph des Herzogs von Jülich, veröffentlicht die große Weltkarte mit der seither berühmten »Projektion zum Nutzen der Seefahrer«.

1577–1580
Francis Drake entdeckt auf seiner Weltumseglung Kap Hoorn und erreicht auf nördlicher Küstenfahrt (vermutlich) Vancouver-Island. Er wird nach seiner Rückkehr im September 1580 geadelt.

1605–1606
Der Portugiese Pedro Fernandez de Quiros (gest. 1614) und der Bretone Louis de Torres (gest. 1610) auf Entdeckungsfahrt in Melanesien (Espiritu Santo, Torres Strait Islands u. a.).

1606
Vermutlich erste Sichtung der Küste von Australien durch den Holländer William Janszoon (Carpentaria-Golf, Cape York) auf einer der Expeditionen, die von der 1602 gegründeten Holländisch-Ostindischen Kompanie gefördert werden. (Der Handels-

posten Ternate in den Molukken war schon 1599 errichtet worden.)

1608
Samuel de Champlain aus Brouage krönt seine 1603 begonnenen Bemühungen um ein französisches Kanada durch die Gründung der Stadt Quebec und erforscht bis 1628 die Flusssysteme des Ottawa und des Mattawa. Er stirbt im Dezember 1635 in Quebec.

1611
Henry Hudson entdeckt und erforscht auf seiner vierten Reise die nach ihm benannte Bai, wird aber mit seinem Sohn und sieben Matrosen von der meuternden Besatzung ausgesetzt, erreicht Land, geht in den Einöden jedoch zugrunde.

1615/16
Le Maire und Schouten umrunden Kap Hoorn und entdecken im Pazifik zahlreiche Inseln im Tuamotu-Archipel und die Schouten- bzw. Le Maire-Inseln bei Neuguinea.

1619
Unter Gouverneuren wie Coen und van Diemen wird Batavia (anstelle von Amboina) Zentrum von Holländisch-Insulinde und der Entdeckungsfahrten in Richtung Australien vor allem durch Abel Janszoon Tasman, der Neuseeland entdeckte und als Erster Australien umsegelte (gest.1659).

1644
Der Kosakenoffizier Pojarkow erreicht die Mündung des Amur und Sachalin (das Seefahrern seit etwa 1630 bekannt war).

1647
Der Pomore Simon Deschnew beginnt seine Eismeerfahrten, die zur Entdeckung der Beringstraße und des nach ihm benannten Kaps führen.

1655/56
Der Jesuitenmissionar Martino Martini fertigt nach chinesischen Provinzial-Karten seinen China-Atlas an (gest. 1661).

1669–1684
Robert Cavelier de La Salle erkundet das Mississippigebiet bis zur Mündung und gründet Fort Saint Louis am Illinois.

1682
Begründung brandenburgischer Faktoreien an der westafrikanischen

Goldküste. Ludolfs Schriften über Äthiopien.

1686–1704
Die Korsarenreisen des William Dampier und seine Berichte darüber. Der Kosak Atlassow entdeckt Kamtschatka, befreit einen dort gefangen gehaltenen Japaner und schickt ihn an den Zarenhof.

1708/09
Woodes Rogers segelt mit Dampier als Piloten zu den Falkland-Inseln und nimmt am 31. Januar 1709 auf Juan Fernandez Alexander Selkirk an Bord, der sich dort hatte aussetzen lassen.

6.4.1722
Der Holländer Roggeveen entdeckt die etwa seit 1300 Jahren besiedelte einsame Insel Rapanui und nennt sie Osterinsel (die nächste bewohnte Insel, Pitcairn, ist 1600 Kilometer entfernt und wird 1767 von Carteret entdeckt).

18.6.1767
Samuel Wallis entdeckt die Vulkaninsel Tahiti. Im Jahr darauf von Louis de Bougainville angelaufen, wird die Insel auch für James Cook zu einem Hauptstützpunkt der Entdeckungsfahrten.

1768–1779
Die drei großen Entdeckungsfahrten von James Cook (gest. 1779), die ihn den ganzen Pazifik vom südlichen Polarkreis bis zur Beringstraße erkunden lassen.

1769–1793
Die französischen Entdecker vervollständigen die Kenntnis der polynesischen Inselschwärme (Surville, Marion de Fresne, Crozet, La Pérouse, Marchand, d'Entrecasteaux).

1793
Sir Alexander Mackenzie durchquert das nordamerikanische Felsengebirge und erreicht die pazifische Küste.

1796
Mungo Park dringt zum Niger vor.

1804–1806
Lewis und Clark erreichen von Saint Louis aus den Pazifik.

1828
René Caillié hält sich verkleidet monatelang in der alten Handels- und Universitätsstadt Timbuktu auf.

Zeittafel

1834
Alexander von Humboldts Reiseberichte liegen in 35 Bänden gesammelt vor.

1844 und 1846–48
Ludwig Leichhardts Expeditionen im Innern Australiens (seit 1848 am Coopers Creek verschollen).

1848
Beginn der Ostafrika-Forschungsreisen von J. L. Krapf und J. Rebmann.

1850–1855
Die Sahara-Reisen von Heinrich Barth (gest. 1865).

1860/61
Erste Australien-Durchquerung durch Burke, Wills und King.

1862
J. H. Speke erreicht die Ripon-Fälle des Nil-Flusses.

1869–1872
Erfolgreiche Reisen von Nachtigal (Sahara, Sudan) und Schweinfurth (Gazellenfluss, Akka-Volk).

5.9.1871
Carl Mauch entdeckt die Ruinenstätten von Simbabwe.

1872–1874
Payer und Weyprecht entdecken das Franz-Josephs-Land.

1874–1877
Henry Morton Stanley, der 1871 Livingstone aufgefunden und gerettet hat, widmet sich der Erforschung des Kongo-Flusses.

1878/79
Nordenskjöld bewältigt die Nordost-Passage.

6.4.1909
Robert Peary (1856–1920) erreicht den Nordpol.

Dez. 1911/Jan. 1912
Roald Amundsen und kurz nach ihm R. F. Scott sind am Südpol angelangt.

1933–1957
R. E. Byrd (1888–1957) erforscht zum Teil aus der Luft die Antarktis.

1958
Fuchs und Hillary durchqueren die Antarktis zu Land.

1962
Heinrich Harrers Forschungen in Neuguinea mit der Erstbesteigung der Carstenz-Pyramide (5100 Meter).

1967
Die Sowjetunion gibt den nördlichen Seeweg (Nordost-Passage) für die internationale Schifffahrt frei.

1970
Heyerdahl wiederholt die sensationelle Floßfahrt von 1947 (Kon Tiki) mit dem Papyrusboot Ra 2 über den Atlantik.

1989/90
Arved Fuchs und Reinhold Messner durchqueren den antarktischen Kontinent auf neuer Route.

1999
Dem Schweizer Bertrand Piccard gelingt die erste Weltumseglung mit einem Ballon

LITERATUR

Literaturangaben zur Entdeckungsgeschichte könnten ein kleines Buch füllen. Die folgenden Hinweise beschränken sich daher bewusst auf wesentliche Werke, die fast ausnahmslos weitere ausführlichere ältere und neuere Literatur in den verschiedenen Sprachen anführen. Ausdrücklich verwiesen wird in diesem Zusammenhang nochmals auf die beiden Lexika der Edition Erdmann (vgl. Verlagshinweis am Ende dieses Buches).

A History of Discovery and Exploration. 5 Bde. London 1970.

Bagrow, Leo – Skelton, R. A.: Meister der Kartographie. Berlin o. J. (erste Ausgaben 1944 und 1951).

Beaujeu – Mollat – Nougier: Histoire universelle des Explorations. 4 Bde. Straßburg 1964.

Bitterli, Urs: Die Entdeckung und Eroberung der Welt. 2 Bde. München 1980.

Burton, Rosemary (u.a. Hrsg.): Atlas der großen Entdecker. München 1998.

Cary – Warmington: Les explorateurs de l'Antiquité. Paris 1932.

Debenham, F.: Discovery and Exploration: an Atlas of Man's Journeys into the Unknown. London 1960.

Douglas, Norman und Ngaire: Pacific Islands Yearbook. 16th Edition. Auckland 1989.

Embacher, Friedrich: Lexikon der Reisen und Entdeckungen. Leipzig o.J. Repr. Amsterdam 1961.

Hassert, Kurt: Die Erforschung Afrikas. Leipzig o.J.

Hassinger, Hugo: Österreichs Anteil an der Erforschung der Erde. Wien 1949.

Hennig, Richard: Terrae Incognitae. 2. verb. Auflage. 4 Bde. Leiden 1956.

Henze, Dietmar: Enzyklopädie der Entdecker und Erforscher der Erde. Graz 1975 ff.

Keay, John (Hrsg.): History of World Exploration. London 1991.

Langnas, I.: Dictionary of Discoveries. New York 1959.

Leroi-Gorhan, Andre (Hrsg.): Die berühmten Entdecker und Forscher. Genf 1947.

Newby, E.: The Mitchell Beazly World Atlas of Exploration. London 1975.

Roberts, Gail: Atlas der Entdeckungen. München 1976.

Schegk, Friedrich (Hrsg.): Lexikon der Reise- und Abenteuerliteratur. Meitingen 1988 ff.

Schreiber, Hermann: Die Neue Welt. Die Geschichte der Entdeckung Amerikas. Gernsbach 1991.

Waldmann, Carl-Wexler, Alan: Who was who in the world exploration. New York 1992.

DANK

Ein Buch wie dieses muss immer als Gemeinschaftsleistung gesehen werden, da es in vielerlei Hinsicht den üblichen Rahmen sprengt. Ein Wort des Dankes sei daher gestattet.

Da ist zum einen mein Freund und Kollege Prof. Dr. Hermann Schreiber, mit dem ich schon manches Buch gemeinsam gemacht habe, vor allem zuletzt das »Lexikon der Entdeckungsreisen«. Er hat nicht nur die Begleittexte für die Karten Amerikas, Ozeaniens, Australiens und der Polargebiete übernommen sowie die Zeittafel am Ende dieses Buches erstellt, sondern mich auch sonst als erfahrener Kenner der Entdeckungsgeschichte beraten.

Bei der Bereitstellung der Briefmarken stand mir Herr Kurt Roth aus Würzburg mit Rat zur Seite und kümmerte sich bereitwillig um die manchmal schwierige Beschaffung der Vorlagen. Die modernen Karten sind die Gemeinschaftsarbeit der Herren Peter Schmitt und Frank Pfefferkorn. Die beiden Grafik-Spezialisten nahmen die für sie neue Herausforderung an und gaben auch nicht auf, als die Schwierigkeiten größer und der Herausgeber immer nervöser und anspruchsvoller wurde.

Das Gleiche gilt auch im technischen Bereich für Frau Bettina Wahl, der wir das wohl überlegte Layout verdanken.

Im Verlag half, wo er nur konnte, Herr Christian Buggisch M.A. als Lektor, der dabei jene Ruhe und Gelassenheit ausstrahlte, die altersmäßig eigentlich dem Herausgeber angestanden hätte.

Ein besonderer Dank gilt natürlich den beiden Verlegern Hansjörg Weitbrecht und Gunter Ehni, von denen auch die Idee zu diesem Buch kam.

Und nicht zuletzt danke ich auch meiner Frau, die wieder einmal die mit viel Unruhe verbundene Fertigstellung des Buches ausgehalten hat.

Würzburg, im Juli 2000
Heinrich Pleticha

Register

REGISTER

Personen-Register

Abreu, Antonio de 181
Agnes, Battista 144
Agricola, Gnaeus Iulius 180
Alexander der Große 22, 25, 29, 60, 87, 180
Alexander VI., Papst 172
Almagro, Diego de 133, 136 f.
Almasy, Lazlo E. 51
Amundsen, Roald 163 ff., 170 f., 179, 181
Andersson, Charles John 58 f.
Andrée, Salomon August 162, 164 f., 179
Arellano, Don Alonso de 182
Aristagoras von Milet 6
Astor, Johann Jakob 112
Atlassow 182

Baffin, William 107, 109 f.
Baker, Samuel 48
Balboa, Vasco Nuñez de 116, 130 ff., 144, 181
Banks, Joseph 139
Barbuda, Luiz Jorge de 67, 71
Barents, Willem 78, 81, 156 f., 163 ff.
Barth, Heinrich 48 ff., 52, 183
Bastian, Adolf 88
Bates, Henry W. 134 f.
Behaim, Martin 20 f., 162, 181, 179
Bell, Gertrude 82 f.
Bellebourne, Jean Nicolet de 111 f.
Bellingshausen, Baron Fabian von 163, 168 f.
Bering, Vitus 67, 78, 81, 157, 163 ff.
Bieber, Friedrich 56
Biscoe, John 157
Blaeu, Johan 66
Blaeu, Wilhelm Janszoon 13, 36, 39, 66, 69, 99, 123
Bligh, William 152
Blunt, Wilfried S. 82
Bluntschli 117
Bogle, George 86
Bóttego, Vittorio 56 f.
Bougainville, Louis-Antoine de 138, 172 f., 177, 179, 182
Braun, Georg 13, 36
Brazza, Pierre Savorgnan de 51
Brendanus 7, 30 f.
Breydenbach, Bernhard 25
Broughton, William Robert 149
Bruce, James 48 f., 56 f.
Brulé, Etienne 111 ff.
Bry, Theodor de 13, 123
Buchanan, Francis 88
Burckhardt, Johann L. 76, 79, 82
Burke, Robert O'Hara 154 f., 183
Burton, Richard F. 48, 56, 82
Byrd, Richard Evelyn 170 f., 183

Cabeza de Vaca, Nuñez 114, 122, 131, 137
Caboto, Giovanni 181
Caboto, Sebastiano 132 f.
Cabral, Pedro Alvarez 123, 132, 134, 181
Cadamosto, Alvise da 46 f.
Caillié, René 52, 183
Cameron, Verney L. 51, 54
Cano, Juan Sebastian del 172 f.
Cao, Diego 46 f., 179, 178
Carpine, Giovanni del Pian 26
Carteret, Philip 149, 152, 182
Cartier, Jacques 107, 112 f., 181
Carvajal, Gaspar de 134
Catlin, George 90
Cavendish, Thomas 109, 152, 173
Champlain, Samuel de 106, 108, 182
Chancellor, Richard 77, 182
Clark, William 106, 108, 110 ff., 183
Clerke, Charles 153
Coen, Jan P. 182
Colón, Cristóbal → Kolumbus
Colton 99
Conti, Niccolò di 26, 181
Cook, James 138 f., 145, 150, 152 f., 157, 163, 168 f., 182
Cooper, T. T. 88
Coronado, Francisco Vazquez de 106 ff., 112, 115, 130, 182
Cortés, Hernando 122, 130 f., 181
Cosa, Juan de la 178

Crawford, John 88
Cremona, Guiscard von 26
Crozet, Julien-Marie 182
Curzon, Lord George N. 87

Dalfinger, Ambrosius 134 f.
Dampier, William 139, 152, 155, 182
Darius I. 22
Darwin, Charles 133 f., 136 f., 173, 177
David-Néel, Alexandra 85 ff.
Davis, John 109
Decken, Claus von der 56
Deschnew, Simon 182
Desideri, Ippolito 86, 89
Diaz, Bartolomeo 46 f., 58, 178, 179
Diemen, Antonis van 182
Diodor 28
Doughty, Charles M. 82 f.
Drake, Sir Francis 109, 123, 152, 172 f., 177, 182
Duchesne-Fournet, Jean 56
Dumont d'Urville, Jules S. 157, 163, 168 f., 179

Eannes, Gil 46 f., 178
Ellsworth, Lincoln 164
Emin Pascha 51, 54
Ennin 25
Entrecasteaux, Bruni de 138, 182
Eratosthenes 7
Erhardt, Jakob 37
Erik der Rote 30 f.
Eugen IV. Papst 181
Everest, Sir George 88
Eyre, Edward John 154 f.

Fa-Hsien 180
Fabri, Felix 25
Faleiro, Ruy 172
Falk, Thomas 123
Fawcett, Percy Harrisson 134 f.
Federmann, Nikolaus 134 f.
Fedtschenko, Alexej 78
Filchner, Wilhelm 78, 85 ff.
Fitzroy, Robert 136, 173
Flinders, Matthew 145
Forbes, Rosita 51
Forrest, Alexander 154
Forrest, John 154 f.
Forster, Johann Georg Adam 168, 179
Forster, Johann Reinhold 168
Foucauld, Charles de 51 f.
Franklin, Lady Jane 166
Franklin, Sir John 99, 107, 166 f.
Franz I., König 112
Franz Xaver 76, 79
Fraser, Simon 110 f.
Frémont, John Charles 114 f.
Fresne, Marion de 182
Frobenius, Leo 51
Frobisher, Sir Martin 107, 109 f.
Frontenac, Louis de 112
Fuchs, Arved 170, 183
Fuchs, Sir Vivian 170 f., 183

Gabet, Joseph 86 f.
Gama, Vasco da 46 f., 178, 179
Garnier, Francis 88 f.
Gastaldi, Giacomo 36
Gatena, Juan 182
Gerbillon, Jean-François 86
Giles, Ernest 154 f.
Glaser, Eduard 82
Goethe, Johann Wolfgang von 179
Gomes, Diego 178
Gore, Tod 153
Graah, Wilhelm August 157
Greely, Adolph W. 156
Groseilliers, Médard Chouard Sieur des 112 f.

Haenke, Thaddäus 132 f.
Hall, Charles Francis 167
Hanno 22 f., 28
Hassanein Bey 51 f.
Harnisch, Wilhelm 145
Harrer, Heinrich 86, 183

Hatschepsut 6, 22, 180
Hawkins, Sir Richard 109
Hearne, Samuel 106, 108, 110 f.
Hedin, Sven 61, 77 ff., 85 f., 179
Heinrich der Seefahrer (port. Prinz) 46, 181
Heinrich VII. von England 91
Hendayn, Antony 111
Henson, Matthew 162
Herodot 6, 22, 48, 180
Heuglin, Theodor von 56 f.
Heyerdahl, Thor 139, 149, 183
Hillary, Sir Edmund 88, 170 f., 183
Himilko 28, 180
Hiram von Tyrus 180
Hirschberg 139
Hodges, William 168
Hogenberg, Frans 36
Holub, Emil 58 f., 179
Homann, Johann Baptist 13, 67, 73, 99
Hornemann, Friedrich 50, 52
Hsüan Tsang 25, 27, 180
Huc, Evariste-Régis 77, 79, 85 ff.
Hudson, Henry 93, 107, 109 f., 156, 182
Humboldt, Alexander von 22, 132 ff., 181, 179

Ibn Batutah 26 f., 48, 50 ff., 179, 179
Ibn Fadhlan 180
Ibn Saud, König 82
Ingolf 30
Iwan IV., Zar 182

Janszoon, William 182
Jefferson, Thomas 108, 111
Jenkinson, Anthony 77
Jermak, Timofej 77, 81
Jolliet, Louis 106, 108, 112 f.
Jones, Brian 173
Jühlke, Karl 56

Kämpfer, Engelbert 76, 79
Kane, Elisha Kent 156
Kang-Hi, Kaiser 86
Kelsey, Henry 110 f.
Kemal ed-Din 51
Kemp, Peter 163
Khnemhotep 180
King, Philip 183
Kolumbus, Christoph 98 f., 104 f., 107, 117, 122, 178 ff.,
Koslow, Pjotr Kusmitsch 85 ff.
Krapf, Johann L. 183
Kremer → Mercator

La Condamine, Charles Marie de 123, 133 f.
La Pérouse, Jean François de Galaup Comte de 139, 144, 149, 168, 179, 182
La Salle, Robert Cavelier de 112 f., 182
La Vérendrye, Pierre Gaultier de Varennes, Sieur de 106 ff., 110 f.
Lafreri, Antonio 138
Laingals, Gordon 50
Lander Gebrüder 48, 50
Le Maire, Jacob 182
Legaspi, Miguel L. de 182
Leichhardt, F. W. Ludwig 145, 154 f., 183
Leif Eriksson 31
Lepe, Diego de 181
Lewis, Meriwether 106, 108, 110 ff., 183
Lhôte, Henri 51
Lindbergh, Charles 170
Linschoten, Jan van 163
Lisa, Manuel 112
Livingstone, David 37, 48 f., 51, 54, 58 f., 183
Long, Stephen Harriman 114 f.
Longjumeau, Andreas von 26
Louis Philippe I., König 168
Loyola, Ignatius von 76
Lüderitz, Franz 179
Ludolf, Hiob 182
Ludwig XIV. 112

Mackenzie, Sir Alexander 106, 108, 111, 182
Magellan, Fernando de 123, 137 f., 144, 152, 172 f.
Malaspina di Mulazzo, Alessandro 132

Mallet, Paul 111
Mallet, Pierre 111
Maltzan, Heinrich von 82
Mandeville, Sir John 25
Manning, Thomas 86
Marchand, Etienne 182
Marquette, Jacques 106, 108
Martini, Martino 182
Martius, Carl Friedrich Philipp von 123, 134 f.
Mauch, Carl 36, 58 f., 183
Mauro, Fra 56
Mendaña, Alvaro de 152, 182
Mendoza, Antonio de 108
Mercator, Gerhard 13, 98, 162, 173, 182
Mercator, Rumold 162
Messerschmidt, Gottlieb 78, 81
Messner, Reinhold 170, 183
Mestemaker, Gert 181
Mitchell, Sir Thomas 154 f.
Mitre, Bartolomé 136
Moffat, Robert 58 f.
Montecorvino, Johannes von 26
Moorcroft, William 88
Morungen, Heinrich von 25
Moto, Antonio de 76
Moustier, Marius 50
Münster, Sebastian 122 f., 138, 144
al Muktadir 180
Munzinger, Werner 56
Musil, Alois 82
Musters, George Chatworth 136

Nachtigal, Gustav 48, 50, 52, 179, 183
Naddod 30
Nansen, Fridtjof 162, 164 f., 179
Narvaez, Panfilio de 112, 130 f.
Nearchos 7, 22 f.
Necho, Pharao 22 f., 180
Newton, Sir Isaac 107
Nicolet, Jean 113
Niebuhr, Carsten 76, 79, 82 f.
Nikitin, Athanasius 181
Nobile, Umberto 164 f.
Nordenskjöld, A. E. 162, 164 f., 179, 183

Odonais, Isabella Godin de 134 f.
Ogden, Peter Scene 114 f.
Ogodai 25
Orellana, Francesco de 134 f.
Ortelius, Abraham 13, 35 f., 63, 66 f., 144

Paez, Pedro 56 f.
Pallas, Peter Simon 77 ff.
Park, Mungo 48 ff., 52, 183
Pavie, Auguste 88 f.
Payer, Julius von 162, 183
Peary, Robert E. 162, 164 f., 183
Pelinut 157
Pelliot, Paul 86
Penny, William 166
Perez, Fray Juan 178
Peron, Juan 152
Peter der Große (Zar) 67, 168
Peter III., König von Aragon 12
Petermann, August 37, 45
Peters, Carl 179
Peutinger, Konrad 8
Philby, Harry St. John 82 f.
Phillip, Arthur 139
Piccard, Auguste 173
Piccard, Bertrand 173, 177, 183
Pigafetta, Francisco Antonio 172
Pike, Zebulon Montgomery 114 f.
Pining, Didrik 181
Pinto, Fernao Mendes 87, 89
Pinzón, Martin Alonzo 104, 123, 178, 181
Pinzón, Vicente Yanez 123, 132 f., 178, 181
Pizarro, Francisco 130, 132 f., 136, 181
Plinius 28
Poe, Edgar Allan 163
Pojarkow, Wassilij 182
Polo, Marco 12, 26 f., 61, 86, 99, 179, 181
Poo, Fernando da 181
Ponce de Leon, Juan 114
Prschewalski, Nikolai 77 ff., 86 f.
Ptolemaios 12 f., 32, 98 f., 122
Pytheas von Massilia 7, 22, 28 f., 138, 180

Quesada 135
Quiros, Pedro Fernandez de 149, 182

Raleigh, Sir Walter 134 f.
Real, Gasparo 122
Real, Miguel Corte 122
Rebmann, Johann 37, 54, 183
Reinel, Jorge 122
Reinel, Pedro 122
René II., Herzog von Lothringen 98
Révoil, Georges 56

Ricci, Matteo 86
Richthofen, Ferdinand von 87
Ringmann, Matthias 181
Rogers, Woodes 182
Roggeveen, Jakob 149, 182
Rohlfs, Gerhard 48, 50, 52, 56
Rosas, Juan Manuel de 136
Ross, Sir James Clarke 157, 163, 168 f.
Rubrouck, Wilhelm von 26 f.

Salomo 22, 180
Samson der Schöne 156
Schenk, Peter 37, 41
Scherer, Heinrich 13, 19
Schiltberger, Hans 26, 181
Schlagintweit 61, 77, 79, 88 f.
Schnitzer, Eduard 51
Schöner, Johannes 181
Schouten, Cornelis Willem van 123, 182
Schwatka, Frederick 167
Schweinfurth, Georg 48 f., 183
Scolvus, Johannes 181
Scott, Robert Falcon 163, 170 f., 183
Seetzen, U. Jasper 82
Selkirk, Alexander 182
Sellers, John 144
Serpa Pinto, Albert de la Roche 48 f., 58 f.
Seutter, Matthias 123
Shackleton, Ernest Henry 170 f.
Siebold, Franz von 76
Skylax 22 f.
Solis, Juan Diaz de 132, 182
Soto, Hernando de 106 ff., 112, 114 f., 130 f., 182
Speke, John Hanning 48 f., 183
Spix, Johann Baptist von 123, 134 f.
Staden, Hans 99
Stanley, Henry Morton 37, 48 f., 51, 54, 183
Stark, Freya 83
Stefansson, Vilhjalmur 162
Stein, Aurel 78, 81, 86 f.
Stella, Tilemann 65 f.
Stephens, John Lloyd 131 f., 179
Stieler, Adolf 67, 75, 145, 163
Strabo 28
Stuart, John MacDouall 154 f.
Sturt, Charles 145, 154 f.
Suarez, Inez 136
Surville, Jean François Marie de 182
Svavarsson, Gardar 30 f.
Swift, Jonathan 36
Sykes, Percy 82 f.

Tasman, Abel Janszoon 139, 144 f., 149, 153, 182
Tavernier, Jean-Baptiste 76, 87, 89
Tensing Norgay, Sherpa 88
Theodor, Negus 56
Thesiger, Wilhelm 82 f.
Thomas (Apostel) 25
Thompson, David 106, 108, 110 f.
Torres, Louis de 149, 182
Toscanelli dal Pozzo, Paolo 98
Tristão, Nuno 178
Tschang-Kien 25, 27
Tudela, Rabbi Ben Jonah von 25, 180
Turner, Samuel 86

Urdaneta, F. Andres de 182

Valdivia, Pedro de 136 f.
Valk, Gerard 37, 41
Valle, Pietro della 76
Vambéry, Hermann 78, 81
Vancouver, George 111, 149
Varthema, Ludovico de 82 f.
Vaugh, A. S. 88
Verne, Jules 163
Verrazzano, Giovanni di 181
Vespucci, Amerigo 98, 123, 130 f., 136, 181
Villalobos, Ruy Lopez de 182
Visscher, Nicolas 37

Waldseemüller, Martin 98 f., 122 f., 181
Wallace, Alfred Russel 134 f.
Wallis, Samuel 149, 152, 182
Wan-Li, Kaiser 86
Warburton, Peter Egerton 154 f.
Weddel, James 163, 168 f.
Wegener, Alfred 179
Weyprecht, Karl 183
Wild, Johann 82
Wilkes, Charles 163, 168 f.
Willoughby, Sir Hugh 77, 162, 182
Wills, William J. 155, 183
Wißmann, Hermann von 48 f., 51, 54, 179
Wit, Frederic de 37, 43
Wu-Ti 25

Younghusband, Francis 78, 85 ff.
Zweifel, Josua 50

Geographisches Register

Vorbemerkung: Wortzusammensetzungen wie Nord-afrika, Südindien u. a. sind unter dem geographischen Grundwort, also Afrika, Indien genannt. Eine Ausnahme bildet nur Nord-, Mittel- und Südamerika.

Abai-See 56
Abessinien 48, 56
Acapulco 182
Adelaide 154
Adélie-Land 168
Aden 66
Adria 28
Afghanistan 180
Afrika 7, 8, 10, 13, 20, 22, 25 f., 32 f., 36 f., 46, 48, 50 f., 58, 60, 76, 88, 116, 122 f., 138, 144, 154, 172 f., 180 f., 183
Ägypten 6, 10, 48, 56, 173
Alabama 107, 116
Alai-Gebirge 78
Alaska 77, 90 f., 109, 111, 123, 153, 156, 157, 164
Albany 109
Albert-See 51
Alexandra-Kette 170
Algoa-Bai 47
Alpen 7, 28, 109, 173
Amazonas 99, 117, 123, 130, 132, 134
Amazonien 117
Amboina 182
Amerika 7, 13, 20, 60, 70, 78, 90 f., 98 f., 104, 109, 112, 122 f., 134, 138, 144, 153, 181
America septentrionalis 123
Amsterdam 37, 99
Amu-Darja 78
Amur 182
Anatolien 60, 66
Anchorage 109
Anden 123, 134
Anderson's Creek 139
Annam 88
Annobón 181
Anse aux Meadows 90
Antarktis 107, 117, 157, 168, 170, 183
Antilia 98
Antillen 98, 117
Antillenmeer 117
Antwerpen 36
Apalachen 112
Äquator 13, 32, 36 f., 76, 104, 152
Arabien 7, 22, 24, 26, 60 f., 67, 76, 82, 173, 180
Arabische Wüste 66, 82
Aragon 12
Ararat 12, 20
Argentinien 117, 136
Arkansas 107 f., 112, 114
Ärmelkanal 180
Armenien 20, 78
Aschanti 33
Asien 7 f., 10, 12 f., 20, 24 ff., 32, 36, 60 f., 63, 66 f., 69, 76 ff., 82, 86 ff., 90 f., 116, 138 f., 144, 180 f.
Astoria 112
Athabasca-See 108
Äthiopien 56, 182
Atlantik 7, 20, 30, 47, 91, 116 f., 166, 172 f., 183
Atlantis 138
Augsburg 134
Australien 123, 138 f., 144 f., 152 ff., 168, 182 f.

Baffin-Bai 157
Baffin-Insel 109
Baffin-Land 31, 109, 157
Baghirmi 50
Bahamas 117
Bahia 123
Bahr-el-Ghazal 48
Baikal-See 78
Baktrien 25
Balkh 24
Bantam 66
Bäreninsel 157
Barents-Meer 164
Barren-Grounds 108
Batavia 182
Bathurst 139
Bayern 77
Beaufort-See 108 f
Bellingshausen-Meer 168
Bengalen 88
Benin 33, 37
Benuë 50
Bering-Insel 78
Beringstraße 78, 153, 164, 182
Bermudas 117
Bernsteininsel 28, 138
Bernsteinstraße 28
Bidar 181
Birma 180

Register

Blauer Nil 56
Bolgar 180
Bolivien 132, 134
Borneo 152
Brandenburg 154
Brasilianisches Bergland 117
Brasilien 134, 181
Brendanus' Insel 138
Bretagne 90, 180
Britische Inseln 180
Broome 154
Buchara 77 f.
Buenos Aires 136
Burma 87 f.

Calicut 66
California-Trail 114
Callao 122, 182
Canadian-River 114
Candy 66
Carpentaria-Golf 145, 153 f.
Carstenz-Pyramide 183
Ceylon 180 f.
Chang'an 24
Chattahochee 107
Chesapeake-Bai 112
Chile 132, 136, 173
China 7, 13, 24, 26, 61, 66 f., 77 f., 86 ff., 138, 144, 173, 180 f.
Chokand 78
Christmas-Inseln 152
Churchill-River 111
Cibolla 108
Clunes 139
Cogun-Fluss 154
Colorado-Plateau 108
Columbia-Plateau 114
Columbia-River 108, 111 f.
Condamine-River 154
Coolgarnie 154
Coppermine-River 111, 166
Cornwall 28, 180
Coronation-Golf 111
Corvo 22
Coseguina 116

Damaskus 66, 82
Dänemark 91, 181
Darling-River 154
Deir el-Bahri 6, 22
Dekkanmassiv 60
Derby 154
Deutschland 13, 99
Devon-Island 166
Diu 181
Donau 28
Drake-Straße 117
Dunhuang 24

Ebstorf 10
Edward-See 51
Eismeer 76, 108 f., 111, 162, 163, 182
El Dorado 134
Elbe 28
Ellsworth-Hochland 117
England 7, 91, 173, 180
Erlangen 134
Espíritu Santo 182
Euphrat 22
Europa 7, 8, 10, 12 f., 20, 28, 32, 77, 91, 122, 139, 162, 181

Falkland-Inseln 136, 168, 182
Färöer 30
Fernando Noronha 123
Fernando Poo 181
Feuerland 91, 117, 123, 144, 157, 163, 168, 173
Filchner-Schelfeis 170
Florenz 98
Florida 90, 99, 104, 107, 116, 130, 182
Fluss der Enttäuschungen 111
Fort Chipewyan 111
Fort Clatsop 112
Fort Saint Louis 112, 182
Fort York 166
Frankreich 7, 12, 28, 91, 99, 181
Franz-Josephs-Land 183
Französisch-Kanada 111
Fretum Anian 67
Fretum Magellani → Magellanstraße
Friesische Iseln 156
Frisland 162
Fury- und Hecla-Straße 109

Galapagos-Inseln 136, 152, 173
Gambia 46, 50
Ganges 25, 60
Gaspé-Bai 112
Gazellenfluss → Bahr-el-Ghazal 183

Georgia 116
Gesellschaftsinseln 153
Gewürzinseln 172, 181
Ghadames 37
Gibraltar 7, 9, 180
Gibson-Wüste 154
Gilbert-Inseln 152
Gironde 180
Goa 66, 181
Gobi 77
Goias 134
Goldküste 182
Golf von Akaba 66
Golf von Bengalen 7, 25
Golf von Guinea 37, 46, 50, 181
Golf von Kalifornien 108
Golf von Mexiko 107, 117, 122
Golf von Suez 24
Gondokoro 48
Gotha 67
Götterwagen → Kamerunberg
Grahamland 168
Gran Chaco 117
Great Falls 111
Grönland 7, 31, 90, 109, 162, 164, 180 f.
Grönlandsee 156
Großbritannien 99
Große Mauer 67, 144
Große Nefud-Wüste 82
Große Sandwüste 154
Große Seen 99, 107
Großes Barriere-Riff 153
Großer Ozean 116, 123, 130
Großer Sklavensee 108, 111
Guayana 117, 130, 132, 134
Guinea 48

Haiderabad 181
Haiti 104, 117
Hannover 10
Harrar 56
Hawaii 182
Hawaii-Gruppe 152 f., 180
Hebriden 30
Hedschas 82
Heiliges Land 7, 25, 67
Helgoland 28, 180
Hereford 10
Himalaja 67, 88
Hindukusch 22, 25, 180
Hinterindien 9, 26, 60 f., 67, 86 ff., 144 f.
Höchstadt an der Aisch 134
Hokkaido 67, 145
Holland 58
Hollandia Nova 145
Holländisch-Insulinde 182
Hondo 76
Honduras 105, 122
Hormuz 66, 181
Hudson-Bai 90, 99, 108 f., 111, 153, 182
Hudson-River 109, 181
Hudson-Straße 109
Huronen-See 112

Iberische Halbinsel 28, 156
Idaho 111
Ilala 48
Illinois 112, 182
Indien 7, 24 ff., 47, 60 f., 66 f., 76 f., 86 ff., 138, 144, 173, 180 f.
Indischer Ozean 24, 26, 46, 61
Indonesien 139, 180
Indus 7, 22, 25, 60 f.
Irawadi 88
Irland 30
Isabella → Kuba
Isla de Plata 144
Island 7, 28, 156, 162, 180
Israel 180
Isthmus von Panama 116, 123, 130, 172, 181

Jackson 108
Jamaika 105, 117
Jamaika-See 117
Jan Meyen 156, 180
Japan 25, 60, 67, 76, 87, 98 f., 138, 144 f., 182
Japanische Inseln → Japan
Jemen 24, 82
Jenissei 78
Jenissejsk 78
Jerusalem 10, 66
Jeso 145
Joruba 50
Jülich 182

Kaffa 56
Kairo 50, 61
Kalifornien 99, 116

Kambodscha 88
Kamerunberg 6, 22, 28, 180
Kamtschatka 67, 78, 153, 157, 182
Kanada 91, 111, 153, 156 f., 166, 181, 182
Kanarische Inseln 180
Kap Adare 157
Kap Bojador 46
Kap Charles 90
Kap Cross 46, 181
Kap der Guten Hoffnung 37, 46 f., 58, 172, 181
Kap Deschnew 182
Kap Felix 167
Kap Hoorn 116, 136, 172 f., 182
Kap Prinz Wales 90
Kap Verde 46
Kap Volta 46
Kap-York-Halbinsel 145
Kapstadt 58
Kapverdische Inseln 104
Karakorum 26
Karibik 99, 104, 117, 122, 172
Karthago 22
Kasan 180
Kaschgar 24
Kaspisches Meer 12, 24, 67, 77, 82
Kastilien 122
Kenia 37
Khartum 56
Kilimandscharo 37
King Williams Insel 167
Kingigtorsuak 157
Kiushu 76
Kleinasien 6, 7, 60
Kolamündung 157
Koljutschin-Bai 164
Kolumbien 98, 117, 122
Kongo 36 f., 46, 48, 51, 183
Konstantinopel 12, 76
Kootenae-House 108
Kordilleren 123, 157
Korea 60, 66 f., 144 f.
Kreibitz 132
Kreta 28
Krim 26
Kuba 117, 122

La Frontera 136
La Plata 99, 132, 172, 181
Labrador 31, 90 f., 181
Lac Aquelondo 37
Lagos 50
Lancaster-Sund 157
Langanes 156
Laos 88
Lappland 162, 182
Lateinamerika 116 f.
Le Maire-Inseln 182
Leeres Viertel → Rub-al-Khali
Lemhipass 111
Lena 78, 164
Lhasa 67, 77 f., 86 f.
Libysche Wüste 50
Lima 122
Lissabon 98, 181
Loire 28
Lolopass 111
London 144
Los Angeles 116
Louisiana 91, 112
Lualaba 51
Lüneburger Heide 10

Macao 66
Mackenzie-River 108
Madagaskar 139
Madeira 180
Magellanstraße 99, 122, 144, 172 f.
Malakka 88, 181
Malayisches Archipel 60, 144
Malediven 181
Malindi 47
Mallorca 12
Mandschurei 87
Marajo-Insel 132
Mare del Sur 138
Mare Oceanum 10
Mare pacificum → Pazifik
Marokko 173
Marseille 28, 180
Massachusetts 117, 122
Massaua 56
Massilia 28, 138, 180
Mato Grosso 134
Mattawa 182
McMurdo-Sund 170
Medina 77, 82
Mekka 26, 76 f., 82
Mekong 88
Melanesien 182

188

Register

Melville-Bai 166
Memphis 107
Merw 24
Mesopotamien 6
Mexiko 91, 108, 116, 122, 130
Michigan-See 112
Milet 6
Mindanao 182
Miquelon 90, 112
Mississippi 91, 107 f., 112, 114, 117, 182
Missouri 108, 111 f.
Mittelamerika 90 f., 99, 117, 130 f., 173
Mittelmeer 6, 7, 10, 28, 48, 50, 82
Mittlerer Westen 114
Mogadischu 56
Moldau 28
Molukken 172, 181 f.
Mombasa 37, 46
Mondberge 36
Mongolei 7, 26, 61
Monomotapa 33, 37
Mons Fura 37
Monte Sarmiento 117
Montevideo 136
Montreal 112
Moreton-Bai 154
Moskau 77
Mount Everest 88
München 13, 46
Murzuk 50
Mysore 88

Namibia 46, 181
Navarra 25
Nepal 86, 88
Neu Galicien 108
Neue Welt → Amerika
Neue Hebriden 153
Neufundland 31, 90, 112, 122, 180
Neuguinea 144 f., 152 f., 181 ff.
Neuseeland 139, 145, 152 ff., 180, 182
New Mexico 99, 108, 114
New Orleans 91
Ngami-See 58
Nicaragua-See 116
Niederlande 13
Niger 37, 48, 50, 183
Nikopolis 26
Nil 32, 36 f., 48, 50 f., 56, 180, 183
Njassa-See 37
Nome 164
Nordamerika 7, 13, 30, 67, 90 ff., 99, 107, 112, 117,
    122 f., 134, 154, 181 f.
Nordkap 77, 162
Nordmeer, europäisches 156
Nordost-Passage 77, 109, 164, 182 f.
Nordpol 91, 109, 156 f., 162, 164, 170, 183
Nordpolarmeer 60, 157
Nordsee 7, 180
Nordwest-Kap 154
Nordwest-Passage 91, 109, 153, 164
North Dakota 108
Norwegen 180
Novae Insulae 122
Nowaja Semlja 67, 77 f., 156 f., 162 f., 180
Nürnberg 10, 13, 20, 181

Ob 78
Oberer See 108
Ochotsk 78
Ochotskisches Meer 78
Oder 28
Ophir 22, 37, 180
Oranje 58
Oranjeinseln 157
Oregon 114, 173
Oregon-Trail 114
Orinoko 134
Ork 30
Ormus → Hormuz
Osmanisches Reich 37
Osterinsel 123, 139, 152, 182
Ostsee 28, 180
Ottawa 182
Ozeanien 138, 152, 173

Palästina 10, 66
Palau 173
Palmer-Halbinsel 117
Palmyra 24
Palos 181
Pamir 87
Pampas 117
Panama 91, 116
Panamakanal 116
Pandschab 22, 60, 180
Paraguay 132
Parana 132
Paris 12, 91, 109

Patagonien 117, 123, 136
Pazifik 13, 67, 108, 111 f., 116, 138 f., 144 f., 152 f.,
    164, 166, 172 f., 181, 183
Peace-River 108, 111
Peking 67
Persien 61, 66 f., 76, 78, 82
Persischer Golf 22, 26, 82, 180
Perth 154
Peru 132, 136
Petra 24, 66
Philippinen 145, 181 f.
Pitcairn 139, 152, 182
Po 28
Polarmeer 153, 164
Polynesien 139
Port Darwin 154
Port Jackson 139
Portugal 46, 90, 98, 181
Preußen 56
Punt 6, 22 f., 180

Quebec 108, 112, 182
Quinsai 67
Quivida 108

Radolfzell 98
Rapanui 182
Ravenna 8
Recife 132
Red-River 114
Reich der Mitte → China
Rhein 28
Rhône 28
Rio Catalan 132
Rio São Francisco 134
Ripon-Fälle 183
Rocky Mountains 107 f., 111, 114
Rom 9 f., 20
Römisches Reich 9
Ross Bai 170
Ross-Barriere 168
Ross-Meer 170
Ross-Schelfeis 170
Rotes Meer 22, 24, 56, 76, 82, 180
Rub-al-Khali 82
Rudolph-See 56
Russland 67, 78, 91
Ruwenzori 51

Sabanfluss 116
Sabi 58
Sachalin 182
Sahara 32, 37, 48, 50, 180, 183
Saint Dié 98
Saint Louis 112, 183
Saint Pierre 90, 112
Salomoninseln 144, 182
Samarkand 24 ff., 78
Sambesi 22, 36 f., 48, 51, 58
San Salvador 117
Sana 24
Sankt Petersburg 77
Sankt-Lorenz-Strom 91, 108, 112, 181
Santa-Fé-Trail 114
Santiago de Chile 136
São Tomé del Principe 181
Saskatchewan 111
Säulen des Herkules → Gibraltar
Schlei 112
Schleswig 28
Schouten-Inseln 182
Schwarzes Meer 28, 181
Scilly-Inseln 180
See von Ujiji 37
See von Uniamesi 37
Seidenstraßen 24 ff., 61, 67, 78
Senegal 46, 50
Siam 88
Sibir 77
Sibirien 60 f., 66 f., 77 f., 156 f., 181
Sidney 139, 168
Sieben Städte 91, 108, 130
Sierra Leone 181
Simbabwe 22, 36 f., 58, 180, 183
Simbaoe → Simbabwe
Sinai-Halbinsel 66
Siwah 50
Skandinavien 156, 162
Snake-River 111
Soakin 76
Somalia 22, 56
South-Shetlands 30, 117, 170
Spanien 12, 90, 172
Spitzbergen 156 f., 162, 164, 180
St.-Lorenz-Golf 107
Stiller Ozean → Pazifik
Straße von Yucatán 117
Stürmisches Kap → Kap der Guten Hoffnung
Süd-Orkney-Inseln 168

Südamerika 13, 32, 60, 90, 98 f., 117, 122 f., 130, 132,
    134, 136, 144, 153 f., 168, 172, 181 f.
Sudan 48, 50 f., 56, 183
Südkontinent 99, 123, 144 f., 152 f., 163, 172 f.
Südland → Südkontinent
Südmeer 116, 138, 181
Südpol 156 f., 163, 168, 170, 183
Südsee 153
Suez 116
Sunda-Inseln 87, 145, 181
Svalbard 156, 180
Swakop 181
Syr-Darja 78
Syrien 24

Tafelberg 58
Tahiti 153, 182
Takla-Makan 24, 67, 77, 180
Tana-See 56
Tanganjika-See 37, 51
Tanger 26, 46
Tarimbecken 78
Tasmanien 139, 154
Tenochtitlán 116, 132
Terceira 122
Ternate 182
Terra Australis → Südkontinent
Texas 112
Thiel-Berge 170
Thule 28, 138
Tibesti 51
Tibet 26, 61, 67, 86 f.
Tigris 22, 60
Timbuktu 37, 48, 50, 183
Timor-See 60
Tobago 132
Tobolsk 77
Tokio 91, 109
Torres Strait Islands 182
Torres-Straße 153
Transhimalaja 76
Trapezunt 181
Trebatsch 154
Trinidad 104, 132
Tschad-See 37, 48, 50 f.
Tuamotu-Archipel 182
Tudela 180
Tulsa 107
Twer 181
Tyrus 180

Upernavik 157
Ural 77
USA → Vereinigte Staaten
Usbekistan 67

Valladolid 105, 181
Van Diemens-Land 152
Vancouver-Island 123, 153, 182
Venedig 36
Venezuela 104, 134, 181
Vereinigte Staaten 99, 112, 114, 116
Victoria-Fälle 37
Victoria-Insel 108
Victoria-See 37, 48, 51
Victoria-Wüste 154
Vinland 31
Vitô 164
Vorderer Orient 7, 25, 28

Walfisch-Bai 170
Watlings-Insel 117
Weddel-Meer 168, 170
Weichsel 28
Weihrauchstraße 24, 27, 180
Weißer Nil 48, 56
Westindische Inseln 122
Westmänner-Inseln 180
Winnipeg-See 111
Wolga 77, 112

Xian 24

Yarkand 24, 60

Zaire 36 f.
Zanzibar 36
Zentralafrikanischer See 36
Zeyla 56
Zipangu 98 f., 122
Zuama 36
Zweistromland → Mesopotamien

Entdecker, Forscher, Abenteurer ...

  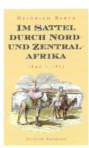    

    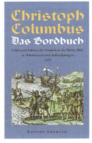  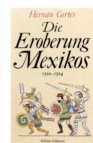

   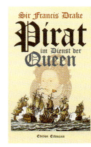   

     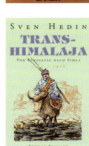 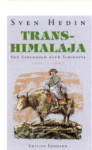

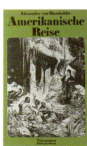      

     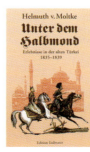 

Die Bibliothek der Entdeckungsgeschichte

     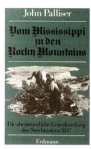 

 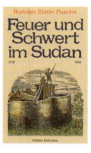     

 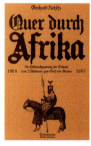     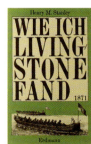

   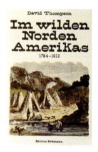 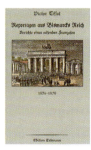  

Die Edition Erdmann – Das ist die ganze Welt der Entdecker, Forscher und Abenteurer. Das sind spannende Reiseberichte aus fernen Ländern und vergangenen Zeiten. Das sind sorgfältig edierte Dokumente aus der Feder großer Reisender, von Marco Polo bis Sven Hedin, von Christoph Columbus bis Fridtjof Nansen. Und das sind einfach schöne Bücher: mit Leineneinband, Lesebändchen, Prägung und Büttenumschlag, mit zahlreichen zeitgenössischen Illustrationen und modernen Übersichtskarten.

.